이주사란 무엇인가?

What is Migration History? (1st Edition)
Copyright © Christiane Harzig & Dirk Hoerder 2009
All rights reserved.

No part of this book may be used or reproduced in any manner whatever without written permission except in the case of
brief quotations embodied in critical articles or reviews.
Korean Translation Copyright © 2025 by GYOYUDANG Publishers
This edition is published by arrangement with Polity Press Ltd., Cambridge

이 책의 한국어판 저작권은 BC에이전시를 통해
저작권자와 독점계약한 교유당에 있습니다.
저작권법에 의해 한국 내에서 보호를 받는 저작물이므로 무단 전재와 복제를 금합니다.

이주사란 무엇인가?

크리스티아네 하르치히
디르크 회르더·도나 가바치아 지음

이용일 옮김

교유서가

이주와 여성사 가르치기를 사랑했으며
이 책이 완성되기 전에 암으로 세상을 떠난
크리스티아네 하르치히에게 바친다.

—

남편 디르크 회르더와
1979년부터 그녀의 친구이자
크리스티아네가 더이상 쓸 수 없었던 부분을 마무리한
도나 가바치아

차례

머리말 ··· 22

1
서문: 잘 알려진 관점들—학문적 재개념화
··· 25

- 1970년대 이전 이주 연구의 한계
- 미해결 문제들
- 고정관념들부터 차이까지
- 들어오는 이주와 나가는 이주의 이분법 수정
- 고국 사회와 수용 사회host society, 그리고 인종화
- 신체 부분들: 이주 노동자 연구
- 풀pull 요인과 푸시push 요인 구별하기
- 어떻게 사람들이 이주하는가?
- 이주민들은 "문화적 짐 가방"을 가지고 오는가? 혹은 그들은 뿌리 뽑힌 자들인가?
- 이주민들에 대한 선주민들의 불안은 타당한 것인가?

2
인류의 역사에서 이주—장기적 관점

··· 39

들어가며
- 이주의 시대 구분
- 시간 척도들

❶ 태고시대: 호모 사피엔스,
동아프리카에서 전 세계에 걸쳐 이주하다 ··· 43
- 호모 사피엔스의 이주를 탐구하는 학문 분과들
- 이주의 유형들
- 이주민들의 능력과 이주의 주요한 세 시기

❷ "농업혁명기" 인구 변화와 이동성
(BP 1만 5000년에서 BP 5000년) ··· 49
- 첫번째 시기: 경작과 인구학적 결과
- 두번째 시기: 트랜스컬처럴 식민 이주
- 문화 접변 과정들

❸ 도시, 문명화, 해상 이주(기원전 5000년에서 기원후 500년) ··· 51

- 사육과 이동의 증가
- 마을과 도시의 등장
- 유라시아와 지중해를 가로지르는 상업적 연결
- 이집트에서 남아시아까지의 도시화와 인도양 연결
- 이주의 증가와 도로 건설
- 초기 제국들, 이주, 난민 전쟁의 등장
- 제의 장소들을 위한 예속 노동력 동원
- 도시 장벽들과 입국 관행
- 영성, 순례, 종교적 망명의 새로운 개념들
- 개종과 디아스포라 형성

❹ 이주와 사회 (기원전 500년에서 기원후 1500년) ··· 60

- 이주민들의 "지적 자산"과 상호 "충돌"
- 메소아메리카의 이주
- 아프리카인들의 노예 이주와 노예 이동
- 지중해 세계: 이동, 전쟁, 제국 건설, 종족 형성
- 이슬람권의 이주
- 서중 유럽의 이주
- 스칸디나비아인들의 빈란드, 키예프, 시칠리아 이주
- 아시아 횡단 이주민들
- 다문화 중국 도시의 이주민들

- 에쿠메네 세계 ecumene의 "흑사병"

❺ 두 개의 세계에서 하나로: 이주, 무역 회로, 문화 접촉
(1400년에서 1600년) ⋯ 70
- 인도양 너머로의 중국인 해외 활동: 중국인 디아스포라, 중국 황실의 해외 활동 금지령
- 아프리카 해안을 통한 포르투갈인들의 무역과 왕실의 해외 활동 지원
- 지중해 뱃사람들, 중무장한 배를 타고 남북 아메리카, 인도양, 태평양에 도달하다
- 정복자와 제노사이드, 혹은 거의 제노사이드에 가까운 학살: 아메리카 정복과 인구 말살
- 콜럼버스의 교환, 플랜테이션 체제, 노예 이주
- 상선 대양 무역과 스페인 지배 세계의 문화적 혼합
- 해석들: 전환과 세계 체제들

❻ 자치 사회, 식민지 사회, 식민지배 사회에서의 이주민
(1600년에서 1800년) ⋯ 78
- 유럽의 지배, 강요된 불평등 무역 협정들, 그리고 문화적으로 정통한 중개인들
- 사례 연구: 중국 도자기에서 시누아즈리, 네덜란드 도기로

- 전 세계적 농민 이주들
- 동양과 서양 사이의 요충지, 오스만제국의 이주와 문화적 공존
- 유럽에서 아메리카 대륙으로의 이주
- 아프리카 안과 밖으로의 강제 이주
- 이주의 상호연관성

❼ 19세기 글로벌 이주 체계들 ⋯ 88
- 네 가지 중요한 이주 체계들
- 대서양 이주의 출발지들과 목적지들
- 노예 이주의 더딘 종말과 노예제
- 아시아의 계약노동 이주
- 러시아인들의 시베리아 이주
- 이주의 상대적 크기
- 19세기 말 농업 위기 동안 이주의 가파른 증대
- 이주민들의 기대들

❽ 20세기 상반기 난민 발생, 순혈주의, 강제 노동 이주 ⋯ 98
- 제국, 민족, 이주민의 시민권 허용
- 20세기 초 순혈주의
- 식민 제국 중심지로의 유학 이주: 차별과 새로운 트랜스컬처럴 개념들

- 제2차세계대전과 난민들
- 1920년대 자발적 노동 이주의 종말과 1930년대 강제 노동 체제

❾ 1950년대 이래 탈식민화와 이주의 새로운 글로벌 형태들　…104
- 식민지 독립 전쟁과 그 결과로서의 이주
- 불평등 무역 협정 아래의 남북 분할과 재식민화
- 역이주
- 강제 이주
- 새로운 노동 이주
- 세계적 불평등
- 유럽의 새로운 이주들
- 북아메리카와 남아메리카의 새로운 이주들
- 아시아의 새로운 이주들과 태평양 이주 체계들
- 중동 산유국으로의 새로운 이주들
- 사하라 사막 이남 지역의 새로운 이주들
- 동유럽의 새로운 이주들

참고 문헌　…115

3
이주와 문화적 상호작용에 대한 이론들

들어가며

❶ 1880년대에서 1950년대까지의 이론과 실제 ⋯ 122
- 라벤슈타인의 이주의 "법칙들"
- 이주민 거주지와 사회 통합에 관한 사회 복지사들의 경험적 자료
- "사회 문제들", 인구 설계사들, 인종적 연구들
- 1910년대~1920년대 사회학의 시카고학파, 특히 파크와 토마스/즈나니에츠키
- 유럽적 발전들, 인종적 인구학
- 폴란드 탈이주 지역의 민족지학
- 1930년 무렵의 세계적 이주 통계 (윌콕스/페렌치)
- 1940년대/50년대 오스카 핸들린의 "뿌리 뽑힘" 패러다임(민족 영토에서 이국의 소수민족 거주지로), 아래와 대조됨.
- 캐럴라인 웨어의 뉴욕 이주민 거주지 연구

❷ 신고전학파 경제학과 푸시-풀 모델 ⋯ 134
- 신고전파 경제학의 거시적 연구, 임금 차이, 일반적 푸시-풀 모델

- 신고전파 경제학의 미시적 선택 이론
- 평가

❸ 1930년대에서 1950년대
트랜스컬처레이션의 혁신적 개념들 ⋯ 138

- 트랜스내셔널 민족 구성에 대한 초기 이해들(미국)
- 1930년대~1950년대 라틴아메리카와 카리브해 연안 지역의 트랜스컬처레이션 이론들
- 1940년대~1950년대 캐나다의 문화적 상호작용 개념들

❹ 현대 이주 유형학에 대하여 ⋯ 142

- 인간의 행위 주체성에 따른 유형들: 자발적 이주(경제적 제약의 틀에서), 비자발적 이주(난민), 강제 이주(노예제, 20세기 강제 노동)
- 거리에 따른 특징들: 단거리·중거리·장거리 이주민들과 출발지에서의 선택
- 의도한 체류 기간에 따른 유형들: 계절·단기·장기·비의도적 영주·영주 이주

❺ 이주 유형별 연구의 세분화 ⋯ 146

- 노예제
- 계약노동

- 난민

❻ 1970년대 이래 새로운 연구들:
세계 체제, 가족 경제, 노동시장 ··· 152
- 거시적 차원: 세계 체제론
- 미시적 차원: 가족 경제와 노동 이주의 새로운 경제학
- 중간 차원: 노동시장 이론

❼ 최근의 연구들: 행위 주체성, 네트워크, 인적·사회적 자본 ··· 161
- 구조화, 아비투스
- 인적 자본, 전략적 능력
- 사회적 자본
- 네트워크 이론
- 정신적 지도들, 디아스포라, 이주의 "경관들"

❽ 트랜스내셔널 접근들과 트랜스컬처럴 사회 연구들 ··· 169
- 트랜스내셔널
- 트랜스레기오널
- 트랜스컬처럴

참고 문헌 ··· 173

4
이주 경로들에 대한 시스템 접근법

들어가며
- "이주 시스템"에 대비되는 "시스템 접근법" 정의
- 특례: 강제 이주들

❶ 구조들과 행위 주체성: 이주 결정 맥락화하기
- 이주자의 사회화와 지역 특유의 소속감
- 출발지와 도착지의 소지역 사이의 연결, 그 결과로 생기는 "정신적 지도들"
- 의사 결정 프레임

❷ 출발지 사회
- 이주를 감행케 하는 요인들
- 인구 변화, 도시화, 산업화
- 계층화와 계급 구조들
- 촉진 요인들로서 이주의 전통들
- 밖으로 나가는 이주 규정들
- 19세기 후반부터 지금까지 이주 제한-아시아인 배제

- 이주 요인으로서 소수민족 차별
- 국가의 식민주의적 팽창과 이주
- 이주와 자녀 양육과 노인 복지를 위한 사회적 비용
- 이주를 유발하는 바람직하지 않은 불평등으로 인한 해외 이주

❸ 여정들: 확장되고, 압축되고, 늦추어지다 ... 195
- 인종 차별을 포함한 이주의 장애물들과 동기들
- 촉진: 정보 유통과 선불 차표
- 노동 이주자들을 위한 여행사 "패키지 여행"
- 경로와 적응
- 최근 국경 통제 시스템
- 난민 거부와 "글로벌 인종차별 정책"

❹ 수용 사회: 경제적 편입, 문화 접변, 정치, 새로운 소속감 ... 202
- 민족국가의 기획으로서 동화
- 인종과 문화 접변
- 세대들과 문화 접변
- 문화 접변의 세 단계: 경제적, 사회적, 정치적
- 문화 접변: 정의와 변형들(적응, 참여)
- 경제적 영역, 수입 보장, 생활 수준
- 사회적 영역, 젠더, 소수민족 지위, 생활 조건

- 정치적 영역
- 동화 모델(고든) 또는 문화 접변 모델(골드러스트/리치먼드)
- 제도적 다원주의 모델

❺ 글로벌 상호 의존과 트랜스컬처럴 일상들 ··· 216
- 과거의 트랜스컬처럴 구조들과 일상들
- 19세기 대양간 연결
- 현재 트랜스내셔널, 트랜스컬처럴 논쟁
- 트랜스내셔널 일상들과 소속

참고 문헌 ··· 221

5
학문적 도전으로서 이주 일상들

··· 223

들어가며
- 이주 경험 대 연구 역학

❶ 인종과 이동성 ··· 227

- 인종에 의한 사회적·법적 차별
- "과학적" 인종주의
- 인종주의와 유럽의 제국주의적 팽창
- 종족 형성
- 탈식민화 이후 이주, "백인" 연구, "서발턴" 연구

❷ 젠더와 이동성 ⋯ 232
- 이주에서 남녀 비율
- 현대 여성 돌봄 노동자 이주
- 여성 이주에 대한 오래된 해석
- 난민 아동의 이주
- 출발 사회와 도착 사회에서 여성 이주와 젠더 관계
- 변화하는 젠더 분업
- 이주와 성

❸ 트랜스내셔널·트랜스로컬 가정들 ⋯ 238
- 이주로 생긴 이별과 커뮤니케이션
- 다중적 가정관
- 장거리 가족 유대의 재생산
- 여성 이주시 "엄마" 역할의 분배
- 남은 가족 안에서의 노동 재분배

- 송금과 가족의 생활 방식
- 가족 형성, 디아스포라, 민족들

❹ 국가 재소환하기 ... 244
- 정부와 이주민: 이방인으로 낙인찍기 혹은 정책 만들기
- 19세기 전의 국가권력과 이주들
- 20세기 전반기 민족국가들과 (강제)이동
- 국적: 속지법과 속인법
- 19세말 이래 입국 제한들
- 국제연맹과 국제연합의 이주민 인권선언
- 이주 정책과 이주민의 입장

참고 문헌 ... 252

6
21세기 초의 전망들
... 253

들어가며
- 학제적 연구와 글로벌 불균형

❶ 현재의 젠더화·인종화된 노동과 난민 이주 ··· 257

- 광지역적 이주의 방향들: 산업화된 지역들 대 덜 산업화된 지역들
- 글로벌 경제 불균형
- 생산 시설의 수출과 그로 인한 이주
- 저장 노동력과 난민 생성
- 폭력과 전쟁으로 인한 난민들
- 환경오염으로 인한 난민들
- 개발로 인해 쫓겨난 난민들
- 제네바 협정에 따른 난민 신분과 잠재적 난민들의 행위 주체성
- 이주의 젠더화된 형태들과 연구의 젠더화된 형태들

❷ 포용 전략들: 시민권과 소속감 ··· 264

- 민주적 혁명 시대 이래 포용적인 시민권 체제들과 배타적인 시민권 체제들: 정치적 인권
- 이주민들과 제한적 국가들의 병렬 배치
- 1930년대~1960년대 사회적 인권과 "거주민" 지위
- 인권: 대서양 세계에서 보편성으로
- 국가에 대한 "충성"과 단일 언어주의에 대한 비판
- 21세기 전환기 시민권의 의미
- 다양성과 이주민의 소속감
- 시민권 취득

- 최근의 이주 반대 운동
- 다색·다문화인들

❸ 21세기 초 이주민들의 정체성 ⋯ 270
- 일차적 사회화와 이차적 사회화
- 새롭게 받아들인 정체성과 이중정체성
- 트랜스컬처럴 일상
- 소속감과 뿌리내림 대 수직적 위계화
- 다중적 정체성
- "융합"과 젊은이들
- 탈영토화와 공통성들
- 보편주의 관점들 대 종족적 특수성과 갈등
- 결론: 다중적 선택들

참고 문헌 ⋯ 279

주 ⋯ 280
지도 목록 ⋯ 300
역자 후기 ⋯ 301
찾아보기 ⋯ 316

머리말

이주사의 입문서라 할 수 있는 이 책은 학제적이고 글로벌한 특성을 강조하는 이주 연구의 과거와 현재를 종합하고 있다. 우선 1970년대부터 오늘날까지 잘 알려져 있는 들어오는 이주와 나가는 이주의 학술적 이미지에서 시작해서(1장) 지금까지 이주 연구들이 다루지 못했던 문제들을 짚어준다. 그런 다음 인류사를 관통하고 있는 이주의 역사를 개관한다(2장). 3장에서는 1880년대 이후 주로 대서양 세계에서 전개되었던 이주와 문화적 상호작용에 관한 고전적 이론들을 정리하고, 1930년대 라틴 아메리카 및 카리브 연안 사회와 일본에서 등장했던 중요한 해석적 혁신에 주목한다.

    4장에서는 이주가 복합적이고, 여러 단계와 중간 기착지를 포함할 수 있다는 점을 인식하면서, 이주 과정의 세 단계, 즉 출발지 문화와 떠남, 실제 이동, 수용 사회로의 진입/적응 과정을 포괄적으로 다루는 시스템 접근법을 제안한다. 그런 다음 인종, 젠더, 시민권의 획득, 트랜스내셔널 및 트랜스컬처럴 일상, 인간의 행위 주체성, 희생자화, 가족 경제, 이주민 기업가 정신 등과 같은 현대 이주 연구의 중요한 이슈들에 주목한다(5장). 결론에서는 미래에 이주가 어떻게 전개될지에 대해 논하고 있다(6장). 전체적으로 간략한 주석을 달고, 최근의 연구들 가운데서 더 읽을거리들을 엄선해서 각 장의 끝에 실었다. 이주 연구 분야의 발전에 대한 특성은 3장에서 더 세밀하게 설명하고 있다.

이 책 전반에서 이주를 글로벌한 현상으로 다루고, 특정 이슈들과 지역들을 설명할 뿐만 아니라 이주민 남성들과 여성들의 삶을 보여주기 위해 적절한 역사적·역사서술적 사례들을 소개한다. 이 글을 쓰는 지금, 이주사는 사회과학과 인문학에 기반을 두고 트랜스컬처럴 사회 연구에 광범위하게 초점을 맞추는 학제 간 이주 연구로 변모하고 있는 것 같다.

크리스티아네 하르치히,

디르크 회르더,

도나 가바치아

일러두기
본문의 각주는 옮긴이의 것이다.

1

서문:
잘 알려진 관점들
—학술적 재개념화

■

역사 서술에서 민족주의적 관점이 지배했던 지난 한 세기 반 동안, 즉 1830년대부터 1960년대까지 국경을 넘어서 나가는 이주는 거의 연구되지 않았고, 들어오는 이주는 이주민 수용 사회의 제도와 문화로의 "동화"라는 측면에서 주목받았다. 1970년대에 이르러 학자들은 전 세계적으로 이주에 대한 많은 접근 방식들이 제한적이고 왜곡되어 있다는 것을 인식하게 되었다.

· 근대화 패러다임은 산업화와 도시화로 인해 고도의 이동성이 시작되었다고 상정했다.
· 들어오는 이주민과 나가는 이주민이 동일인임에도 불구하고, 역사가들은 인간의 이동을 들어오는 이주와 나가는 이주로 구분

했다.
· 학자들은 대서양을 건너는 유럽인의 항해를 이주 모델의 전형으로 여겼고, 대서양 횡단을 단지 서부행으로만 보았다. "서부로 가라, 젊은이들이여!"라고 권고했던 이동성에 관한 미국의 유명한 대중담론도 그러했다.
· 마치 모든 이주민들이 남성이기만 했던 듯이 여성들은 거의 언급되지 않았다. 젠더는 범주가 되지 못했다.
· 인종 역시도 범주가 되지 못했다. 마치 모든 이주민들이 백인인 것만 같았다.
· 학자들은 노예 이동, 아프리카 남성들과 여성들의 강제적·비자발적 이주를 "미국인이 되는 과정"으로서의 "자유로운" 인간 이동과 엄격하게 구분했다.
· 중국에서는 단지 "쿨리coolie, 막노동꾼"들만이 플랜테이션 농장으로 이동해왔다고 전해진다. 문헌들을 신뢰한다면, 북아메리카로 갔던 이들의 종착지는 모두 차이나타운이었다.
· 이주 연구자들은 세계의 많은 사회들을 기본적으로 정주 사회로 간주했고, 그래서 관심의 대상이 아니라고 여겼다.

이러한 시각에 따르면, 세계에서 이주민을 받아들인 유일한 지역은—전체 아메리카 대륙도 아니고, 아메리카 대륙의 특정한 사회들도 아닌—모호하고, 포괄적인 "아메리카"였다. 비슷하게 이주민들은 특정한 출발지 사회들이 아닌 획일적인 대륙들—유럽, 중국, 아프리카—을 떠나왔다는 것이다. 이러한 제한적 시각은 미국을 전형적인 이민국으로 고양시켰다. 각 대륙은 결정의 자유를 누렸던 자, 노예가 되었던 자, 단순한 쿨리였던 자 등 각기 다른 성향을 가진 사람들을 내보냈다.

하지만 이러한 주장들에도 많은 의문이 제기되었다. 모든 이주민이 "아메리카"를 마음에 들어했는지, 혹은 그들 중 어떤 이들이 귀환했는지? "아메리카"가 미국이었는지, 혹은 남성들과 여성들이 캐나다, 브라질, 아르헨티나, 멕시코로도 갔는지? 만약에 단지 남성들만이 이주를 떠났다면 어떻게 유럽의 도시들이 성장할 수 있었는지? 유럽의 다양한 문화권에서 온 젊은 여성들은 무엇을 했는지? 만약 러시아의 농노제가 농민들을 농촌에 묶어두었다면, 모스크바와 상트페테르부르크의 공장들이 어떻게 노동력을 확보했을 것이며, 어떻게 시베리아에 사람들이 정착할 수 있었겠는가? 다양한 인도 문화권 사람들은 결코 이동하지 않았던 것인가? 아프리카의 많은 사회들은 이주를 통해 서로 연결되지 않았던 것일까? 만약 사람들이 정주만 했다면, 누가 북아프리카, 동지중해(서아시아), 남유럽 연안 지역을 아우르는 10세기 다종교적 지중해 세계를 만들 수 있었겠는가?

이러한 의문들 뒤에 숨어 있는 이주의 복합성은 다음의 예에서도 잘 드러난다. 미국의 대중적 상상력은 19세기에 속칭 "존

차이나맨John Chinaman"•을 만들었는데, 사실 중국 이주민들은 모두 거대한 제국의 남부에 있는 두 지방 출신이었다. 그들은 서로 다른 방언을 사용했다. 그들의 이주는 자발적이었을 뿐 아니라 계약노동의 형태를 띠었다. 15세기 중반부터 그들의 조상은 동남아시아에 디아스포라를 형성했다. 20세기 후반, 이주민들은 "세 개의 중국"—중국, 대만, 홍콩—과 전 세계의 디아스포라 정착지 출신이다. 1980년부터 2000년까지 캐나다에 정착한 중국 문화 출신의 남녀들은 132개국이나 되는 다양한 이전 정착지들에서 밀려들어왔고, 100개의 다양한 언어들과 방언들을 사용했다. 이 예에서 보이듯, 이주는 복잡하고, 대체로 글로벌한 현상이다. 이주민들은 특정한 장소에서 출발하여 많은 문화권들 가운데서 그들의 목적지를 선택한다.

들어오는 이주와 나가는 이주라는 전통적인 이분법은 이러한 이주의 복합성을 전혀 반영하지 못한다. 이것은 "고국"에서 타국의 "새로운 세계"—많은 신화들이 가정하듯, 그곳에서는 모든 것이 더 나아진다—로의 일방적인 이주 경로만을 제시한다. 이주는 한 국가에서 다른 국가의 소수민족 집단촌으로의 이동이나 제약이 있는 구세계에서 무한한 새 기회의 땅으로의 이동으로

● 19세기 미국에서 중국인 노동자들을 차별적이고 멸시적으로 묘사하는 데 사용된 캐리커처이다.

묘사된다. 그러나 이와 달리 "이주"라는 개념은 다양한 선택들을 함의하고 있다. 이동은 다방향이며 복잡하고, 일시적이거나 장기적이고, 자발적이거나 강제적이다. 다양한 선택 조건들을 가지고 이주민 여성들과 남성들은 어떠한 결정을 내린다. 이주사는 인간의 "흐름"이나 이주의 "물결"을 다루기보다는 자신이 가진 능력 안에서 사회적 선택들과 제약들을 교섭하며 인생 계획을 추구해나가는 행위 주체로서의 남성들과 여성들을 연구한다. 이주사는 이동성의 양쪽 끝 모두를 본다. 가족, 도시 거주지와 마을, 또는 사회 전체에서 구성원을 잃는다는 것은 무엇을 의미하는가? 목적지 사회들에서 "인적 자본"을 얻는다는 것은 또 어떤 의미일까?

남성들과 여성들이 이동하는 사회들은 "고향"—소속감과 보호의 의미를 전해주는 개념—과 낯섦과 불안의 의미를 전해주는 "타향"으로 대비되어왔다. 그럼에도 시간과 공간을 넘어서 이주민들은 그들 스스로나 가족들을 부양할 수 없었기 때문에, 혹은 의미 있는 삶을 살아갈 수 없었기 때문에 자신이 태어난 곳을 떠났다. 19세기 유럽의 "고향" 사회들은 삶을 지탱하기 어렵게 했고, 20세기 아프리카의 사회들 역시 그러했다. 한 작가의 표현을 빌리자면, 고향은 어쩌면 매혹적인 장소가 아닐뿐더러 안전하지도 않고, 불합리하고, 정의롭지 않은 곳일 수 있다. 전통에 얽매인 공동체 출신의 한 여성은 자신의 고향이 어떠한 울타리도, 어떠한 가시적인 탈출구도 가지고 있지 않았다고 짧게 회상했다. 목적지인 이주민 수용 사회 혹은 "호스트" 사회가 실제로는 적대적일지도 모른다. 인종적 기준들—"흑인", "적색 피부", "째진 눈"—은 유색 인종의 이주민들을 비하하는 데 이용되곤 했다. 하나 이상의 피부색 대신 "백색" 피부가 규범이 되었다. 창백한 얼굴을 한 사람이나 색소가 결핍된 사람으로 규정될 수도 있을 권력자들이 그것을 강요했다.

어떤 사회들은 생물학적으로 유전되는 피부색에 따라 꼬리표를 붙이는 것 외에도 이주민들을 신체 부위처럼 취급하여 심장과 머리보다 "손"과 "브라세로스(팔)"와 같은 노동 도구로 상품화하기도 한다.● 1880년대 하와이 플랜테이션 농장주들은 알파벳순으로 "비료^{fertilizer}"와 "필리핀인들^{Filipinos}"을 같이 주문했다. 1950년대 중반 이후 유럽의 노동력 수용 사회들은 노동력, 즉 "손님노동자들$^{guest\ workers}$"만을 원했다. 그러나 손님들은 감정, 인생 계획, 주체성을 가지고 도착했다. 21세기 초 "두뇌 유출$^{brain\ drain}$ 이주"라는 개념은 가족이 함께 정착하고 아이들이 놀이터와 학교를 필요로 한다는 사실을 숨기고 있다. 신체 부위쯤으로 취급하며 노동력을 불러들이는 자들은 "외국인"이 비인간적 대우

● 브라세로스(braceros)는 원래 스페인어의 팔을 사용해서 일하는 노동자, 즉 육체노동자를 의미했던 bracero에서 유래했는데, 미국에서 일하는 멕시코 계절노동자를 가리킨다.

에 항의할 것이라고는 전혀 예상하지 못한다. 그러나 일반적으로 이주민 남성들과 여성들은 적어도 일시적이나마 새로운 사회에 보금자리를 만들려고 고군분투한다.

자주 반복하겠지만, 이주를 "푸시pushes"와 "풀pulls"의 산물로 간주하는 것만으로는 문화, 젠더, 계급, 정체성, 의도 등의 복합성을 지니고, 복잡한 사회들 사이를 이동하는 이주민을 이해하는 데 미흡하다는 인식이 있다. 이제 학자들은 사람들이 떠나도록 유도하거나 강요하는 구조와 과정을 이해하기 위해서 출발지 사회의 모든 양상들을 분석한다. 그들은 이주민들의 사회화와 문화적 귀속의 특별한 형식을 명확히 하기 위해 민족국가들을 특정한 지역들과 지역성으로 해체한다. 일반적인 중국인들이 만주에 정착하거나, 동남아시아에서 디아스포라를 형성하거나, 아메리카 대륙으로 이주한 것이 아니다. 오히려 이들은 특정 지역 출신으로 다양한 삶의 여정과 종교를 가지고 도시 또는 농촌에서 일하던 특별한 남성들과 여성들이었다. 아프리카에서 열대 및 아열대 플랜테이션 벨트로 수송되었던 노예들도 일반적이지는 않았다. 그들은 월로프족, 이보족, 아샨티족, 요루바족, 콩고족 등으로서 특정한 언어를 사용하고 특정한 문화를 지니고 살았다. 캐나다에 도착한 독일어권 이주민들은 독일인, 오스트리아인, 또는 스위스인으로서 가톨릭교인, 개신교인, 혹은 메노파교인이었다. 그들은 서로 알아들을 수 없는 많은 방언들을 사용하는 경우가 흔했다. 출발지 문화에 대한 차별화된 지식이 없으면, 이주 결정, 이주 이후의 생활, 인생 계획, 문화 접변 방식을 오해하기 쉽다.

일단 떠나기로 결정한 다음, 사람들은 어떠한 경로로 이동할까? 그들은 개인으로 떠날까 아니면 가족 경제의 일원으로 떠날까? 사회에서 이주를 기대하기 때문에 "자연스럽게" 이동하는 것일까? 이동은 소수가 새로운 방향을 계획하는 것("개척 이주")일까, 아니면 다수가 잘 정립된 유형을 따르는 것("대량 이주")일까? 이동이 수 주일 걸리는 대양 횡단 항해를 의미하는지 혹은 몇 시간의 비행을 의미하는 것인지? 여행이 이주민들을 다양한 언어와 문화적 환경을 횡단하도록 이끄는지? 17세기 유럽의 위그노들이나 2000년대 초 수단의 아동 난민들처럼 사람들은 집단으로 이동하고 있는지? 이주는 리오그란데의 국경과 같이 군사적으로 삼엄한 경계들을 넘어가는 것을 포함하고 있는지? 정보를 쉽게 이용할 수 있는지? 현대 여행자들도 포켓용 여행 가이드북을 구입하지만, 고대 여행자들은 다른 사람들과 지식을 공유하기도 했다. 900년경 페르시아의 한 지방 우체국장 이븐 코르다드베ibn Khordadbeh는 8권짜리 『도로와 왕국에 관한 책』에서 멀리 한국에까지 이르는 육로와 해로를 기술했다.●

● 이 책을 통해 한국, 정확히는 신라가 처음으로 서방에 알려졌다고 한다. 이 지리서에서 호르

이주민들은 수용 사회로 이동하면서 의사소통하는 법을 배워야 했던 반면, 과거 학자들은 대개 이주민들의 언어를 배우지 않았다. 따라서 미국 같은 경우 학자들은 "문화적 짐 가방"을 가지고 엘리스 아일랜드에 도착한 이주민들에 대해 기술했지만, 남녀 이주민들이 어느 시점에 그들의 짐 가방을 내려놓았을 것이라고 추정했을 뿐이다. 식민지 인도 출신의 계약노동자들에 대한 글을 썼던 영국 학자들은 플랜테이션 사회의 사정과 영국식 영어 어문 규정들을 고찰했지만 남아시아 대륙에 있는 고국의 실제 생활 조건들과 문화적 일상들에 대해서는 이해하지 못했다. 따라서 학자들은 인간 경험을 뚝 잘라먹고 이주민들의 생애 중간에서부터만 연구를 진행했던 것이다.

이주민들의 언어를 모르는 학자들은 자연주의적-민족주의적 이미지에 의존하여 이주민들의 "뿌리"는 그들이 태어난 국가에 있다고 단정했다. 그래서 그들은 "뿌리 뽑힘uprootedness"이라는 패러다임을 만들어야만 했다. 수용 사회 사람들보다 훨씬 열등한 정신력을 소유했다고 일컬어지고, 통제할 수 없는 힘에 의해 뿌리로부터 찢겨나간 것으로 간주된 이주민들은 정처 없이 떠돌거나 불확실한 상태에 놓인 것으로 여겨졌다. 하지만 사회 간 이동

다드배는 신라를 중국의 끝머리에 위치한 산악이 많은 지방으로 금이 풍부하고 살기 좋은 곳으로 기술했다.

은 이주민들이 예리한 관찰력과 학습 능력을 가지고 있음을 시사하지 않는가? 20세기 말 과테말라 고지대에서 수도로 이주한 키체주 출신 인디안 여성 이주민은 그녀의 언어로 말하는 사람도 없었고, 그녀도 스페인어를 할 수 없었기에 길을 잃은 느낌을 받았다. 마찬가지로 16세기 중국 왕실로 왔던 유럽의 예수회 소속 선교사들도 그곳 중심지 문화를 이해하는 데 어려움을 겪었다. 문맹의 농민 여성들과 교육받은 수도사들 모두 배워야만 했다. 이주민들은 자신들이 선택한 새로운 사회 환경에서 살아가는 법을 배우거나 적어도 처음에 경제적 생존을 위한 작은 기반을 마련할 수 있는 틈새시장을 찾을 수 있기를 기대하며 이주를 감행한다. 이러한 역량들을 인정하게 되었을 때, 학자들은 "뿌리뽑힘"을 "이식transplanted"이라는 개념으로 대체했다. 식물학적이기는 매한가지만, 이 이미지는 변화하는 사회적 프레임과 맥락 속에서 활동하는 인간의 행위 주체성을 인정한 것이었다. 이주민의 역량은 국가들이 제공하는 입국 통로를 통해서, 그리고 수용 사회의 구조들 속에서 발휘된다.

어떤 사회들은 적어도 일부 이주민들에게는 문호를 열어주었다. 15세기 인도양 연안의 항구 도시들, 동아프리카에서 인도의 말라바르와 코로만델 해안을 지나 동남아시아까지 이르는 연안 사회들, 오스만제국, 그리고 20세기 말 스웨덴, 네덜란드, 캐나다, 말레이시아, 싱가포르 등이 대표적이었다. 다른 사회들—

가령 일본, 우간다, 독일—은 매우 특별한 방식이긴 했지만 뉴커머들에게 적대감을 드러내었다. 일부 사회들에서는 "자국민"들이 자신들의 역사적 문화의 탄력성을 거의 믿지 않고 이주민들을 그들의 문화적 온전함을 위협하는 존재로 여기고 있는 듯하다. 도대체 왜 수십만 명의 재일 한국인들이 1억 2,800만 명의 일본인들에게 위협이 되는지, 혹은 왜 200만 명의 튀르키예 출신 이주민들이 8,000만 명의 문화적 독일 시민들에게 위협이 되어야 하는가? 2000년대 초반, 이웃 국가인 멕시코에서 온 근면한 이주민들에 대하여 비슷한 논쟁이 미국에서도 벌어졌다. 농업에 대한 보잘것없는 투자로 인해 중국에서는 대략 1억 2,000만에서 1억 6,000만 명의 농업 노동력이 도시로 이주를 했지만, 21세기 접어들면서 부정적 의미의 "유동인구"로 간주되고 있다. 입국 게이트가 더 협소해지고 수용 태도가 더 적대적이 될수록 뉴커머들은 자활과 자립을 도모하고 수용 사회에 기여하는 데 더 큰 어려움을 겪게 된다.

전 세계적으로 모든 사회는 들어온 이주민들을 수용하고 있고, 모든 정부는 불규칙한 임시방편 조치에 의존하지 않기 위해 정책을 개발해야 한다. 2006년 국제 이주자의 수는 대략 2억 명으로 추산되었는데, 유엔난민고등판무관UNHCR에 따르면, 이중 3,000만 명이 난민으로 집계되었다. 훨씬 더 많은 수억 명의 성인 남녀와 어린이들은 환경오염, 내전과 국제전, 억압적 정권, 경제 침체 등으로부터 위협을 받고 있다. 이들은 잠재적 이주민들이다. 만약 재앙이 강타하기 전에 자발적으로 떠났다면, 이들은 능동적인 혹은 예측하는 이주민들이고, 생존이 불가능할 때까지 기다렸다면 수동적인 이주민들이다. 이주 연구가 전략적 정책 결정의 배경을 제공한다면, 이주사는 수 세기와 수천 년에 걸친 이주 형태들의 연속성과 변화를 강조한다.

- 가족이 이주를 했었는가?
- 친척과 이웃에게 이주 역사를 물어보라. 이주에 대한 가족 기억이 있거나 과거나 현재의 어떠한 이동을 상기할 수 없는가?
- 만약 당신이 이 텍스트를 학급에서 읽는다면, 학급 학생들의 이주 역사들을 수집하라. 가족 모두의 출신지를 세계지도에 표시하거나, 국내에서 이주한 경우라면 출신 지역을 표시하라. 그런 다음 각 학생은 친구의 출신 지역이나 자신의 출신 지역을 선택하고 문화적 배경에 대한 정보를 수집하여 수업 시간에 발표할 수 있다.
- 만약 부모님 집에서 본인의 대학으로 이동했거나 "이주했다"면, 지역 변경과 한 가정의 딸이나 아들에서 대학생으로의 위상 변화에 대한 경험을 나누어보자.

2

인류의 역사에서 이주
—장기적 관점[1]

∎

인류의 역사는 곧 이주의 역사이다. 정주하지 않았고, 문자도 없었던 사람들의 "선사시대"와 그 이후 정주 제국들과 민족들의 "본격적인 역사"라는 단절은 존재하지 않았다. 시대 구분은 문화적 거대 지역과 미시 지역마다 다르지만, 시간의 흐름에 따라 8개의 확연한 이주 시대로 일반화할 수 있다.

- 동아프리카에서 전 세계를 가로질렀던 호모 사피엔스의 이주
- 정주하기 시작한 초기 농경시대의 이주들(기원전 1만 5000년~기원전 5000년)
- 메소포타미아 지방, 이집트, 인도와 동아시아 사회들, 지중해의 페니키아-헬레니즘-로마 세계 등지에서의 도시화 과정 동안

전개된 이주의 분화
- 기원전 500년에서 기원후 1500년까지의 이주들
- 이주, 상호문화적 접촉, 세계의 거대 지역들에서의 순환 무역들(1400년~1600년)
- 식민 정복 사회들과 피식민지 사회들에서의 이주 변증법들 (1600년~1800년)
- 19세기 글로벌 이주 체계들
- 20세기 이주들

우리의 분석은 문화적 교류뿐만 아니라 (이주해 들어와 무장한 식민지 지배자들이 정착민들을 난민으로 만들어 강제로 쫓아낼 때 일어나는) 갈등도 강조한다. 또한 이것은 인간의 행위 주체성을 강조한다—노예들과 같이 강제로 이주한 사람들조차도 흔적을 남긴다. 남성들과 여성들은 비록 스스로 선택한 조건이 아닐지라도 그들 자신의 역사를 만들고, 집단적으로는 공동체와 사회의 역사를 만들어나간다.

선사시대 발전들에 대한 정확한 연대를 알 수 없기에, 학자들은 2000년을 기준으로 거꾸로 계수하는 "현재 이전Before the Present, 이후 BP"●이라는 척도를 사용한다. 연대표에 대한 논의가 여전히

● BP(현재 이전)는 지리학과 고고학에서 흔히 쓰이는 방사성 탄소 연대 측정에 기반한 시간 척

진행중이므로 이 요약은 가장 그럴듯한 해석에 의존하고 있다. 대략 6000년에서 5000년 전 도시 생활의 출현으로 고고학적 연대 측정은 훨씬 더 정확해졌고, 종종 문서 기록들에 의해 뒷받침되기도 한다. 이 시기부터 BP 척도는 폭넓게 사용되는 "기원전Before the Common Era, BCE"과 "기원후Common Era, CE"로 대체된다. 이것은 1500년 이후 서구 세계의 세속적, 제국주의적 권력을 반영하고 있는 기독교식 시간 척도이다. 예수의 탄생일에 대해 학자들의 의견이 분분하기 때문에 기원후와 기원전을 구분하는 연도는 단순히 관례에 불과하다. 다른 종교 문명권들도 중국력, 유대력, 이슬람력 등 각기 다른 역법을 사용한다. 시작 연도는 역시 관례적이다.

❶ 태고시대: 호모 사피엔스, 동아프리카에서 전 세계에 걸쳐 이주하다[2]

대략 15만 년에서 20만 년 전에 지능을 가진 남녀 호모 사피엔스가 동아프리카에서 출현했다. 이보다 먼저 호모 에렉투스와 호모 하빌리스(직립보행을 하고 도구를 만드는 사람)가 독자적으로

도이다. 그 기준점이 1950년 1월 1일이었으나, 지금은 2000년 1월 1일이 더 일반이 되었다.

아프리카, 중국, 동남아시아와 유럽에서 발전했다. 호모 사피엔스는 이동성이 매우 높은 지식 축적자들이었다. 그들은 먼저 아프리카를, 그리고 기원전 6만 년부터는 전 세계의 열대 지역을 횡단하며 이주했고, 기원전 4만 년에서 1만 5000년까지 점차 언어적·문화적 집단들로 분화하며 더 추운 유라시아와 아메리카 지역으로 이주해 들어갔다.[3]

학제 간 연구를 통해 "태고시대" 인류에 대한 이러한 이해가 가능해졌다. 고고학자들은 도구들의 출현과 발전을 되짚어나가고, 언어학자들은 언어의 확산과 분화를 모델링하고, 유전적 모델링을 연구하는 자들은 특정한 장소들에서 오랜 기간에 걸쳐 일어난 조상들의 유전자 혼합 과정을 추적한다. 초기 인류 집단은 유전적 유사성 또는 변이, 도구와 도기 등을 통해 언어공동체로 정의된다. 현대적 의미의 민족이나 국가는 추적할 수 없다. 공간적 거리와 문화적 교류를 통해 일단 분화된 언어들과 일상생활 방식들은 번역자들을 필요로 하게 되었고, 새로운 생태적 환경으로의 이주는 적응전략을 요구했다.[4]

이해를 돕기 위한 방법으로, 매우 복잡한 발전 단계들을 단순화하기 위해, 초기 이주들을 전체적으로 6가지 유형으로 구성해도 될 듯하다. 이러한 유형의 변수에는 이주 감행의 이유, 미정착지에 새로운 공동체를 세우거나 이미 정주한 사람들에 대한 지배를 통해 새로운 공동체를 세우는 것, 체류 기간, 이동성의 정도

가 포함된다.[5]

1. 다양한 지리적 지점에 흩어져 있는 **특정 문화 집단 안의** 이주는 수렵과 채집을 하는 가족과 집단들, 마찬가지로 모계 혹은 부계 유형을 따르는 결혼 이주를 포함하고 있다.

2. 어떠한 특정한 문화 집단의 일부가 새로운 미개척 지역으로 이주하는 것은 **외부적 분화 이주 또는 계통 이주**라 할 수 있다.

3. **식민 이주**는 선주민들에 대한 지배권을 확립하는 정착지로의 이동이다. 이러한 **정복**은 상당한 폭력과 착취 또는 선주민의 입장에서는 오랜 고통과 압제를 수반할 수도 있다.

4. 한 집단이 생존을 위협받을 때 이웃과 파괴적인 분쟁을 일으키거나 삶의 새로운 공간을 찾게 되는데, 미개척지(2번과 같음) 또는 정복(3번과 같음)이나 동거 협약을 통한 정착지로 **전체 공동체의 이주** 또는 **대량 이주**가 일어난다.

5. 공동체 간의 이주는 다른 집단의 사회적 공간으로의 평화적이고 영구적인 이동이나, 일시적인 머묾("일시 체류")을 의미하거나, 다른 문화공동체 구성원들에게 봉사하는 노예들과 포로들의 강제적인 이동을 의미한다.

6. 유목민 같은 일부 사람들은 관습적으로 일생 내내, 또는 계절적으로, 또는 사막이나 산지 자연환경의 제한된 자원들로 인해 이동한다. 개인들은 가령 전도자들이나 장돌뱅이들처럼 영적

혹은 경제적 이유들로 떠돌이 삶을 계속한다.

  6개의 이주 유형들은 남녀 모두를 포함한다. 여기에는 아이들과 노인들도 포함된다고 할 수 있다. 호모사피엔스의 이주를 통한 장기간의 분화에서 여성의 유전자와 출산 능력은 특별히 중요한 역할을 했다. 공간적 분리에 의한 확산은 문화적 변화를 만들어낸다. 모든 이주는 출발지 집단에 영향을 미친다. 왜냐하면 떠나는 이들은 그들의 지식과 기술, 그리고 그것과 함께 감정과 영성을 가지고 가기 때문이다. 도착지에서는 능력, 영성, 감정의 융합이 어쩌면 아주 혁신적일 수 있다. 하지만 뉴커머들은 병을 퍼뜨리고, 이전 신앙 체계를 파괴하며 대혼란을 야기할 수도 있다. 융합은 "종족 집단의 형성", 즉 새로운 민족의 출현으로 이어질 수 있고, 질병과 파괴는 대량 학살적일 수 있다. 전염병과 전쟁은 사람들을 약화시켜, 생존 가능한 공동체를 재건하기 위해 이주를 감행해야 하는 지경에 이르게 할 수 있다.

  인류의 전 세계적 이주는 세 가지 주요한 시기에 일어났다. 아프리카-유라시아 열대 지방 정착은 BP 6만 년 이전에 끝이 났다. 두번째 시기에는 북동아프리카의 나일강 골짜기와 홍해 연안 지역에서 아라비아 반도와 남아시아 대륙으로 이주가 일어났다. 그것을 위해 그들은 수변 기술, 즉 선박 이동 방법을 배우고 식량으로 물고기와 조개를 얻는 기술을 개발할 필요가 있었다.

"빙하기(BP 13만 년에서 BP 2만 년)"에 해수면이 낮아졌을 때, 사람들은 순다Sunda, 오늘날 동남아시아 제도로 이동했고, 항해 기술을 개발한 후인 4만 년 전에는 사훌Sahul, 뉴기니에서 오스트레일리아까지의 섬들에 도달했다. 그다음 천년의 사람들은 더 정교해진 항해 기술로 하와이(기원후 첫 세기)와 이스터섬(대략 서기 400년경)[6]은 물론이고 오세아니아 연근해와 먼바다의 섬들에도 정착했다. 그들이 남아메리카의 태평양 연안에도 도달했을까? 유전적·언어적인 흔적들은 존재하지 않는 반면, 인더스 계곡에서 재배된 면화 품종들로 만들어진 천이 고고학적으로 발견되었다. 문화적 접촉이 전 세계에 걸쳐 있었다.

세번째 시기인 BP 4만 년에서 BP 3만 년까지 이주민들은 더 시원하고 더 건조한 기후대로 이동해갔다. 그들의 "토지를 기반으로 한 문화"는 채집한 채소류들을 저장할 능력과 대형 포유류를 사냥할 도구를 개발해야 했다. 첫번째 루트는 북쪽으로 열대 동남아시아에서 한국과 일본의 섬들까지, 서쪽으로는 아무르강 골짜기까지 이어졌다. 두번째 루트는 서쪽으로 중국-티베트 지방에서 유라시아 스텝 지방을 지나 유럽까지 연결되었다. 세번째 루트는 나일강 골짜기—비옥한 초승달 지대—흑해 북부에서 서쪽으로 코카서스 산맥을 관통했다. 연이은 작은 집단들이 동북아시아에서부터 동쪽으로 이동하여 육지였던 베링해를 지나

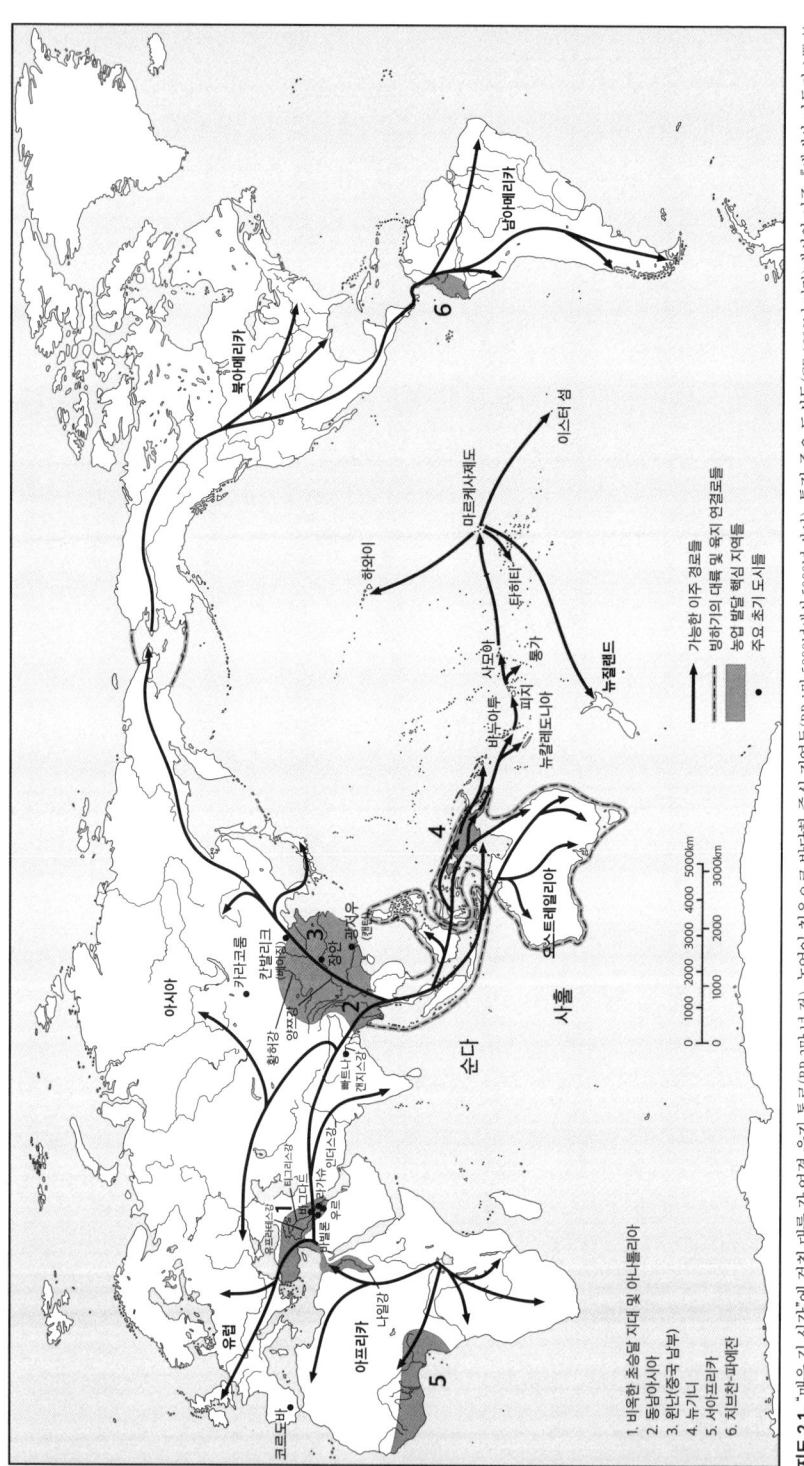

지도 2.1. "매우 긴 시간에 걸친 섭친 대륙 간 연결 육지 통로들, 농업이 처음으로 발달한 중심 지역들(BP 1만 5000년에서 5000년 사이), 특정 주요 도시들(CE 1000년 이전)에서의 이주. 『세계사 아틀라스*World History Atlas*』(체타피 블릭, 2005), 14–25, 18–19, 『세계사 수의 대양*Oceans in World History*』(다이너 부쉐넬, 2007/72에서 디드로 회로디가 정리.

1. 비옥한 초승달 지대 및 아나톨리아
2. 동아시아
3. 완난(중국 남부)
4. 뉴기니
5. 사이프리카
6. 치브찬-파에리안

아메리카로 넘어갔다.

❷ "농업혁명기" 인구 변화와 이동성
(BP 1만 5000년에서 BP 5000년)

BP 1만 5000년—마지막 빙하기의 끝—에서 BP 5000년경까지 인간은 식물과 동물의 진화를 이해하기 시작했다. "가축화·재배화"는 자연적인 먹거리에서 문화적으로 형성된 먹거리로의 전환을 가능케 했고, 농업과 원예가 등장했다.[7] 이 "농업혁명"의 두 주요 단계는 식물과 동물의 진화에 영향을 미치는 새로운 능력의 출현과 더불어, 발명과 영성, 그리고 정착 생활과 이동 생활이라는 새로운 삶의 형태를 포함하고 있었다.

BP 1만 5000년에서 BP 1만 년까지 세계의 6개 지역들의 대략 200세대들 혹은 그 이상의 세대들은 집약적 수확 기술과 어업 기술을 시험했다. 아나톨리아에서 나일강에 이르는 비옥한 초승달 지역의 사람들은 소나 양, 염소를 사육했고 곡물 재배를 시도했다. 동남아시아, 윈난(중국 남부), 뉴기니, 서아프리카, 메소아메리카(강우나 하천으로 인해 물이 풍부한 지역들)에서는 덩이줄기와 종자 있는 풀들, 쌀, 옥수수, 잡곡, 수수, 밀, 보리, 그리고 기타 곡물들이 재배되고 수확되기 시작했다.[8] 이 새로운 생산성은 저장 시설과 기타 공예품에 대한 수요를 자극하고, 정착 생활을 가능케 하며, 인구 증가율을 높이는 결과를 가져왔다.[9] 고르지 않은 인구 성장은 새로운 사회적 역동성과 여러 특징의 이주를 촉발하는데, 이것에 대해 학자들은 여전히 논쟁하고 있다.[10] 이러한 이주는 이미 확립된 열두 주요 언어 집단의 위치를 바꾸지는 않았지만, 특정 집단의 위치, 생존 또는 확장에 영향을 미쳤다.

농업혁명의 두번째 시기에는 문화 간 접촉과 식민 정착자들과의 만남을 통해 정착 지역에 인구가 다시 유입되었다. 단지 주변 지역들—예를 들면 아북극 지역—에서만 새로운 정주가 일어났다. 중석기시대 혹은 석기시대(남부는 BP 1만 년, 북부는 BP 8000년)에 유럽인들은 도기를 발명했다. 그들의 영성은 해와 별들과 연관되었다. 아메리카 대륙에서 인간은 홍적세 포유류를 사냥하는 법을 배워, BP 8000년경에 이르면 식량 공급과 단백질 섭취를 모두 증가시켰다. 중국 남부에서 북쪽으로 인구가 확산되었다. 아프리카는 더이상 세계 인구의 대다수를 차지할 수 없었다.

농업 혁신 공동체 출신의 이주자들은 새로운 방식과 지식 기반을 다른 언어공동체로 가져갔고, 현지 공동체로부터 농업 기술을 지역 상황에 맞게 조정하는 법을 배웠다. 만약 들어온 이주민들이 수적으로 많고 명망을 지녔다면, 지역 공동체는 이주민들의 언어와 일상 문화를 받아들이거나 무력으로 식민화될 수 있었다. 반면, 이주민이 수적으로는 적지만 그들의 혁신적 기술이 매력적이라면, 현지 공동체는 새로운 방식을 채택하고 이주민을 받아들일 수 있었다. 따라서 행위 주체로서 이주민은 미래 인구 성장을 촉진하는 식량 관련 정보와 기술을 전수하고 받아들였다.

❸ 도시, 문명화, 해상 이주
(기원전 5000년에서 기원후 500년)

식량 생산 증대와 새로운 이주들은 물질 문화의 교류와 다양한 수송 수단의 증가를 가져왔다. (카약이나 카누와 같은) 가죽 배의 개발 이후 홍해안 구릉 지역에서의 나귀 사육과 남아시아의 물소 사육으로 인류는 비로소 첫 수송 동물을 갖게 되었다. 기원전 3000년경 아라비아 지역의 낙타 사육, 아시아 스텝 지역의 말 사육, 게다가 바퀴의 발명은 이동성을 한층 향상시켰다. 이후 티베트의 야크와 안데스 지역의 라마도 동력을 제공했다. 이러한 성취들로 인해 인간이 여행할 수 있는 반경이 넓어졌고, 나아가 이것은 인간을 분화시켰다.[11]

채집 생활에서 벗어나면서 인간의 노동력은 수공예, 특히 도자기 제작과 개선되고 내구성이 강한 거주지에 집중될 수 있었다. 생활은 더욱 정주화되고 마을도 성장했는데, 아마도 기원전 8000년경에서 기원전 6000년경 사이에 팔레스타인에서 최초의 도시들이 생겨났을 것이다. 더 높은 생산성은 이주를 감소시켰을 수 있는데, 그것으로 더 많은 인구가 부양될 수 있었기 때문이었다. 그러나 그것은 새로운 원거리 무역을 통해서나, 또는 증가하는 인구를 지역에서 더이상 부양할 수 없어서 이동성을 높일 수도 있었다. 밀집된 인구는 강요된 이주를 유발하는 가뭄이나 전쟁에 더욱 취약했다. 정착한 인구가 생활용품이나 부를 축적하면서 불평등이 증대했다. 지배자들은 침략을 위해 멀리 파병했는데, 이를 통해 이주가 일어나기도 했다.

소도시들의 이름이 시장market, 신시장newmarket, 또는 여울ford 등으로 끝나는 데서 알 수 있듯이, 교역은 길과 수로를 따라 일어났다. 조밀한 상업적 연결이 대략 기원전 3000년경부터 동지중해 수메르 지역(비옥한 초승달 지역)과 (중국해를 가로질러 중국 남부와 연결되어 있는) 동남아시아 도서 지역에서 일어났다. 기원전 첫번째 밀레니엄에 항해자들이 남풍과 북풍의 계절적 몬순을 해독해 그것을 "길들여서" 두 거대 지역이 인도양을 통해 연결될 때까지, 뱃사람들과 장인들은 점점 더 정교한 선박제조 기술과 항해 기술을 시험했다. 동아프리카의 스와힐리 언어 사용 도시들에서부터 아라비아와 페르시아를 경유해 남아시아 항구 도시들과 말레이반도와 인도네시아 군도까지 고르지 않은 자원 분포는 교섭을 촉진시켰고, 특화된 생산으로 이어졌다. 유라시아의 동지중해에서 황하 계곡에 이르는 (후에 "비단길"로 알려진) 대상 경로는 상인들이 여행할 수 있을 정도로 안전하게 되었다. 지중해 동부의 해상 무역 도시에 살던 사람들을 통칭하는 일반적인 이름인 페니키아인들이 서쪽 끝에서 "동양" 혹은 동양의 서부와 "서양"을 연결했는데, 그 연결은 심지어 이베리아반도를 넘어 영국 남부의 주석 광산에까지 이르렀다. 이동하는 인간들의 유라시아-북아프리카 무역권이 등장했던 것이다.

초기 문자와 그림 문자에 따르면, 기원전 6000년경 이후 이집트와 메소포타미아에 수천 개의 소도시들이 존재했고, 기원전 2000년경 메소포타미아 도시 라가시와 우르에는 각각 5만 명과 6만 5,000명의 주민들이 거주했을 것으로 추정된다. 기원전 600년경 바빌론에는 20만 명 이상의 주민들이 살았다. 인도양 무역이 활발해지자 도시들도 성장했다. 아마도 파트나(옛 지명 파탈리푸트라)가 기원전 300년경에 최대 도시가 되었고, 중국 제국의 등장으로 그 수도인 장안이 기원전 200년경 최대 도시가 되었다.[12] 이러한 특징들은 높은 인구 이동성을 감춘다. 전 세계 무역 체제 안에서의 상대적 위치와 왕조 간의 전쟁, 자본의 재배치 등에 따라 사람들은 소도시들과 도시들을 오가며 이동했다.

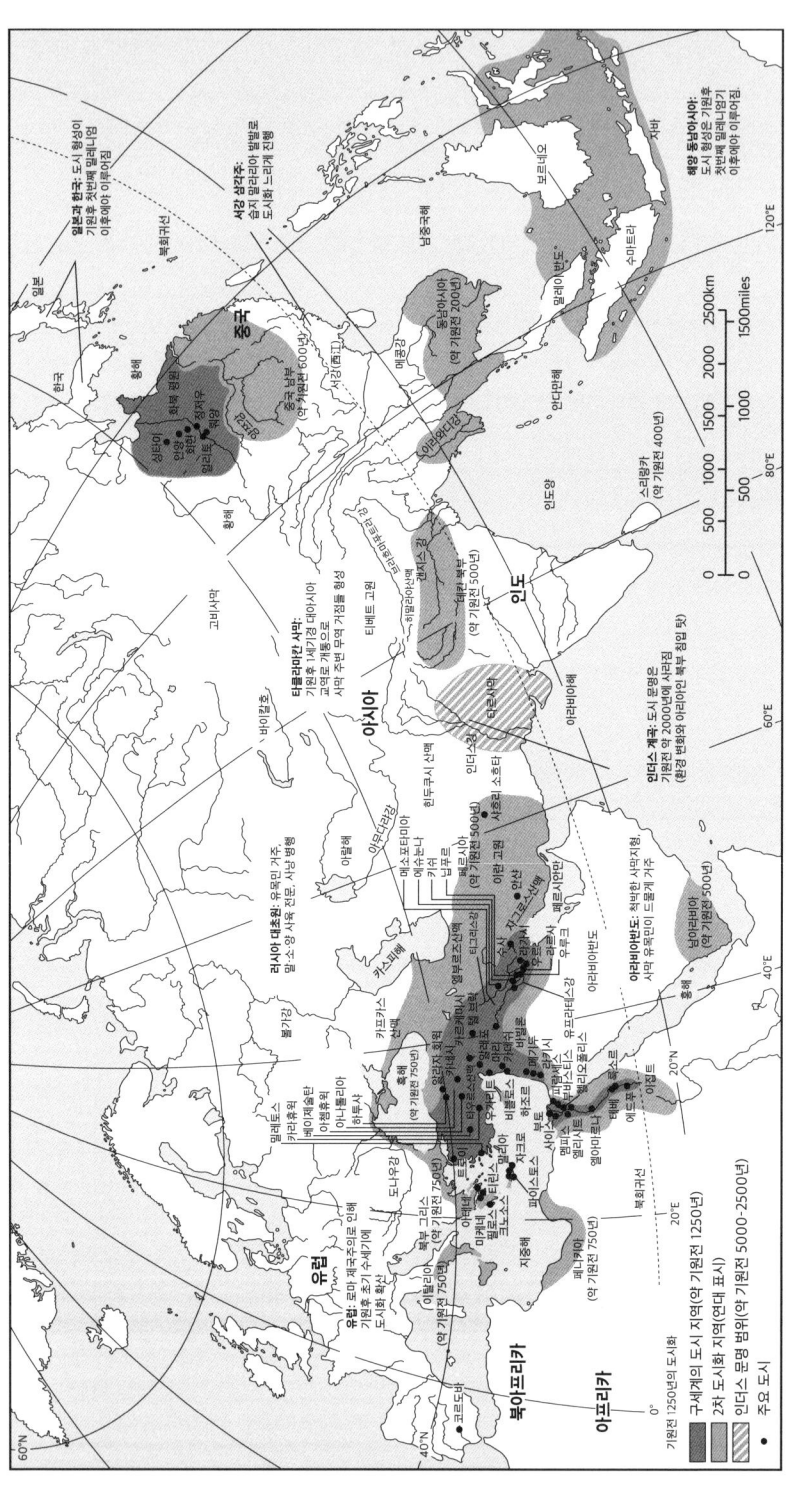

지도 2.2. 기원전 13세기에서 기원 원년에 걸쳐 도시 지역 발전과 그 확장. 『세계사 아틀라스World History Atlas』(제리미 블랙, 2005), 28–29.

도시들은 내륙의 남녀들이 매일매일 공급하는 식료품이 필요했다. 집약 농업지역들은 농가들뿐만 아니라 남녀 노동력들까지 끌어당겼다. 농촌-도시 간의 시장 교역이 활성화되었다. 도시들은 상업적 네트워크와 지배 가문들 사이의 권력 관계를 확대시켰고, 그것은 지식 교류를 낳았다. 학자들이 왕실로 여행을 왔다. 상인들은 지리 정보와 무역 정보를 모았고, 원거리 무역에서의 사회적 관습들에 대한 지식을 습득했다. 역관들은 문화적으로 다른 지역들을 연결시켰다. 뉴커머들은 지식과 사회적 네트워크에 접근하기 위해 현지 여성들과 결혼했다.

밀집된 인구와 확대되는 통치시스템들은 도로, 교량, 수로, 그리고 새로운 유형의 위생 시설을 필요로 했다. 비숙련 남성 인력들이 기반 시설 공사—도로, 둑, 댐 등—를 위해 이주를 했던 반면, 여성들은 서비스 노동을 위해 이동했다. 벽돌을 만드는 석공들은 훨씬 튼튼한 건축물로 토담집을 대체했다. 어떤 문명권에서는 종교적 관습이 제의적 청결을 요구하기도 했다. 이는 도시의 열악한 위생 상태가 높은 사망률과 지속적인 인구 유입의 필요성을 의미했기 때문이다. 경제 분야와 생산자들의 이동은 도시의 장벽이나 정치적 경계에서 멈추지 않았다.

교역에는 장인, 소상인과 대상인, 여성들의 이동과 이주가 필요했다. 짐꾼, 수레꾼, 선원, 마부, 마찬가지로 역관, 환전상, 경비와 노동 이주민들이 여행루트를 통해 도시로 왔다. 노동과 재생산 분야가 젠더화되면서부터, 남성들은 섹스와 감정적 유대관계를 포함하는 핵심 서비스를 여성에 의지하게 되었다. 유입 이주민 미혼 남성들과 선주민 여성들의 자녀들은 "사생아"로 배척당하거나 그들의 모계 공동체의 일원이 되었다.

기원전 4천년기 사람들은 스스로 혹은 점차 강력해지는 엘리트에 의해 도시문명들의 거시 지역적인 위계 속으로 체계화되었다: 수메르(메소포타미아), 누비아, 나일강의 이집트 왕국, 티그리스강과 유프라테스강 유역, 페르시아제국, 인더스 유역, 하라파와 베다 문화. 기원전 2000년경 북동 지중해 지역(크레타, 그리스, 튀르키예)에 미노스, 미케네, 히타이트 사회들이 생겨났다. 기원전 1000년경 페니키아의 해상 무역 문명은 지중해를 넘나들게 되었다. 그리스·이집트 헬레니즘 세계 또는 더 나은 표현으로 "블랙 아테나 세계"가 등장했다.[13] 몇 세기 후, 대략 기원전 500년 이후 이곳은 기동 군단에 의해 로마제국으로 복속되었고, 이주한 제국 관리들이 다스렸다. 기원전 1500년 이후 황하 유역 사람들은 상나라 왕국에 통합되었고, (대략 기원전 200년에서 기원후 200년의) 한나라 왕조는 중국 남부까지 왕국을 확장했다. 아시아 내륙의 이동하는 유목민족들을 막기 위한 만리장성을 건설하기 위해서 멀리서부터 노동자들이 동원되었다. 인도에서는 기원전 500년부터 기원후 500년까지 마우리아왕조와 굽타왕조가 넓은 영토와 수많은 사람들을 지배했다. 이들 문명은 사회와 영적 세계에 대한 통합적 구조와 새로운 신념 체계를 제공했다. 하지만 그들의 지배자들은 또한 파괴적인 영토 확장과 제국 내부의 전투에도 몰두했다. 이동을 명받은 무장 군인들은 결국 시민들의 일시적인 탈출과 장기적인 난민 이주를 촉발시켰다. 비록 전투가 남성적이었다 하더라도, 로마제국의 건국신화는 이웃 민족으로부터의 여성 납치를 포함하고 있었다. 영웅적이고 대개 신화적인 건국 이야기에도 불구하고, 남자들만으로는 전쟁행위를 기능적인 사회로 전환할 수 없었다. 이주—그리고 폭력—는 젠더화된다.

피라미드나 마야성전과 같은 제례 장소들의 건설, 또는 수로(중국)나 도로(로마)의 건설 등으로 수만 명의 노동자들이 동원되었다. 노동 수요를 충족시키기 위해서 강력한 지배자들은 이주를 강요하며 노동자들을 일시적으로 구속하거나 포로들을 평생 노예로 만들었다. 어떤 이들은 채무를 갚기 위해 스스로 구속되어 일하는 사람들도 있었다: 가난한 집안은 빈곤을 완화시키기 위해서 혹은 기아를 면하기 위해서 자녀들, 대개 소녀들을 팔았다.

도시들은 장벽을 둘러 스스로를 보호하며 내부인들을 외부인들과 구별했다. 이주민들, 이동 농부들, 상인들은 도시 안으로 들어가는 허락을 구했다. 도시 출입들과 "시민권"의 구성원 범주는 형식적인 장벽을 확고히 했다. 포함 또는 배제의 새로운 법적 범주는 언어구사력에 근거한 귀속과 결합되거나 그 때문에 악화되었다: 그리스어의 "바바리안(야만인)"은 원래 그리스어를 구사하지 못하는 사람을 지칭하는 데 사용되었으나, 이후에는 일반적으로 부여된 열등성을 암시하는 용어가 되었다.[14] "국외자"는 열등한 문화를 가진 자로 여겨졌다.

이러한 도시와 제국 사회들에서 새로운 영성 개념이 등장했고, 지배층들은 초월적 세계관이 특정한 사회 질서를 "요구"한다고 주장했다. 기원전 800년부터 윤리적이고 성찰적인 사상이 중국제국에서 그리스 도시국가들에 이르기까지 각기 독립적으로 번창했다: 중국의 공자와 노자, 인도의 붓다와 우파니샤드 저자들, 페르시아의 자라투스트라, 팔레스타인의 히브리 선지자들, 특히 그리스의 소크라테스와 플라톤. 이후, 복음 전도자들은 성서를 집대성했고, 기원후 600년 이후 이슬람 전파자들은 코란을 성문화했다. 종교적 영성이 이주를 유발할 수도 있다. 이러한 영적 혁신자들 중 몇몇, 가령 장자와 붓다는 명상적인 순례를 행했다; 히브리인들은 노예 노동으로 이어진 강제 이주를 기억한다; 무함마드는 상인으로 두루 여행을 했고, 622년 메카에서 메디나로 도주(히즈라)했다. 종교적 이주는 운송의 변화를 반영했다: 이스라엘 사람들은 포로로 끌려가야 했고, 임신한 마리아는 당나귀에 실려갔고, 무함마드는 말과 낙타에 의지할 수 있었다. 기독교와 이슬람 선교사들은 신의 겸손한 종으로, 전사 설교자로, 또는 신앙심 깊은 상인으로 이주를 갔다. 옛 신앙 체계와 새로운 신앙 체계의 성문화와 동질화는 "책의 종교"로 불리는 유대교, 기독교, 이슬람교를 창출했으며, 동시에 반대와 분열도 초래했다.

종교적 다툼과 소위 성전(거룩한 전쟁)은 추방, 밖으로의 이주, 또는 탈출을 초래했다. 영적 상호작용은 또한 종교적·문화적 통합과 개종을 낳았다. 따라서, 이전 농경 이주의 언어적 경계지역에 문명적·왕조적 경계지역, 교환과 접촉의 지대, 종교들 사이의 갈등 지역 등이 덧붙여졌고, 새로운 혼종 문화가 생겨났다. 유대인이나 조로아스터교도(파르시)와 같은 전체 민족이 흩어졌다. 성지로 지정된 장소들에는 순례자라 불리는 일시적인 종교 이주민들이 원근 각처에서 몰려들었다. 농업적 종교생활에서 도시적 종교생활로의 변화는 젠더 관계를 변화시켰다. 농업적 제례는 풍요의 여신들을 숭배했던 반면, 책의 종교들은 남성 신들에 집중되었고, 페르시아, 인도, 중국-티베트 사상 체계의 독창적 사상가들도 역시 남성들이었다. 이러한 신념이 사회적 규범에 자리잡으면서, 향후 천 년 동안 여성의 이주를 제한하는 역할을 하게 되었다.

❹ 이주와 사회(기원전 500년에서 기원후 1500년)

이주하는 사람들은 다른 생태 환경의 목적지에 다시 정착하기 위해 "지식 자산"을 가지고 이동했다. 예를 들어서, 아메리카의 북부 출신으로 남부로 이주하는 자들은 메소아메리카 사람들의 푸에블로 공간을 만들기 위해 건조한 기후 조건에 맞게 조정될 필요가 있는 건축 기술과 파종 기술을 가져왔다. 공간과 영토에 대한 경쟁은 종종 평화로운 해결도, 장기적인 전쟁도 아닌 비대칭적이고 이해관계에서 비롯된 권력 매개적 상호작용의 길, 즉 "민족들의 충돌"로 이어졌다. "여러 문화들이 어우러진" 복합 사회들이 나타나게 되었다—이 용어를 쓰는 것은 현대의 다문화적 상호작용을 언급하지 않으면서 과거의 문화적 다양성을 나타내기 위함이다.[15]

기원전 1만 년경, 아메리카의 치브찬-파에잔Chibchan-Paezan어족 사람들은 멕시코 남부에서 남아메리카 북부에 걸쳐 살면서 풍요로운 농업 전통을 발전시켰다. 메소아메리카의 이주민들은 미시시피 계곡의 토총을 만들었던 아데나족Adena과 호프웰족Hopewell에게 옥수수를 전파했고(기원전 700~기원후 400년경), 그 덕에 정주할 수 있었다. 어떤 종족들은 이주하면서 기억에서 사라졌다. 한때 "사라진 자들"이라는 의미를 가진 호호캄족Hohokam은 북아메리카 남서부에 살던 피마족Pima의 이웃이었다. 풍부한 동식물군들이 분포했던 남부아메리카 지역의 종족들은 농업을 발전시키지 않고도 정착 생활을 했다. 메소아메리카와 페루에서는 연이은 문화 접촉, 국가 건설, 전쟁이 적어도 기원전 2000년경부터 시작되었다. 유카탄반도의 마야족Maya 도시들은 기원전 1800년경부터 이주민을 받아들였는데, 기원후 10세기에 아직까지 알려지지 않은 이유로 주민들이 도시를 버리고 떠났다. 기원후 11세기부터 이루어진 (오늘날의 멕시코 중부) 치치멕족Chichimec의 이주는 복잡했다. 어떤 이들은 톨텍족Toltec의 도시 사회에 들어가 적응했고, 다른 이들은 이주는 했지만 동화되기를 거부했으며 또다른 이들은 아예 이주를 하지 않았다. (기원후 800년 이후 남쪽으로 이주했던) 톨텍족, 믹스텍족Mixtec, 사포텍족Zapotec의 농경적·학문적 성취들은 테노치티틀란Tenochtitlan, 오늘날 멕시코시티 주변의 14세기 멕시카Mexica, 아즈텍 문화의 토대가 되었다. 9세기 초, 오늘날의 페루 지역인 남아메리카 안데스산맥의 경사지에 있던 잉카제국은 정복을 통해 이웃 종족들을 통합하고, 기아로 이주하려는 사람들을 보호하면서 우편 통신 체계를 만들었다. 이 제국은 필수적인 노동력이 필요했다—예를 들면, 쿠스코 건설에 10년 동안 계절마다 4만 명의 일꾼이 고용되었다. 체제 저항적인 주민들의 강제적인 재정착과 농촌과 도시 사이의 자유로운 이동 모두는 이 고도로 발달한 중앙집권 사회의 일상을 구성하는 일부였다.

사하라 사막 이남의 코이어Khoi와 반투어Bantu를 쓰는 사람들은 서부와 남부로 이주했고, 나일강 계곡 사람들은 지중해의 뱃사람들과 관계를 맺었다. 사바나 지대 사람들은 서부로 이주했다. 기원후 첫 천 년 동안 가나제국은 모로코와 교역하는 사하라 횡단 대상들을 통해 밤부크 금광과 연결되었다. 900년경에는 이러한 경로들이 더욱 늘어났다. 이베리아 출신, 지중해 연안 출신, 북동아프리카 출신의 이슬람 상인들은 남부로 이주하며 그곳 사람들을 개종시키기 시작했다. 또한 독특한 형태의 노예제와 강제 이동이 발전하게 되었다. 부유한 자들은 가난한 친척들과 채무자들("인간 소유권 노예제")을 집안으로 받아들였다. 여성 노동력은 매우 가치가 있어서 지역 내에서만 이동했다. 반면 남성들은 훨씬 멀리 보내졌다. 전쟁 포로들은 지중해 지역이나 동아프리카 항구도시를 통해 인도양 너머 사회들로 팔려나갔다. 소팔(짐바브웨)에서 모가디슈(소말리아)에 이르는 항구들에서는 스와힐리어Swahili를—문화 간 소통을 위해 널리 사용되는 언어인—링구아 프랑카lingua franca●로 사용하던 아프리카 상인들이 내륙 연결망을 제공했고, 아랍어 사용자들은 대양 횡단 연결망을 제공했으며, 또한 중국해처럼 멀리서 온 상인들은 인력을 제공했다. 북쪽으로 사하라 사막을 횡단하는 이동과 동쪽으로의 해양 이동

● 모국어가 다른 사람들이 의사소통을 위해 공통적으로 사용하는 언어를 지칭한다.

은 연계성과 문화적 혼종métissage, mixing을 촉진시켰다.

그렇게 지중해 세계 지역민들은 이주로 인해 문화와 종교의 재편을 경험했다. 북동부에서는 마케도니아의 군주 알렉산드로스(기원전 336~기원전 323)가 그리스 도시국가들과 페르시아제국, 그리고 인더스 지역에 대한 지배를 확립했다. 그는 3만 5,000명의 군대를 이끌고 아나톨리아를 넘어 이집트까지 진군했고, 그리스의 무장해제된 군인들을 페르시아 동부로 쫓아냈다. 난민들은 파괴된 도시들에서 도망치거나 붙잡혀 노예로 팔려 나갔다. 석공들, 장인들, 상인들은 개인적으로 또는 가족과 함께 새롭게 건설된 도시들로 이주했다. 학자들은 알렉산드리아라는 새로운 지식의 중심지로 이주했다. 이주민들은 이집트와 페르시아의 문화와 지식을 받아들이면서 헬레니즘적인 생활 방식을 퍼트렸는데, 이는 본질적으로 문화적 전환을 의미했다. 지중해 북중부와 북서부에서 로마제국과 그것의 정복 정치와 병합 정치는 그리스 장인들을 에트루리아의 도시들로 이주하게 만들었고, 노예들의 강제 이주를 초래했고, 사하라 사막 이남, 북아프리카, 남유럽으로부터 군인들을 강제 징병했다. 기원전 8세기에 세워진 로마의 인구는 기원후 100년에 45만 명에 달했다. 북아프리카(카르타고)와 이베리아(이스파니아)로까지 로마가 팽창하면서, 다양한 지역민들과의 국제결혼이 일어났다. 유대 땅의 실정에 반대하면서 자치권을 얻으려는 (스스로도 행정 이주자였던 로마 총독이 "폭동"이라는 꼬리표를 달았던) 투쟁을 진압하기 위해서 로마의 다문화적 군대는 유대인의 종교기관들을 파괴했다. 유대인들은 처음엔 지중해 연안으로 피난을 갔고, 그런 다음 유럽을 가로질러 건너갔다. 로마 군대에 복무하면서, 북아프리카 출신 군인들이 영국 남부에 이르게 되었고, 유럽 출신 군인들은 북아프리카로 갔다. 기원후 300년경 제국이 알프스를 넘어오는 게르만족을 받아들인 서로마와 지속적으로 이주민을 받아들였던 동로마, 즉 비잔틴제국으로 나뉘었다.

기원후 700년 이후 새로운 이슬람 신앙은 북아프리카를 거쳐 이베리아반도로 확장되었다. 팔레스티나에서 모집된 병사들은 농업 종사자 혹은 장인으로 코르도바의 칼리프제국에 정착했다. 다시금 지역 여성들과의 결혼은 종족 형성을 가져왔다. 이슬람 이베리아는 이집트 알렉산드리아의 유대-아랍-헬레니즘 문화 유산을 바탕으로 무슬림-유대교-기독교의 삼문화적, 다종교적 학습 중심지가 되었다. 10세기경에는 50만 명이 그 중심지인 수도 코르도바에 살았다. 프랑크족 기독교 군대가 이 다문화 사회를 정복하고 파괴했을 때 거대한 규모의 이주가 역방향으로 일어났다. 1490년대에 기독교 정복자들은 (오스만제국이 난민으로 받아들였던) 유대인과 무슬림 장인들과 경작자들 모두를 쫓아냈다.[16]

중부 유럽에서는 기원전 5세기 이래로 켈트족 또는 게르만족

사람들이 동쪽으로는 소아시아로, 북쪽으로는 스칸디나비아, 서쪽으로는 영국, 남서부로는 이베리아반도로 이주했다. 그들은 정착하고, 정복하고, 로마 지원 부대로 복무하며 "서로 맞닥뜨렸다". 기원후 800년경 카롤링거제국이 등장했을 때, 농민들은 정착했지만 세속적 행정가들과 종교적 행정가들, 통치자들, 성직자들은 통치 체계 내에서 순환적으로 이동했다. 이 중앙 유럽 제국의 후속 왕조들—소위 신성로마제국—은 일시적으로나마 멀리 남으로 시칠리아까지, 북으로는 스칸디나비아까지 그들의 지배를 확대했다. 최상류층에서 통치자들은 아랍어를 사용했고, 왕비들은 멀리 비잔틴에서까지 왔다. 하류층 농노들은 그들의 주인에게 구속되어 있어서 겉으로는 이동의 자유가 없어 보였다. 그런데도 어떤 이들은 도시로 도피했고, 1년 안에 소유권 주장이 없으면 자유로운 몸이 되었다. 노동력 수요와 농업 정책들에 따라 주인들은 농노들을 멀리 내보냈다. 중세 유럽의 사회들 역시 유동적이었다.

역사적 상상 속에서 스칸디나비아 북부와 중서아시아 스텝 지역들은 바다를 이동하며 항해했던 "바이킹"과 말을 탔던 "몽골인"의 발원지로 알려져 있다. 8세기부터 소유한 경작지는 적지만 항해 경험이 풍부한 노르드인들이 아이슬란드, 그린란드,

북아메리카의 "빈란드^{Vinland}"●로 갔다. 다른 이들은 발트해와 라도가 호수를 건너 동쪽으로 이동해 드네프르강 지역민들을 지배하면서 비잔틴 상인, 아랍 상인, 레반트 상인들과 무역했다. 또다른 이들은 남쪽으로 이동해 브리튼을 정복했고, 프랑스의 노르망디에 정착했고, 항구 도시들을 습격했으며, 시칠리아에 국가를 만들었다. 그들의 해상 문화는 공격적인 남성성과 남성/여성 공동 이주를 결합시켰다. 남자들이 홀로 이주를 할 경우, 도착지에서 그들은 그 지역의 언어와 문화에 정통한 상류층 여성들과 결혼했다.

유라시아의 스텝 지역에서 기동력 있는 기마 민족 남성들(마찬가지로 기마 민족 여성들)은 공격적으로 팽창하는 정복 사회들과 국가들을 만들었다. 이들 가운데 아리아족은 북부 인도를 침범해 15세기부터 베다 문화를 정립했다. 첫번째 밀레니엄에 스텝 지역 민족들은 동쪽으로 이동해 중국 농경 사회들을 정복하고 중국제국 정부의 소유물들을 찬탈했다. 스텝 지역 민족들 사이의 분쟁은 "실크로드" 무역을 방해했고, 그 때문에 인도양의 아랍인과 구자라트인의 무역을 강화시키는 결과를 낳았다. 칸들

● 빈란드는 바이킹 탐험가 레이프 에이릭손이 대략 1000년경에 북아메리카 일부 지역을 지칭하면서 만들어졌다는 지명이다. 정확한 위치는 여전히 논란이 되고 있지만, 북아메리카 지역에 북유럽인들(바이킹)이 정착했었다는 고고학적 증거들이 발견되기도 했다. 이에 따른다면, 에이릭손은 콜럼버스보다 500년이나 앞서 아메리카를 발견했던 최초의 유럽인이 되는 셈이다.

은 인구 백만의 무슬림 수도 바그다드를 공격했지만 실패했다. 13세기경에 아시아를 횡단하는—중국에서 페르시아에 이르는—팍스 몽골로룸pax mongolorum, 몽골의 평화●은 중국-유럽 대상 무역 경로를 다시 열었다. 14세기 초 흑해 카파의 제네바 식민지에서 상인으로 밥벌이했던 이탈리아 피렌체 출신의 이주 성직자는 멀리 중국에까지 이르는 경로들을 자세하게 다룬 안내서를 엮었다. 여기에는 머물 만한 장소들과 위험한 지역, 가져가야 할 식량의 양과 종류, 그리고 어디서 환전하고 어디서 통역인을 구할 수 있는지에 대한 정보가 수록되어 있었다. 이 길을 따라 가는 사람들은 여행하는 상인들로부터 먼 곳에 있는 기회들을 접하게 되었다.

9세기 광저우에 살았다고 하는 12만 명의 외국 상인들 중 어떤 이들은 멀리 동아프리카까지 가서 무역을 했다. 11세기에 중국 뱃사람들은 나침반을 발명했고, 그것은 무역 활동 영역을 확대시켜주었다. 무역 디아스포라 공동체에 살던 일시 체류자들은 처음에는 몬순 기간 동안 머물다가 이후 정착민이 되어 친지들의 이주를 도왔다. 13세기 몽골 지배 아래 칸발리크Khanbaliq, 후

● 팍스 몽골로룸은 13세기와 14세기 몽골제국이 광대한 영토에 안정과 질서를 가져다준 시기를 가리킨다. 이 시기 동안 동서양 간의 무역과 문화 교류가 활발하게 이루어졌으며, 상인들과 여행자들에게 비교적 평화로운 환경이 제공되었다. 같은 의미의 라틴어 팍스 몽골리카(pax mongolica)가 더 일반적으로 사용된다.

의 베이징●와 수도 카라코룸Qarakorum○은 몽골인과 중국인 집단 외에도 다양한 문화 집단들을 수용하고 있었다. 여기에서 다수의 그루지아인들, 아르메니아인들, 페르시아인들, 튀르키예인들이 소수인 슬라브족들, 헝가리인들, 그리스인들, 독일인들, 프랑스인들, 영국인들과 한데 어우러져 살았다. 로마 가톨릭교도들, 네스토리우스교도들, 아르메니아 기독교도들, 불교신자들, 유대인들, 무슬림들의 종파 상호 간의 교류가 이루어졌다. 사치품을 만드는 장인들은 왕실이나 부자들이 사는 지역으로 이주를 했다. 도시의 남성들과 여성들은 먼 도시로 이주했다. 행상인들은 시골 지역들을 종횡으로 오갔고, 행정 관리들은 멀리 떨어진 지역으로 파견되었다. 되풀이되는 자연적 가뭄과 홍수는 대규모의 단기 이주와 장기 인구 이동을 야기했다. 무역이 가축보다 짐꾼에 더 의지했기에, 많은 사람들이 이동했다. 농업의 관개 시스템 구축으로 역시 먼 타지로부터의 일꾼이 필요하게 되었고, 농부들은 제국 내 인구가 적은 지역으로 이주했다.

● 다두(大都)로도 알려진 이 도시는 몽골이 지배하던 원나라의 수도였다. 이 도시는 1264년 쿠빌라이 칸에 의해 건설되었으며, 현재의 베이징에 위치해 있었다. '칸의 도시' 내지 '칸의 거주지'라는 의미의 칸발리크는 몽골 지배 기간 동안 무역과 문화 교류의 중요한 중심지였다.

○ 중앙 몽골의 오르혼 계곡에 위치해 있었던 카라코룸은 1235년부터 1260년까지 몽골제국의 수도였고, 이후 14세기 후반과 15세기 초에 북원 왕조의 수도가 되기도 했다. 유네스코 세계유산으로 지정된 이 역사적인 도시는 현재 몽골의 수도 울란바토르에서 남서쪽으로 대략 400km 떨어져 있으며, 몽골제국의 역사를 알려주는 중요한 고고학적 유적지로서의 역할을 하고 있다.

이것이 원거리 글로벌 상호작용의 세계였다. 동시대인들은 문화적으로 다양한 아프리카-유라시아의 "에큐메네^{ecumene}"●를 인정했다. 이 공간 안에서 문화적 성취물과 인간들이 상품만큼 많이 이동했다. 중국에서 이탈리아 도시 지역으로, 동남아시아 섬에서 인도양 사회들로, 그리고 아라비아 해역에서 다양한 문화의 오스만제국까지. 그렇지만 아메리카 대륙은 아직 분리되어 있었고 에큐메네 세계의 사람들에게 알려지지 않았다. 14세기 중엽 전염병은 에큐메네 세계의 이주와 삶에 심각한 저해가 되었다. 십 년 동안 "흑사병"에 전염된 지역 주민들의 약 3분의 1이 죽어나갔다. 이주의 성격이 더 나은 선택을 할 수 있는 곳을 찾는 것에서 재정착하고 생존 가능한 인구 밀집 지역을 재정립하는 것으로 바뀌었다. 가족, 공동체, 지역 사회, 전체 인구가 흑사병으로부터 회복되는 데는 한 세기 이상이 걸렸다.

● 에큐메네는 그리스의 오이코스(οἰκουμένη)에서 유래된 용어로 거주하는 세계, 즉 사람들이 거주할 수 있는 지역을 지칭한다.

❺ 두 개의 세계에서 하나로:
이주, 무역 회로, 문화 접촉(1400년에서 1600년)

1400년 이후 에큐메네 세계의 동쪽 끝과 서쪽 끝의 병렬적이지만 연관 없는 두 발전이 글로벌 권력 관계를 변화시켰다. 그것은 아메리카 대륙을 세계 무역과 이주 패턴 속으로 편입시켰고 —장기적으로— 유럽과 대서양 세계의 우위를 확립했다. 동양에서는 정허●가 인도, 실론○, 아덴◆, 어쩌면 그 너머까지 항해했던 1405년에서 1435년에 중국제국의 대외 접촉이 그 정점에 달했다. 그의 선단은 1,000명까지 수용할 수 있었고 개별 선박은 대략 2만 7,000명의 장정들을 실어날랐는데, 이들은 선상에서 신선한 채소를 재배하기까지 했다. 황실은 비용과 바람직하지 않은 문화 수입을 이유로 이러한 대외 활동을 중단했지만, 멀리 떨어진 남부 지방의 상인들은 불법적으로 탐험을 계속 이어나갔

● 정허(鄭和, 정화, 1371-1434)는 영락제의 명령에 따라 1405년에서 1433년까지 총 7차례에 대규모 해상 원정을 이끌었던 명나라의 장군이자 환관이다. 그의 원정은 동남아시아, 인도, 아라비아 반도, 아프리카까지 이어졌다. 이것을 통해 명나라는 그곳 국가들과 조공 관계를 맺고, 국가의 위상과 국력을 높일 수 있었다.

○ 실론(Ceylon)은 인도 반도의 동남쪽에 있는 섬으로 '스리랑카'의 옛 이름이다.

◆ 아덴(Aden)은 아라비아반도의 서남쪽 끝에 있는 자유항이다. 예로부터 아시아와 유럽, 아프리카를 잇는 해상 교통의 요지였으며, 수에즈 운하가 개통되면서 중요성이 더욱 커졌다.

다. 말라카[●], 마닐라, 바타비아[○]에 있는 그들의 디아스포라 공동체에는 가족들과 함께 이주하는 장인들과 노동자들이 포함되어 있었다. 그들은 동남아시아 전역에서 무역을 했다. 하지만 그것은 정부의 지원이나 군대, 다른 어떤 보호도 없이 이루어졌다.

같은 기간 서양에서는 조그마한 포르투갈 왕국이 밖으로 나가는 상인들을 보호하는 정반대의 과정을 밟았다. 그들의 항해는 아프리카 해안을 따라 남쪽으로 향했고, 먼저 대서양의 섬들에 도달한 후 마침내 서아프리카 항구들에 도착했다. 그곳에서 포르투갈인들은 요새화된 주둔지들을 건설하고 금을 직접 거래하기 시작하여, 무슬림 아랍인들이 통제하던 사하라 횡단 경로를 차단했다. 더 중요한 것은 지역 사회들이 속박되어 착취 가능한 인간 노동력을 제공했다는 점이다. 상인들은 최초로 노예들을 하인이나 노동력으로 이베리아반도에 수출했다. 치명적인 노예 제도가 발전하면서, 수백만의 남성들과 여성들이 아메리카 대륙으로 강제 이주하게 되었다. 가톨릭교회는 비기독교인과 "이교도들"을 개종시키기 위해 선교사들을 보냈지만, 정통 기독

● 말라카(Malacca)는 말레이시아의 역사적인 도시로, 말레이반도의 서해안에 위치해 있는 믈라카주의 주도이다. 이 도시는 포르투갈, 네덜란드, 영국 등의 지배를 받았던 식민지 시기에 중요한 무역 중심지였다.

○ 바타비아(Batavia)는 1619년부터 1799년까지 네덜란드 동인도 회사(VOC, Vereenigde Oostindische Compagnie)의 아시아 본부이자 1940년대 인도네시아가 독립할 때까지 네덜란드령 동인도의 수도였던 곳이다. 인도네시아 자카르타의 옛 이름이다.

교는 융합적인 종교라기보다 배타적인 종교였기에 이전의 신앙과 가치 체계들을 파괴하였는데, 그것이 그들의 잠재적 저항력을 약화시켰다(시간이 지나면서 세계의 다른 지역들에서는 가톨릭이 현지의 관습과 신앙을 통합하게 되었다). 화약 제국의 시대—유럽인들은 "탐험의 시대"라고 잘못 명명했다—와 재산 노예 제도의 시대가 시작되었다.[17]

쇠퇴하고 있던 지중해 이탈리아 항구 도시 출신의 뱃사람들은 특별히 이베리아에서 항해할 새로운 기회를 잡기 위해 이주했다. 그들 가운데는 콜럼버스Columbus, 캐벗Cabot, 베스푸치Vespucci, 베란차노Verranzano 등이 있었다. 어쩌면 콜럼버스는 "빈란드"에 관한 북유럽 이주민들의 지식을 활용하기 위해서 아이슬란드의 문서고들을 방문했을지도 모른다. 하지만 서쪽으로 대서양을 횡단하며 거리를 잘못 계산해서, 카리브해 섬들을 목격했을 때 그는 자신이 인도에 있다고 추정했다. 아프리카 남단을 우회해 인도양으로 향하는 남부 경로를 여행하며 바스코 다 가마Vasco da Gama는 총을 사용해 동아프리카의 도시들로 하여금 배에 보급품을 재공급하고 그의 작은 선단을 인도 항구까지 안내할 인도자를 제공하도록 강요했다. 1500년 이후 이베리아의 통치자들은 대서양과 인도양을 지배했다. 그런데 그들이 (중국인 디아스포라처럼 무장하지 않은) 유대인 공동체를 쫓아냈을 때, 그들은 그들 제국의 원거리 무역 전문가들을 잃게 되었다. 네덜란드 도시, 오스만제국, 북아프리카 공동체들은 이러한 상인 난민들과 그들의 지식 자원을 환영했다. 평화로운 상업적 교역 규약을 무장한 전투 상인 지배체제로 대체한 새로운 15세기와 16세기의 글로벌 권력 구조들은 유럽과 대서양 세계의 패권, 아시아의 상대적 쇠퇴, 노동력 공급지로서의 아프리카의 역할에 대한 토대를 놓았다. 거대 지역들 간의 이러한 불평등은 21세기의 시작까지 지속적으로 무역과 이주에 영향을 미쳤다.

아메리카 대륙에서는 무역 네트워크와 학문 교류(천문학과 그것의 종교적 함의)가 메소아메리카 문화들을 연결시켰다. 대부분의 사람들이 지역 안에서 이주했던 반면, 짐꾼들과 떠돌이 상인들은 먼 거리를 누볐다. 스페인과 포르투갈의 정복 전쟁, 카리브와 메소아메리카, 페루의 남성들, 여성들, 아이들에 대한 무자비한 약탈, 유라시아 병원체의 부지중 유입은 대규모 인구 감소를 가져왔다. 접촉과 이주가 카리브해의 여러 섬들에서는 대량 학살을 초래했고, 메소아메리카에서도 거의 학살 수준의 사태를 일으켰다. 한 세기 만에 멕시카●와 그 인근 인구는 대략 2,500만 명에서 약 200만 명으로 급감했다. 흩어져 있던 북아메리카와 남아메리카 동부의 사람들에게는 죽음이 조금 더 느리게 엄습했

● 멕시카(Mexica)는 아즈텍제국의 중심 민족으로 현재 멕시코시티 지역에 위치한 테노치티틀란을 수도로 삼고, 14세기부터 16세기까지 번성한 문명을 이루었다.

다. 흑사병 이후의 유럽처럼, 인구 재앙으로 인해 생존자들의 존속 가능한 공동체를 재건하기 위한 새로운 이주가 요청되었다. 원주민들의 강제 이주는 스페인 이주민들을 위한 노동력을 창출했다. (정복자들로 불린) 공격적인 이베리아 이주민들은 기후와 궁정의 음모를 견뎌낸다면 고국에 부를 가져다주고, 탐험가이자 정치인으로서 명예를 얻을 수 있었다. 이후의 "아메리카 정착"은 정복과 파괴 후에 일어난 재정착이었다.

"콜럼버스의 교환" 이후 가축이 아메리카 대륙에 도입되면서, 일부 원주민들은 말을 이용한 이동성과 사냥 문화를 발전시켰다. 이베리아반도와 유럽 전역으로 다시 돌아온 이주민과 왕실 관리들은 식용 작물과 흥분제 등을 들여왔다. 특별히 북서유럽에서 감자는 안정적인 식량 공급원을 제공하여 인구 증가를 가능하게 했고, 이는 19세기에 이르러 수백만 명의 사람들이 아메리카로 떠나게 만드는 요인이 되었다. 남유럽에서는 옥수수와 아메리카 콩들이 비슷한 작용을 했다. 동지중해에서 대서양 섬을 통해 카리브로 간 이주 경작자들에 의해 들여온 "이주 작물" 설탕은 유럽인들의 식습관을 바꾸어놓은 대량 생산 수출 품목이 되었다. 더욱이 아프리카에서의 강제 이주는 플랜테이션의 노동력 수요를 채워주었다. 따라서 작지만 강한 이베리아와 서유럽의 "하얀 대서양"은 "검은 대서양"을 낳았다. 1830년대까지 아프리카 노예들이 유럽의 계약노동자들과 아메리카의 자유 이주민들보다 수적으로 우세했다.

    아프리카-대서양 강제 이주 외에도 스페인-이베리아 이주민들은 페루 안데스 산맥 포토시•의 고지대 은광 노동력을 위한 원주민 강제 이주와 강제 노동 시스템, "미타"◦를 정립했다. 스페인인들은 은을 써서 재화와 인력을 거래하는 무역 체제를 전 세계로 확대시킬 수 있었다. 그들은 태평양을 가로질러 스페인령 아카풀코(멕시코)와 스페인령 마닐라(필리핀) 사이에 "갈레온 무역"♦을 시작했다. 스페인인들과 중국인들은 아시아 노예 이주민들과 아시아 자유 이주민들, 그리고 재화를 뉴스페인◇으로 가져갔다. 재화는 중국 디아스포라의 이주민들이 공급했다. 이주 남성들과 여성들, 자유인들과 비자유인들이 아메리카와 유럽의

- 오늘날 볼리비아 남부에 위치한 포토시(Potosí)는 세계에서 가장 큰 은광산 중 하나로 유명하다. 16세기 스페인 식민지시대에 은이 발견되면서 이 도시는 급속히 발전했다. 포토시의 은광산은 스페인제국의 경제에 큰 기여를 했으며, 현재 유네스코 세계유산으로 등재되어 있다.
- 미타(Mita)는 레파르티미엔토(repartimiento)로 불리는 스페인 식민지의 인디언 강제노동 제도를 말한다.
- 갈레온 무역(galleon trade)은 16세기에서 18세기까지 필리핀의 마닐라와 멕시코의 아카풀코 사이에 개설된 스페인의 해상 무역 경로를 말한다. 아시아의 비단, 향신료, 도자기와 신대륙의 은이 이 무역로를 통해 교환되었다. 이름의 유래가 된 갈레온(galleon)은 이 무역을 주로 담당했던 스페인이 16세기에 처음 개발한 범선이었다. 빠르고 기동성이 뛰어나다는 특성 때문에 이 배는 거의 모든 유럽의 해양 국가들에 의해 널리 사용되어 대항해시대의 지배적인 전함으로 발전했다.
- 뉴스페인(New Spain), 스페인어로는 누에바 에스파냐(Nueva España)는 아스텍제국의 멸망 (1521년) 이후 설립된 스페인제국의 식민지이자 부왕령으로, 북아메리카, 중앙아메리카, 아시아, 오세아니아의 여러 지역들로 확장되어나갔다. 그러나 뉴스페인은 18세기 후반부터 쇠퇴하기 시작했고, 결국 1821년 멕시코의 독립을 계기로 해체의 길을 걷게 되었다.

사회와 경제를 구축했다. 그들의 노동력 없이 어떤 제국도 살아남을 수 없었다. 이베리아 귀족의 성들은 무슬림들과 그들 가족들의 문화적·기술적 능력이 반영된 것이었다. 이베리아의 태평양 횡단 선박들은 중국의 선박 목수 이주민들의 기술이 반영된 것이었다.

15세기와 16세기 세계화의 상호작용을 개념화하는 데 다음 두 개의 접근―하나는 문화적 접근이고, 다른 하나는 경제적 접근―이 도움이 된다. 제리 벤틀리Jerry H. Bentley, 1993에 따르면, 상호문명적 접촉은 자유로운 협력, 정치적·사회적·경제적 압력, 그리고 동화를 통해 "전환"과 문화 간 교류로 이어졌다. 반대로 이매뉴얼 월러스틴Immanuel Wallerstein은 "세계체제 분석"에서 경제적 요인들을 강조했다. 이러한 분석을 통해 그는 1500년대 이후의 세계 경제와 권력 관계에서 유럽의 지배를 설명하려고 시도했다. 그는 자본 축적을 통한 이득이 주로 유럽의 상인들, 투자가들, 국가들에서 불어났다고 주장했다. 재닛 아부-루고드Janet Abu-Lughod는 독립적인 자본 축적 과정과 1500년 이전의 "세계 무역 회로"를 종합하면서 이 통찰력 있지만 유럽 중심적인 모델을 탈중심화시켰다.[18] 상품, 자본의 흐름, 문화적 상호작용에 대한 이 같은 분석에 이주의 영향을 제3의 요소로 덧붙일 필요가 있다. 사회와 거래도 평범한 사람들이 내린 결정의 결과로 변화한다.

지도 2.3. 13세기 유라시아-아프리카 세계 체계의 교역 회로들: 교류, 무역, 이주 지역. 『문화 접촉: 제2천년기의 글로벌 이주*Cultures in Contact: World Migrations in the Second Millennium*』(디르크 회르더, 2002), 29, 지도 2.2.

❻ 자치 사회, 식민지 사회, 식민지배 사회에서의 이주민
(1600년에서 1800년)

대서양을 가로지르고 아프리카를 돌아 인도양을 횡단한 한 세기 동안의 항해 끝에, 국가의 지원을 받은 유럽 상인들은 서아프리카와 아시아의 여러 지역에 영구적인 무역 거점을 확립했다. 선박 항로의 끝자락에 있던 그런 요새화된 무역 거래소들은 아주 고립되어 육지 사회들과 거의 접촉이 없었다. 가족과 함께 온 유럽인들은 거의 없었는데, 많은 이들이 열대병으로 죽었고, 대부분은 자신들을 위해 일할 현지 "보이(하인)"를 필요로 했다. 그리고 많은 이들은 식민지 여성들과 교제했다. 유일하게 아메리카에서만 유럽인들이 전 대륙을 인구로 다시 채웠다. 대량 학살 희생자들—남부의 테웰체족Tehuelche, 파타고니아인들에서 북부의 살리시족Salish 또는 베어툭족Beothuk에 이르는—의 수는 아프리카 노예와 자유인들(두번째 많은 집단)과 유럽인들(가장 소규모지만 중무장해서 가장 강력했던 집단)을 여전히 능가했다. 유럽의 이주민들은 주로 남성이었기 때문에, 그들은 다른 집단 여성들에게서 감정적 위안과 섹스를 구했다. 아이들이 태어났지만, 종족 형성의 다른 과정들이 아직 시작되지는 않았다. 백인들에 비해 열등하다는 낙인이 찍혔음에도 불구하고 카리브 지역 사회의 물라토들은 이 지역의 가장 영향력 있는 세력이 되었다. 그들은 체류하거나 이주해 온 유럽인들이 알지 못하는 관습과 문화에 정통했기 때문이었다. 원거리 무역, 적어도 자원이 풍부한 사회들과의 무역을 의도했음에도 불구하고, 유럽 상인들은 팔 것이나 물물교환 할 것이 없었다. 그래서 그들은 무력을 이용한 협박과 수사학적 전략으로 교역 조건을 바꾸었다. 페루의 강제 노동자들에 의해 채굴된 은은 "스페인제"가 되었고, 식민화된 동남아시아 섬 주민들에 의해 재배된 향신료는 "네덜란드제"가 되었다. 그러나 화약 제국조차 인적 상호관계와 트랜스컬처럴 기술, 타자의 독창성에 의지해야만 했다. 국가의 지원 없이 활동했던 중국 상인들, 유대 상인들, 아르메니아 상인들, 혹은 기타 상인들이 핵심 중개인이 되었다.

다음은 세계 무역, 지역 이동성, 문화 적응이 한데 묶이는 것을 보여주는 사례이다. 아시아 사회들 내부에서 상인들은 수백만 개의 중국 자기를 교역했다. 유럽 출신의 상업 이민자들로부터 수요가 증가하자, 중국 기업들은 중앙아시아에서 최신 유행의 "무함마드 블루"색 수입을 늘렸고, 네덜란드령 바타비아(자카르타)에서 이 고급품을 팔았다. 1602년부터 1657년까지 300만 점의 중국 도자기의 네덜란드 수송과 1650년 이후 25년간 20만 점의 일본 도자기의 수송에는 수천 명에 달하는 선원, 운송인, 짐꾼, 마부, 그리고 그들의 가족들이 필요했다. 이 값비싼 "도자기"●는 유럽 부유층 가정의 진열품이 되었다. 그런 다음 이주 여성 하인들이 저소득층에게 이러한 상품들에 대한 취향을 퍼트렸다. 이를 하나의 기회로 생각하며 18세기 네덜란드 델프트의 도자기공들은 청화백자 스타일을 모방했고, 이미 형성되어 있는 대규모 시장을 발견했다. 값비싸지 않은 "시누아즈리"○ 조차도 이제 "네덜란드 고유 상품"으로 여겨지게 되었다. 소비자들은 이처럼 새로운 물질 문화의 기원을 유럽화하며 먼 지역 생산자 가족들의 창의성뿐 아니라 그에 수반된 이동성과 융합까지도 보이지 않게 만들었다. 결국 이주는 아시아와 유럽의 문화적 접촉과 상호문화적 수입으로 이어졌고, 이것은 일상 가정 생활에 편입되어 유럽의 물질 문화를 바꾸어놓았다.

아시아에서는 대륙 중심의 중화제국, 일본 열도, 동남아시아 지역 사회, 그리고 남아시아 민족들이 자연지리적 요인으로 여전히 서로 이질적인 거대 지역 문화권으로 남아 있었다.[19] 지역적으로는 모두 세분화되었다. 중국의 남부 지방은 동남아시아 섬들로 떠나는 이민의 출처가 되었다. 반면 더 북부의 중국인들은 제국 내에서 이주했다. 중국인들과 인도인들도—유럽에서처

● 영어 소문자 'china'는 고급 도자기를 의미하며, 이는 그러한 도자기가 중국에서 처음 생산된 것에서 유래한 명칭이다.
○ 시누아즈리(Chinoiserie)는 '중국양식' 또는 '중국풍'이라는 뜻의 프랑스어로, 17세기와 18세기 유럽에서 유행했던 중국이나 다른 동아시아의 전통을 모방하는 경향을 일컫는다.

럼—전쟁과 질병으로 인구가 격감된 지역이나 덜 정착한 곳, 혹은 경작하기 더욱 어려운 곳으로 이주했다. 문화나 위치에 상관없이 두 명 이상의 자녀를 가진 농가는 땅이 추가적으로 더 필요했고, 이것이 도쿠가와시대 일본과 조지왕조시대 영국의 소작인들을 이동하게 만들었다.[20] 사회적 환경들이 이주 전략의 틀을 만들었다. 여건이 허락한다면 가족 전체가 떠났다. 자녀들 일부가 주변부 근처나 더 멀리 비옥한 땅으로 이주를 하기도 했는데, 미국이 되었건 만주가 되었건, 도착하는 즉시 그곳의 선주민을 대체했다. 아니면 어떤 가족 구성원들은 이웃 도시나 바다 건너 해외의 노동시장으로 이주했다. 그들의 송금이 생존할 땅이 부족한 "고향"의 일가친척들을 부양했다. 젠더화된 노동시장의 분화를 감안해보면, 젊은 여성들은 직공이나 다른 생산직보다 서비스업의 일자리로 노동 이주를 했다.

중국과 포르투갈이 무역과 권력에 대해 각기 다른 결정을 내린 것처럼, 인도양 문화, 중앙아시아 이주 및 교역로, 지중해 및 대서양 유럽 사이의 "교차 지역"에서 세계적으로 영향을 미친 세 번째 변화가 발생했다. 15세기 중엽 이슬람 오스만제국은 기독교 비잔틴제국을 대신하게 되었다. 제국의 제도들은 혁신적이었지만 "중립 국가"로 많은 민족, 문화, 지역들을 다스렸던 항구 도시들의 제도들과 비슷했다. 종교와 종족 문화에 의해 규정되어진 자들(밀레트)*은 추가적이지만 가혹하지는 않은 세금을 내는 비무슬림 교도들과 더불어 자치권을 얻었다. 인구 밀도가 낮은 지역을 개발하기 위해 오스만제국 정권은 강제적으로 사람들을 재정착시켰지만(쉬르퀸)°, 고향의 친지들과 친구들이 자발적으로 따라갈 만한 구미 당기는 조건을 제시했다. (민족국가의 원칙이 된) 종족 중심의 통치를 막기 위해―술탄의 부인도 포함해―제국 황실의 여성들은 고학력의 중앙아시안들 또는 동지중해의 노예 여성들로부터 간택되었고, 제국 행정부는 인공언어에 lingua nullius*를 사용했다. 핵심 군대는 멀리서 차출된 노예 군인들로 구성되었지만, 군대의 핵심 간부들은 가족대표로 어린 시절 징집되어 이슬람화되고 교육받은 기독교인들이었다. 따라서 전사 건국자들의 튀르크식 생활 방식, 종교, 언어는 종교 간의, 종족 간의 공존에 위협이 되지 않았다. 제국은 이베리아의 유대인들과 같은 인적·사회적 자본을 가진 난민들을 끌어들였다. 그것은 다양한 문화와 종교를 가진 사람들에게 구조적 융화를 허용한 비종족적 국가 모델을 제공했다.

● 밀레트(millet)는 오스만제국에서 자치권을 부여받은 종교 공동체 또는 민족 공동체를 일컫는 말로서 대개는 비무슬림 공동체를 의미했다. 이것은 제국 내 다양한 종교와 민족이 평화롭게 공존할 수 있도록 한 제도였다.
○ 쉬르퀸(sürgün)은 오스만제국 시대에 강제 이주 또는 추방을 의미하는 용어로 사용되었다.
◆ 라틴어 링구아 눌리우스(lingua nullius)는 직역하면 '아무의 언어도 아닌 언어'로, 의사소통을 위하여 인위적으로 만들어진 언어를 의미한다.

기독교 유럽이 가톨릭, 프로테스탄트 혹은 개혁파, 그리고 많은 작은 교파들로 분열되었을 때, 이러한 종교 분쟁들로 난민들이 생겨났다. 30년 전쟁 혹은 최초의 유럽 전쟁(1618~1648)으로 중부 유럽 인구의 3분의 1이 목숨을 잃었다. 전 지역이 사회경제적으로 회생하기 위해서 이주민들의 유입이 필요했다. 위그노들(가톨릭 국가인 프랑스 출신의 프로테스탄트 난민들)은 그들의 기업가적·상업적 지식을 다른 프로테스탄트 사회로 가져갔다. 영국의 청교도들은 처음엔 프로테스탄트 국가인 네덜란드로 피신했다가 그다음 북아메리카로 건너갔다. 문화적으로 준비되지 않은 그들은 생존을 위해 원주민들에게 의존해야만 했다. 종교적 난민, 농촌에서 도시로의 이동, 도시 간 이동, 혹은 땅이나 임금을 찾아 떠난 농민들의 이주 등 유럽 내 이주는 남러시아 평원이나 아메리카로의 원거리 이주를 능가했다. 인구에 비례해서 네덜란드의 이주 수준은 식민지 개척이 정점에 있었던 17세기가 20세기보다 더 높았다. 17세기 중반 유럽에서는 여러 원거리 이주 지역들이 생겨났다. 네덜란드는 북해 체계에서 가장 매혹적인 곳이 되었다. 중부 스페인은 남중부 프랑스에서 (대부분 미혼이거나 현지에서 결혼한) 노동 이주자들을 끌어왔다. 그리고 발트해 연안 지역 사회들은 무역 상인들과 기술자들을 불러들였다. 농업 이주민들은 남러시아 평원과 도시 노동시장으로 향했다.

아메리카에서 원주민(또는 선주민)의 이주는 지속적이고 평화로운 경제적 교류와 부족 간 전쟁을 동반했다. 유럽인들이 들어오면서, 북부의 이동 사회들 혹은 정주 사회들은 런던-암스테르담-파리-모스크바에서 재정 지원을 받아, 북쪽으로는 스칸디나비아와 동쪽으로는 시베리아까지 확장되고 있던 모피 교역망에 모피를 조달했다. 그렇게 세계적인 북부 모피 교역이 형성되었다. 메소아메리카 사회들은 학살로 약화되면서 독립적으로 생존할 수 없게 되어, 많은 주민이 의사에 반해 강제 이주당했다. 유럽 출신의 식민지 엘리트들은 물론이고 원주민과 아프리카 노예 남성들과 여성들도 16, 17세기 카리브와 뉴스페인, 포르투갈령 브라질의 새로운 사회로 융합되었다. 북아메리카에서는 뉴스페인(현재 멕시코) 출신의 이주민들이 플로리다와 뉴멕시코에 정착했다. 프랑스의 가톨릭 이주민들은 캐롤라이나와 세인트로렌스강 유역, 미시시피강 계곡으로 이주했다. 자신들이 정착지를 개척했다고 내세웠던 영어권 청교도들은 늦게 이곳에 왔다. 비관용적 유럽 국가에서 온 종교적 난민들은 메릴랜드와 펜실베이니아에 정착했다. 아일랜드 여성들과 남성들이 영국의 식민 지배로부터 도망쳐왔다면 스코틀랜드 고지대의 소작인 가족들은 목양이라는 신경제를 위해 그들의 생계가 되는 가족 텃밭을 빼앗은 스코틀랜드 상류층에 의해 추방되었다. 대부분의 유럽 빈민들은 대서양 뱃삯을 낼 형편이 못 되었다. 그들은 선장에게 3년에서 7년 동안 노동력을 팔았다. 그러면 선장은 그들을 본토와

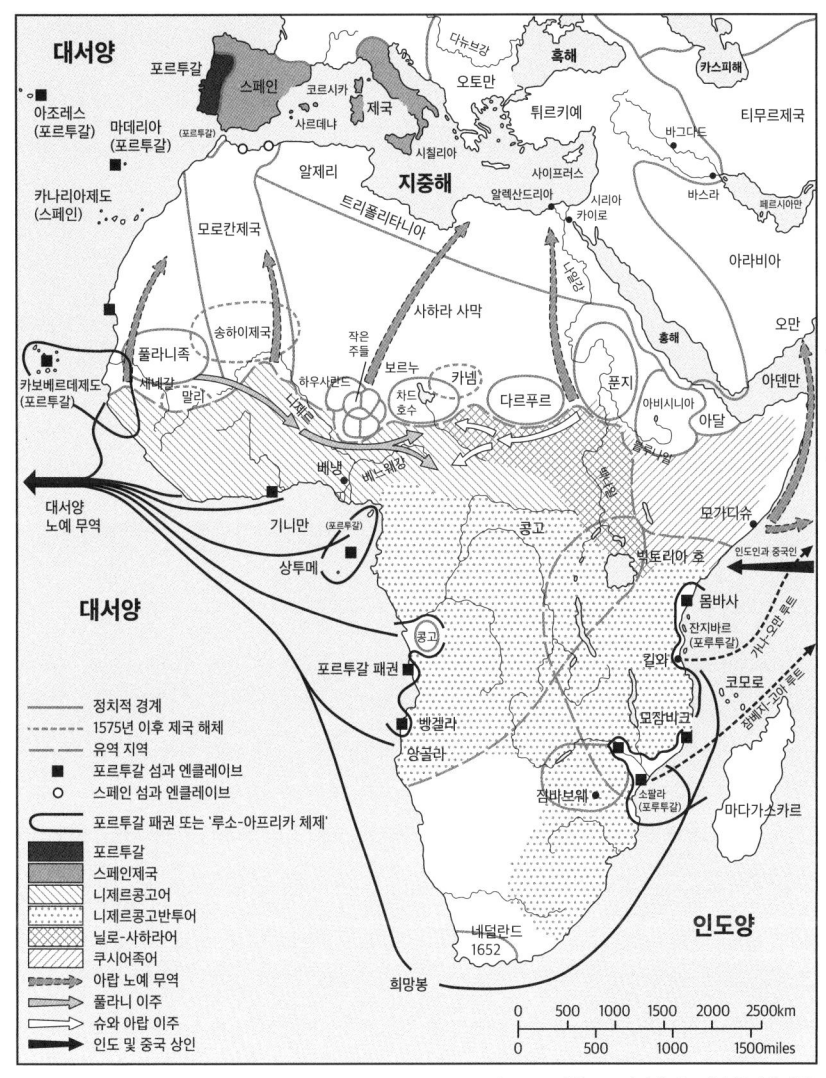

지도 2.4. 기원 1600년경의 아프리카 무역과 이주.
『문화 접촉: 제2천년기의 글로벌 이주Cultures in Contact: World Migrations in the Second Millennium』
(디르크 회르더, 2002)147, 지도 6.3.

카리브 식민지에 계약노동자로 팔았다. 영어를 쓰는 "뉴잉글랜드"의 프로테스탄트 이주민들은 후에 그러한 다양성을 역사 서술과 기억에서 지워버렸다.

아프리카-아메리카 간의 강제 이주로 약 1천 240만 명의 여성들과 남성들이 이송되었다. 거의 200만 명이 중간 항로●의 비인간적인 환경을 견디지 못하고 죽었다.[21] 물론 아프리카 사회에서 습격과 해안 또는 사막 가장자리의 집결지까지의 강제 행렬로 인해 죽은 사람들이 여전히 훨씬 많았다. 아프리카계 남성들과 여성들은 노예 상태였거나 해방되었거나 자유인이 된 아프리카인들 또는 "물라토"(흑인과 백인의 결합 및 강간으로 태어난 자손)의 비율이 높았던 브라질과 같은 사회에서 자신들의 일부 관습을 재창조했다. 반대로 미국에서 일반적인 노예 문화는 카리브의 플랜테이션의—소위 "수습 기간"이라 불리는—중간 체류에서 살아남은 다양한 문화권 출신들 사이에서 생겨났다.

이들 이주들의 상당수는 서로 연관되어 있었다. 유럽의 부상은 해외 식민지 개척 이주를 촉발했고, 상인들은 도착하자마자 현지 생산자들과 무역업자들의 이주를 촉진했다. 이주해 온 제

● 중간 항로(Middle Passage)는 유럽인들에 의해 강제로 아프리카에서 끌려온 노예들이 아메리카 대륙을 향해 대서양을 건너는 비인간적인 여정을 의미하는 표현이다.

국의 민간인 관리들과 군인들은 식민지인들을 통제하고 이동시켰다. 그리고 투자 이주민들은 그들의—때때로 "착취 산업"으로 불린—플랜테이션과 광산을 위해 노예 이주와 계약 이주를 강요했다. 18세기에는 플랜테이션 벨트가 전 세계 아열대 지역과 열대 지역을 둘렀다. 유럽 식민지 개척자들의 투자와 강제 노동 체제 사이의 변증법은 그다지 무장되지 않은 사회에서 남녀의 강제 동원뿐 아니라 수송 이후 노예 상태로 만들어 속박하는 것도 내포하고 있었다. 농가의 자발적 이주는 영토를 식민화하고 아메리카, 오스트레일리아, 남아프리카와 기타 등지에서 선주민들을 몰아냈다. 세계적으로, 원거리 이주와 식민지 개척자들의 나가거나 들어오는 이주와 함께 지역별 농촌과 도시 사이의 이주도 계속되었다. 예를 들어 많은 농촌 지역들—인도, 스위스 산골짜기, 뉴잉글랜드의 농촌 정착지의 마을들—의 여성들과 남성들은 농한기인 겨울에 옷감 생산과 레이스와 같이 정제된 노동 집약적 상품 생산에 열중했다. (기계생산보다는 손을 사용하는) "제조 공장"들에 이러한 생산이 집중되면서 일자리가 부족한 많은 농촌 생산자들이 신흥 중심부로 이주해야만 했다. 이러한 "산업화 초기proto-industrial" 이주는 19세기 프롤레타리아 대량 이주로 발전했다.

❼ 19세기 글로벌 이주 체계들

19세기에 4가지 주요 이주 체계들이 전 지구적으로 작동했다. 유럽에서 밖으로 나가는 **대서양 이주 체계**는 1815년 이후 크게 확장되었고, 1920년대 이후 소강상태로 있다가 1950년대에 종말을 고했다. 1440년대 시작된 **아프리카-대서양 노예 노동 체계와 강제 노동 체계**는 1870년대까지 지속되었다. 플랜테이션 농장주들이 노예제 이후의 노동력 부족 사태를 예견했을 때, 제국 권력들은 1830년대부터 1920년대, 1930년대까지 아시아 사회들에 **고용 노동 혹은 계약 노동 체계**를 강요했다. 유럽 러시아에서 시베리아 러시아까지 뻗친 **다중적 대륙 이주 체계**는 1820년대에 생겨나, 1930년대에 변화를 겪고, 바로 1950년대에 종결되었다. 이 체계들 안에서 이주했던 대다수는 노동 이주자들이었다.[22]

대서양 이주 체계는 연구가 가장 잘된 분야이다. 30년 전쟁 다음으로 주요한 유럽 전쟁인 1792년 혁명/반혁명 캠페인과 1798년 이후 나폴레옹시대 제국 전쟁으로 100만 명 이상의 군인들이 동원되었고, 수백만 명의 남성들과 여성들, 그리고 아이들이 난민이라는 뿌리 뽑힌 신세로 전락했고, 지치고 부상당한 병사들이 파리에서 모스크바, 이탈리아에서 동프로이센까지 이르는 그들의 태어난 곳에서 멀고 먼 다른 지역으로 내

던져졌다. 1815년 반동적인 범유럽 체제의 재정립과 동시에 1816~1817년 겨울 기근이 독일어권 남서부 지역 출신의 중부 유럽 농민 가정들에게 18세기에 성행했던 해외 이주를 재개하게끔 만들었다. 그럼에도 러시아 제정이 슬라브 민족에게 특혜를 주었기 때문에, 다뉴브강을 따라 남러시아 평원으로 내려가는 전통적인 경로는 그들에게 막혀버렸다. 따라서 가정들은 점점 더 라인강을 따라 서쪽으로 네덜란드 항구와 대서양 항해선으로 이동했다. 이 세기에 이것은 서부, 다음은 북부, 그리고 마지막으로 동부와 남부의 유럽인들이 가장 많이 선택한 경로가 되었다. 대서양 유럽으로부터의 다른 이주들은 알제리, 남아프리카, 케냐, 오스트레일리아의 농업 정착 식민지 또는—적은 규모로—카리브 지역, 남아시아, 동남아시아 도서 지역들의 플랜테이션 식민지나 그 밖의 그 어딘가 등을 목적지로 삼았다. 19세기에 세계 인구가 60퍼센트 정도 성장하는 동안, 1815년에서 1930년대까지 유럽 인구도 약 5천500만 명의 해외 이주에도 불구하고 두 배로 늘었다.

1850년대까지 미국 이주민 남녀의 3분의 1이 농업에 종사했는데, 1890년 이후부터는 이주민들의 95퍼센트가 산업 노동에 종사하게 되었다. 이러한 "프롤레타리아 대량 이주"가 없었다면 미국의 도시-공업 생산으로의 전환이 일어날 수 없었을지도 모른다. 마찬가지로 미국 특유의 숙련/비숙련 분업이 없었다면, 농촌 출신의 유럽인들은 직업을 구할 수 없었을 것이다. 인종주의로 1880년대 초에는 아시아인들, 1921년 이후에는 "올리브색" 또는 "거무스름한" 남유럽인들과 "검은" 슬라브족 "후손들"이 미국사회에서 배제되었다. 1920년대 내내 이주민을 허용했던 캐나다는 농업 전문가들을 계속 끌어들였다. 북대서양 경로와 병행하여 수백만 명이 이베리아반도와 이탈리아반도에서 1826년경 거의 모든 식민지가 독립을 쟁취한 남아메리카로 이동했다. 대부분의 이주민들이 플랜테이션 노동자가 되었음에도, 브라질과 같은 개척 사회들은 매혹적이었다. 1890년 이후 농업에는 정통했지만 산업 노동에는 숙련되지 못했던 이탈리아인들이 부에노스아이레스에서 뉴욕과 몬트리올까지 목적지를 정하면서 남부 경로와 북부 경로를 통합했다. "들어온 이주민들"의 대략 절반 정도가 다시 유럽으로 돌아갔다. 이들은 일시체류자 또는 "손님노동자"로 왔던 것이다.[23]

아프리카-대서양 노예 노동 체계와 강제 노동 체계, 또는 "검은 대서양"은 흑인과 백인 노예제 폐지론자들에 의해 촉진된 새로운 인권 개념을 받아들인 대영제국과 미국이 1807년, 1808년에 노예 무역을 금지시키면서 끝날 것처럼 보였다(다른 유럽 열강들은 1815년에 그 뒤를 따랐다).[24] 그러나 유럽의 노예 무역상, 아프리카의 노예 공급자, 그리고 유럽 식민지의 플랜테이션 농장주 누구도 법을 지키지 않았다. 백인 플랜테이션 소유주는 유럽의

(백인) 빈곤층 노동자나 아시아의 (황색인종 혹은 갈색인종) 노동자로 대체하려고 시도해보기도 했지만, 여전히 1880년 이전에 200만 명이 넘는 아프리카인들을 아메리카로 들여왔다. 프랑스령 생도맹그의 노예들은 1794~1804년에 스스로 자유를 쟁취했고, 난민이 된 플랜테이션 농장주들 중 몇몇은 뉴올리언스에 프랑스어 공동체를 형성했다. 노예제 자체의 폐지는 1830년대 영국령 식민지들에서 일어났고, 다른 지역에서는 그 이후에야 이루어졌다.

자유로운 또는 해방된 아프리카계 미국인들의 소수가 아프리카로 귀환했다. 미국에서 노예제 폐지는 러시아 전제정이 농노제를 폐지한 지 2년 뒤인 1863~1865년에 일어났다. 순수 백인 사회의 옹호자들은 해방된 노예들에게 라이베리아와 시에라리온으로의 이주를 장려했다. 노예제가 1880년대가 되어서야 종결된 브라질과 쿠바의 혼종 사회들에서 트랜스컬처레이션 과정은 인종적으로 분열된 프로테스탄트 국가인 미국의 그것과는 차이가 났다. 아메리카의 아프리카 출신들은 그들이 독립적으로 농사를 지을 수 있거나 강압적인 플랜테이션 체제 밖에서 임금 노동을 할 수 있는 지역으로 국내 이주를 했다. 인간적인 혹은 좋은 임금의 노동 조건을 제공하지 않으려는 고용주들의 의지와 그 결과로서 자유 노동력의 분산은 경제적 발전을 늦추었다. 미국에서는 인종주의적 통제가 남부의 주들에서 외부 이주를 반세기 동안 지연시켰지만, 사실 기업적 자본과 전문적 지식의 부재로 이곳에서는 어떠한 발전도 일어나지 않았다.

백인 대서양 소비자들의 지속적인 열대 식품 수요로 인해 강제 노동에 대한 수요도 높게 이어졌다. 같은 시기, 유럽 열강들과 미국은 수출을 위해 아시아 시장을 개방시키는 데 열을 올렸다. 1840~1842년 전쟁에서 마약 거래상 카르텔로 활동하던 영국제국은 중화제국에 아편 무역을 강요했다. 마약 소비는 빈곤을 초래했고, 그것은 잠재적 이주 가능성을 높였으며 전 세계적으로 중국 하면 "마약 소굴"의 이미지를 연상하게끔 만들었다. 일본에서는 1853년 미국 해군이 지배 왕조에게 서양과의 무역을 받아들일 것을 강요했다. 소작농들의 높은 세금으로 재원을 마련한 새로운 지배 엘리트의 산업 근대화 프로그램은 일본 농촌 출신의 많은 젊은이들에게 이농을 강요했다. 세금으로 충당된 군대의 지원을 받은 사기업 동인도 회사의 지배 아래 있던 인도에서는 식민지배자들을 몰아내려는 1858년 투쟁—영국의 개념으로는 "폭동"—이 성공하지 못했다.

노예제 이후의 비축 노동력으로 자유롭지는 않았지만 평생 구속받지도 않았던 인도와 중국의 남성, 여성 노동자들이 유럽 제국들의 과업을 위해 동원되었다. 모리셔스에서 나탈을 거쳐 카리브 사회들에까지 뻗은 플랜테이션 벨트를 위해 모집된 사람들은 5년간 계약을 맺었는데, 때때로 귀환을 보장받거나, 재

계약 옵션을 받거나, 강요된 강제 계약 연장을 받았다. 인도에서는 영국 식민 정부가 이주민들의 3분의 1을 여성으로 채울 것을 요구했다. 제국의 "보호 장치들"에도 불구하고 "두번째 노예제"는 "쿨리들"[25]에게 무자비한 노동 조건들을 강요했다. 중국에서는 지역 모집책들이 노동자들을 플랜테이션과 광산으로 송출했다. 훨씬 더 많은 사람들이 외상으로 티켓을 구매하고 일해서 그 부채를 갚거나 출발 전에 저축한 자금으로 이주했다. 계약된 자국의 남성들과 여성들에게 특정 문화의 음식이나 다른 물품들을 공급하거나 그 밖의 이윤을 얻기 위해서 자유로운 "승객" 이주민들이 장사를 시작했다. 그들 가운데 여성들이 있다는 것이 공동체 설립을 가능케 했고, 자유 이주민들은 남아프리카와 동아프리카, 카리브 지역, 오스트레일리아, 하와이, 페루와 캘리포니아 해안 지방 등의 수용 사회들에서 정치적으로 활동했다. 제1차세계대전 동안 수십만 명의 "식민지 보조역들"이 유럽의 영국과 프랑스 군대를 위해 일했다. 어떤 이들은 그곳에 정착했고, 다른 이들은 반식민 투쟁에 참여했다. 보답으로 인도의 민족주의 진영 정치인들은 계약노동 폐지를 협약했다. 규모 면에서 4천800만 명에서 5천200만 명에 이르는 이 이주는 유럽인들의 이주와 유사했지만, 훨씬 높은 비율의 이주민들이 다시 고국으로 돌아갔다.

노동자들과 농업 정착민들은 러시아–시베리아 이주 체계를 만들었다. 군대 파견과 지원 인력을 수반하는 러시아와 중국의 아무르강 분쟁, 범죄자들과 정치범들의 시베리아 유형, 이 지역의 경제적 가능성 인식, 자발적인 이주민들과 기업가들, 주로 농민들을 끌어들였던 경작 가능하지만 인구 밀도가 낮은 토지 등이 이 체계의 시작이었다. 그렇지만 처음엔 유럽 지역 러시아에서 동으로 향한 이주는 전체적으로 적은 규모였다.[26] 남부 시베리아의 토지가 비옥했고 정부의 세금 착취자들로부터도 멀리 떨어져 있었기 때문에, 러시아의 농노들도 허가 없이 동쪽으로 이주했다. 마을 조직의 지역적 특징으로 1861년 농노 해방 이후에도 개인의 해외 이주가 어려웠던 러시아의 유럽 지역에서 점점 더 많은 남성들과 일부 여성들이—농노 해방 이후 십 년 동안 1천300만 명이—산업화가 진행중이던 도시로 이주했다(반대로 미국에서는 처단 및 기타 통제들로 인해 해방된 아프리카계 미국인들의 필적할 만한 이동이 일어나지 않았다). 모스크바, 상트페테르부르크, 돈바스 남부, 우랄 지역의 광산과 산업 벨트의 "중앙 산업 지구"는 대규모의 이주민들을 받아들였다. 1900년경 모스크바와 상트페테르부르크 주민의 70퍼센트 이상이 이주민들이었다. 러시아의 이주 체계는 대서양 횡단 체계와는 대부분 별개로 유지되었다. 그럼에도 불구하고 서유럽과 중부유럽의 전문가들과 숙련된 기술자들의 소수가 동쪽인 러시아로 이주했다. 1880년대 이후 유대인들에 대한 경제적 압박과 학살, 우크라이나인들

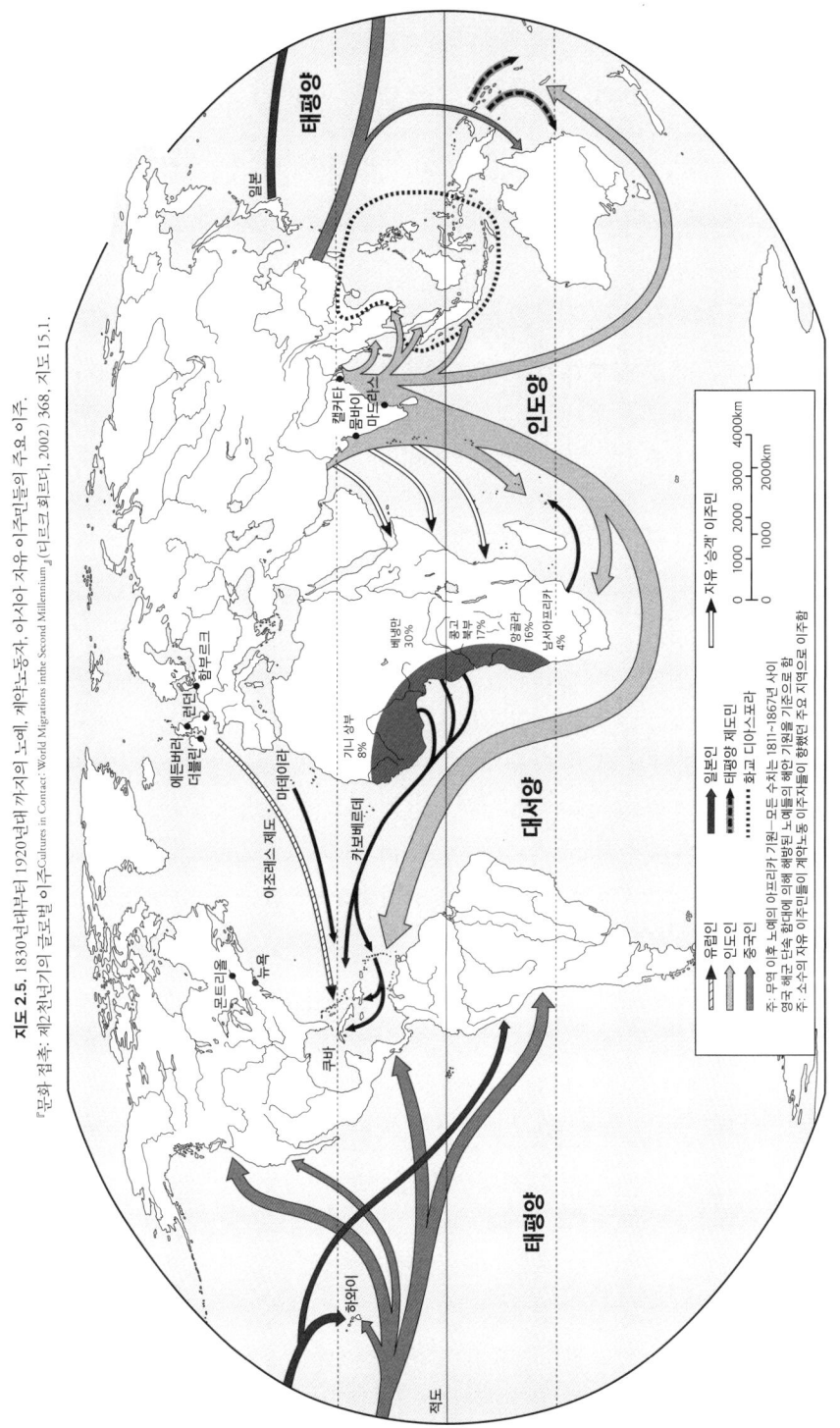

지도 2.5. 1830년대부터 1920년대 까지의 노예, 계약노동자, 아시아 자유 이주민들의 주요 이주.

『문화 접촉: 제2천년기의 글로벌 이주』Cultures in Contact: World Migrations in the Second Millennium_』(디르크 회르더, 2002) 368, 지도 15.1.

에 대한 민족적 탄압, 한때 메노나이트 신자들●과 다른 독일어권 출신 농민들에게 부여되었던 특권 폐지 등으로 이들 집단들은 제정 러시아에서 유럽과 북아메리카의 도시들로 이주해야 했다.

    대서양 횡단 이주를 연구하는 학자들은 오랫동안 이를 세계에서 가장 규모가 큰 이주로 간주했지만, 정량적 데이터를 비교 평가하면 훨씬 더 복잡한 결과가 나온다. 1914년 이전 세기 동안, 러시아-시베리아 체계(범 카스피해 지역을 포함) 내에서 1천만에서 2천만 명의 남성들과 여성들이 이주했다. 대서양 체계는 1820년대와 1930년대 사이 5천만에서 5천500만 명을 포함하고 있던 반면, 대략 4천200만에서 4천800만 명의 인도인들과 남중국인들, 그리고 마찬가지로 소규모의 태평양 제도 주민들이 아시아 체계에 포함되어 있었다. 이 인도인들의 대다수는 영국령 버마로 이주했다. 겨우 19세기 말에 시작해 1940년대까지 유지되었던 또다른 체계는 대략 4천600만에서 5천100만 명의 남성들과 여성들을 중국 북동부에서 만주로, 그리고 다양한 출신지에서 일본으로 이주시켰다. 1882년 미국에서, 그리고 1930년대 라틴아메리카 사회에서 배척받게 될 때까지 대략 100만 명의 아

● 메노나이트는 16세기 유럽에서 발생한 기독교의 한 분파로, 그 이름은 창시자인 메노 시몬스(Menno Simons)에서 유래했다. 이들은 비폭력주의와 전통적인 공동체 생활을 중시했다.

시아인들이 1840년대부터 태평양 이주 체계의 두번째 단계에 참여했다.[27] 어디서나, 국경을 넘거나 바다를 건너는 이주보다 국내에서 이주하는 자들이 훨씬 더 많았다.

19세기 말까지, 이전 이주의 글로벌 경제적 결과들이 이주 비율을 더욱 높였다. 북아메리카, 남러시아, 아르헨티나, 오스트레일리아의 광활한 평원에 이주민들이 정착했고, 곡물의 대규모 재배를 시작했다. 이들 지역에서 추수 과정이 기계화되면서, 세계 시장에서 곡물 가격이 붕괴되었다. 그들의 고국에서는 추수 과정의 기계화가 어려웠던 산악의 작고 영세한 농장들이 더이상 제한된 잉여 농산물을 팔 수 없었고, 농가의 자녀들은 송금으로 생산력이 없는 "집"을 부양하기 위해 멀리서 임금 노동을 찾아야 했다. 미국에서 신화가 된 서부 이주는 농가의 아들딸들이 산업 일자리와 도시 편의시설로 옮겨간 동부 이주에 규모 면에서 추월당했다.

대부분의 이주민들은 결코 "무한한 기회"를 기대하지는 않았다. 그들 말로 그들은 "빵을 위해" 이주했고, 그것을 위해 고되게 일할 것을 각오했다. 하와이의 아시아 출신 플랜테이션 노동자들과 브라질의 커피 플랜테이션 혹은 북아메리카 제조업의 유럽 출신 노동자들은 짐을 실어 나르는 고향의 동물이 공장과 농장에서 일하는 남녀 노동자들보다 더 좋은 대우를 받는다고 불평했다. 이러한 이주자들은 세계 각처에서, 구속되든 자기 뜻대

로든, 착취받든 제 목소리를 내든, 20세기로 접어들면서 도시적이고 산업화된 세계를 구축했다. 플랜테이션 벨트의 이들은 북대서양 지역뿐만 아니라 세계 다른 지역에서도 이주민과 거주민 모두를 먹여 살렸다.

❽ 20세기 상반기 난민 발생, 순혈주의, 강제 노동 이주

민족국가들은 1880년과 1920년 사이에 정점에 도달했다—이는 학계의 분석적인 주장이라고 보기에는 약간 미흡한데, 왜냐하면 윈저 왕조가 하노버 왕조를 승계하고, 잉글랜드, 스코틀랜드, 웨일즈, 아일랜드뿐만 아니라 역사상 이제껏 축적된 것 중 가장 거대한 식민 제국을 지배했을 때, 많은 유럽 국가들이 여전히 합스부르크 왕조, 호엔촐레른 왕조, 로마노프 왕조, 오스만 왕조의 통제 아래 있었기 때문이다. 프랑스보다 더 작은 국가들도 식민지들을 지배했듯이—그중 가장 파괴적이었던 것은 벨기에령 콩고였다—프랑스 공화국 역시 식민지들을 지배했다. 미국은 스페인으로부터 푸에르토리코와 필리핀에 대한 소유권을 얻었고, 쿠바를 간섭하며 카리브 지역 국가들을 군사적으로 점유했다. 그러나 미국은 다른 지역에서는 정치적·영토적 지배보다는 문화적·종교적 그리고 경제적("달러 외교") 헤게모니를 통한 "비공식 제국"의 전략을 추구했다. 다문화적 합스부르크제국, 로마노프제국, 오스만제국의 통치자들이 오스트리아-독일, 러시아, 튀르크 민족의 지배를 강요했을 때, 그들 영토 내의 "소수민족들"은 문화적 자율성과 정치적 자치를 요구하기 시작했다. 1880년 이후, 반제국주의 운동들이 증가했다.

19세기 유럽에서 중산층의 새로운 종족 문화 의식은 민족과 민족국가를 통합하는 데 기여했다. 민족주의는 공격적이 되었다. "민족"에 대한 무조건적 충성이 하나의 미덕이 되었다. 왕조 체제 아래서 이주민들은 목적지 사회의 지도자들과 그들의 지위를 놓고 교섭했다. 그들은 단결을 맹세하며 그 사회에 "귀속"될 수 있었다. 민족국가 체제 아래서 그리고 1880년대 시민권과 여권법의 도입과 함께 입국 규정은 더 까다로워졌고, 민족에 대한 충성과 군복무에 대한 요구들이 증가했다. 이주민들—그리고 정주한 소수자들—은 귀속되기 위해서 문화를 바꾸어야 했고, 주류 사회 또는 적대적 사회의 생활 방식에 "동화"되고,—마치 다른 문화권 사람은 "정상적natural"이지 않은 것처럼—"정상화naturalize, 귀화"되어야 했다. "동화"는 이주 이전 생활 방식의 무조건적 포기를 요구했다. 이주민들과 정주한 "소수자들"의 존재가 민족적 동질성을 위협한다고 일컬어졌다. 이주민 공동체들과 역사적이지만 이제 소외된 "소수민들"에 대한 몇몇 국가들의 문화적 억압으로 인해 그들은 아메리카 사회들로 이주했다. 같은 민족이 아닌 자들은 열등한 자들로 여겨졌고, 만약 그 열등함이 유전적 결함으로 구성된 것이었다면 그들은 동화될 수 없는 인종으로 낙인찍혔다.

오스트리아-헝가리제국이 "같은 민족이 아니"라고 여겼던 자들에게 독립을 허용하길 거부했던 것이 제1차세계대전(1914~1918)이라는 결과를 낳았다. 전쟁 자체로 수백만 명의 난민들이 생겨나는 동안, 단일 민족 이데올로기에 경도된 새로운 전후 민족국가들은 국민의 "순종화" 내지 "종족 정화" 프로그램을 시작했다. 민족의 "몸"은 때때로 "기생하는" 것으로 간주되는, 민족의 피를 빨아먹는 이질적인 신체들로부터 자유로워져야 했다. 다문화적 발칸 지역과 독일-슬라브 지역에서 수십만 명의 개인들과 가정들은 귀속을 거부당하고 추방되거나 재정착되었다.

제1차세계대전 이후 노동 이주민들은 전 세계적 이동을 더이상 주도하지 못했다. 중국 북부 지방에서는 만주로의 대규모 농촌 이주와 도시 이주가 계속되었다. 자치 요구가 식민지인들 사이에 지지를 얻었다. 인도에서 대영제국으로, 서아프리카와 카리브 지역에서 프랑스로의 유학 이주는 새로운 상호문화적 역동성을 낳았다. 식민지배자의 문화를 받아들이도록 초대받은 학생들은 차별과 인종주의를 경험했다. 그 결과, 그들은 "제국시민권", "조국의 아이들enfants de la patrie", "모국"이라는 식민지배자들의 수사를 비판했다. 1930년대 프랑스의 세네갈과 마르티니크 출신 유학생들은 유럽과 아프리카 문화, 백인 문화와 흑인 문화의 동등한 가치를 인정하면서 문화융합, "네그리튀드"를 촉구했다.● 소수의 서아프리카 식민지 노동자들은 남프랑스에서 직업을 얻었고, 중국 선원들과 인도 선원들, 즉 "라스카르"○는 런던과 다른 유럽의 항구 도시들에 살았다. 그들은 백인 주류 사회에 의해 마지못해 용인되긴 했지만 소외되었다.

1900년 이후 아시아에서는 일본의 엘리트들이 한국으로, 그다음 만주와 중국, 마지막으로 동아시아와 동남아시아의 많은 곳까지 공격적인 확장을 시작했다. 1930년대 말경 식민지화된 조선(한국)인들이 정복자를 위해 노동하는 동안, 1억 명의 중국 난민들은 진군하는 군대를 피해 도망갔다. (아리아인의 우월성에 근거한) 나치 이데올로기의 주창자들이 독일에서 정권을 잡았을 때, 그들은 독일계 유대인들뿐 아니라 집시들과 다른 집단들까지 추방하기 시작했다. 홀로코스트를 간신히 벗어난 유럽 유대

● 네그리튀드(négritude, 흑인성)는 프랑스 문화 내지 유럽 문화의 우월성을 반박하며 아프리카 문화의 주체성과 긍정성을 주창했던 문학적, 문화적, 정치적 운동이다. 이 운동은 1930년대에 프랑스어를 사용하는 아프리카와 카리브해 출신의 지식인들에 의해 시작되었으며, 세네갈 출신의 레오폴드 세다르 상고르와 마르티니크 출신의 에메 세제르 등이 대표적이다. 네그리튀드는 아프리카 디아스포라의 정체성과 문화를 긍정적으로 재평가하고, 식민주의와 인종차별에 맞서 싸우기 위해 만들어졌다.

○ 라스카르(lascar)는 16세기부터 20세기 중반까지 인도 아대륙, 동남아시아, 아랍 세계, 영국령 소말릴란드 또는 희망봉 동쪽의 다른 지역 출신으로 유럽 선박에서 일했던 선원 또는 민병대를 의미한다. 다양한 문화적 배경을 가졌던 이들은 유럽 해양 역사에서 중요한 역할을 했다.

인들은 팔레스타인—그들 종교와 다른 종교들의 근원지—으로 이주했다. 아랍 국가들과의 유대 난민들의 전쟁은 결국 거주하던 팔레스타인인들을 내몰아버렸다. 21세기 초 여전히 많은 이들이 난민 캠프에 살고 있다.

    1910년 이후 북대서양 세계의 많은 국가들은 더이상 추가적인 산업 노동자들을 필요로 하지 않았다. 프랑스와 캐나다(오스트레일리아도 마찬가지)만이 예외적이었다. 미국 내 지역 간 노동력의 공급과 수요 차이들은 아프리카계 미국인들을 남부에서 북부의 도시 산업 지대의 일자리로 대거 이주하게 만들었다. 1940년대 미국 남성들이 군대에 징집되었을 때, 멕시코와의 협약으로 수백만 명의 대체 노동자들, 즉 "브라세로^{braceros}"가 미국에 들어왔고, 이 이주는 전쟁 후에도 계속되었다. 1930년대 대공황기에는 단지 러시아와 독일만이 대규모의 유입 노동자들을 필요로 했다. 두 차례의 세계대전과 내전에서 회복중이던 새로운 사회주의 소비에트 연합은 도시와 산업을 재건해야 할 필요가 있었다. 스탈린 지배하에서 국가는 1930년대부터 시작된 가혹한 노동 통제와 새로운 산업 현장으로의 강제 이주에 의지했다. 소작 농가들은 농업의 집단화를 피해 달아났다. 결과적인 생산 붕괴는 기근으로 인한 대량 이주로 이어졌다. 전쟁으로 황폐화된 독일에서 나치 체제는 장래 전쟁 준비로 젊은이들을 노동력으로 징집해 이동시켰다. 1939년 제2차세계대전 발발 이후 독일이 다른 나라들을 점령했을 때, 1천100만 명의 남성들, 여성들, 그리고 때때로 아이들을 노동수용소로 이송시켰다. 1945년 독일의 패전 이후 이 노동수용소 사람들과 학살 수용소의 수십만 명은 700만 명에 달하는 "이송 난민"의 신분이 되었다. 다수의 전쟁 난민들의 귀환, 전쟁 포로의 송환, 파괴된 도시들의 나가고 들어오는 이주, 이송 난민의 이주, 동부와 중부 유럽 국가들에서 새로운 공산 독재로부터의 탈출 등으로 인구 이동성이 높게 유지되었다.[28]

20세기 상반기 유럽의 민족국가들과 새로운 동지중해 국가 튀르키예는 수백만의 난민들을 만들었다. 전쟁에서 제국주의 열강들은 자신들의 경제력과 권력의 잠재성을 파괴했다. 식민지 노동자들이 전쟁 활동을 지원하는 데 이용되었던 반면, 식민지 학생들은 백인 지배에 대해 의문을 던졌다. 일본은 유럽 모델들을 모방하고 제국주의로 돌아서면서,—아시아가 유럽의 식민지배로부터 해방되는 것을 돕기 위한 대동아 공영권을 형성한다는 구실로—전쟁과 난민 발생을 동아시아로까지 확대시켰다.

❾ 1950년대 이래 탈식민화와 이주의 새로운 글로벌 형태들

20세기 후반기 탈식민화와 이전 "북부" 식민지배자들 또는 간접 지배자들의 계속되는 탈식민화된 남반구에 대한 글로벌 무역협정 강요로 인해 난민과 노동 이주가 "남부"로 옮겨갔다. 종종 무장한 이주민들을 세계 곳곳으로 내보냈던 "서구" 국가들은 이제 무장하지 않은, 대개는 극도로 가난한 이주민들의 목적지가 되었다. 군사화된 국경 통제는 강압적으로 시행될 때 별로 효과적이지 않은 것으로 드러났다.

대서양 세계의 제국주의 국가들은 1945년 유럽의 몰락과 일본의 패배를 식민주의 종식 협정의 기회로 삼지 못했다. 독립을 향한 정치적 노선을 위한 투쟁 이후 인구 밀도 높은 아시아 식민지들, 특히 네덜란드령 인도네시아와 프랑스령 인도차이나뿐만 아니라 북아프리카와 사하라 남부 아프리카의 사람들은 독립 전쟁을 시작했다. 1960년대까지 그들은 영국, 프랑스, 네덜란드, 이탈리아, 벨기에가 전 세계의 그들 식민지 대부분을 강압적으로 포기하게끔 만들었다. 반면 포르투갈은 1970년대 중반까지 버텼다. 난민 이동에 더하여 3가지 주요한 이주 유형이 뒤따랐다: 식민지배자들과 그들의 추종자들이 다시 중심지로 돌아간 "역 이주reverse migrations", 신생 독립국 사회들의 질서 재정립의 결과로서 "강제 이주displacement migrations", 그리고 신생 독립국에서의 일상과 장기적 전망의 혼란을 상쇄하는 수익 창출의 해외 노동 이주. 산업화된 열강인 북반부에 유리한 불평등 무역협정을 통해 제도화된 남북 격차˙의 생성은 더 직접적인 착취의 이전 형식을 지속시켰고, 계속적인 이주를 보장했다. 이러한 남북 격차는 자주 남반구와 북반구의 격차로 불리지만 실제 지리적으로는 지중해와 카리브 해안을 따라 세계를 양분한 것이다: 이는 전 세계 인구의 6분의 1에서 4분의 1 정도의 사람들(유럽 연합과 북아메리카에 거주하는 이들)이 나머지 4분의 3 혹은 그 이상의 사람들과 대립하도록 만든다.

탈식민화는 착취 식민지에서 관리들과 군인들의 일시적 파견을 끝냈고, 농업 정착 식민지에서 장기 정착민 가정들의 특권적 지위도 종결시켰다. 많은 이들이 "역이주"를 선택했는데, 그들의 정치적 권력의 붕괴, 경제적 계산의 실패, 생활 방식의 소멸, 서발턴Subaltern 원주민 노동력의 시민권 획득을 보았기 때문이었다. 대부분이 지역에서 태어나 고국 사회에 대해 전혀 알지 못했던 "크리올"˚이었기에, 그들의 탈출은 "귀환" 이주가 아니었다.

● 남북 격차(North-South divide)는 전 세계적으로 발전된 북반구 국가들과 덜 발전된 남반구 국가들 사이의 경제적, 사회적, 정치적 불평등을 의미한다.
○ 크리올(creoles)은 식민지시대에 다양한 인종과 문화가 혼합되어 형성된 새로운 문화적 정체성을 가진 인구 집단을 지칭하는 용어이다.

자본, 기술, 지식을 소유한 식민지배 엘리트들의 이탈은 신생국 경제에 막대한 손실을 입힐 수 있었고, 실제로 입혔다. 동족을 통제하는 데에 자주 동원되었던 제국 식민지의 조력자들도 떠나야 했다. 하르키harki●가 프랑스령 알제리 현지에서 징집되었고, 시크교도들은 영국제국 전역으로 흩어졌고, 인도차이나의 몽족Hmong○은 그곳 주요 종족들과 미국의 전쟁에서 미국을 지원했다. 유전적 혼혈 조상을 가진 남성들, 여성들 그리고 아이들뿐만 아니라 식민지배자들에 대해 문화적 친밀성을 가졌던 엘리트들도 위태로운 상황에 처했지만, 식민지배 국가들은 지금까지의 협력자들을 보호하거나 그들이 "본국"으로 이주하도록 허용할 마음이 없었다. 대략 5천500만에서 8천500만 명의 이탈리아, 프랑스, 영국, 벨기에, 네덜란드 그리고 다른 백인 식민지 주민들과 유색 조력자들의 1975년 이전 유럽 정착은 적대감을 야기했다. 납세자들은 자국에 전혀 산 적 없던 정착민들과 플랜테이션 경영자들의 "귀환"을 자신들이 지원해야 할 이유가 없다고 보았다. 혼혈 이주민 가정들과 그 자녀들이 인종주의에 직면하는 동안,

---

● 하르키(harki)는 원래 아랍어 harka(이동)에서 유래했으며, 알제리전쟁 동안 사용되었다. 이것은 프랑스 군대에서 보조 병력으로 싸웠던 무슬림 알제리인을 일컫는다.

○ 몽족(Hmong)은 중국 남부, 베트남과 라오스 북부, 태국 산악 지역 등에 거주하는 소수민족이다. 1960년대와 1970년대 미국 CIA가 몽족 병력을 모집하여 라오스 내전에 반공산주의 진영에서, 이후 베트남전쟁에서는 미국 편에서 싸우게 했다. 이 이유로 많은 몽족들이 미국, 프랑스, 호주 등지로 떠나야만 했다.

사실 옛 식민지배자들의 사회로 이송된 "유색" 조력자들은 종종 수용소나 열악한 숙소에 소외되는 신세가 되었다.

한편, 강제 이주는 해방 이후에 시작되게 되었는데, 첫째로 몇몇 신생 독립국들이 종족적 또는 종교적 소속에 따라 사람들을 "분리"하면서 발생한 것이었다. 예를 들어, 1947년 영국령 인도가 힌두교 중심의 인도와 이슬람교 중심의 파키스탄으로 분화된 것이 대표적인 사례이다. 종교적·정치적 지도자들은 하나의 다종교 국가를 발전시키는 것을 원치 않았고, 이것이 400만 명의 난민을 낳았다. 둘째로, 일부 국가들에서는 우세한 다수 혹은 지배 엘리트들이 이주민 소수자들을 쫓아냈다. 예를 들면, 1970년대 초반에 케냐와 우간다로부터 남아시아인들이 쫓겨났다. 유럽의 민족국가들에서처럼, 그들 소수자들이 신생국의 "민족적" 동질성을 약화시킨다고 보았다. 고로 실론/스리랑카의 타밀족[Tamil]들은 그들의 조상들이 수 세대 전에 왔던 남인도로 "송환"되었다. 세번째 이슈는 지위 또는 계급과 연관이 있다. 예를 들어, 중국과 베트남에서는 지주들이 추방되었다. 이념적 동기에서 시작된 이러한 사회 재구성은 경제적 논리를 따랐다. 왜냐하면 농업 구조개혁은—수십 년 먼저 일어난 유럽과 북아메리카에서처럼—보다 큰 생산 단위를 요했고, 그것이 농가들을 그들의 땅에서 쫓아내버렸기 때문이다. 정책과 박해로 인한 집단 이동은 더 심각한 사회·경제적 구조의 혼란을 가져왔다.

나가는 이주는 식민지배자들이 떠난다고 종결되지 않았다. 몇몇 신생국들은 제대로 기능하지 않는 통치 시스템으로 인한 식자층과 경제활동 인구의 이민으로 손실을 겪었다. 탈식민 사회의 새로운 (남성) 엘리트들은 합의를 얻지 못했다. 이전 민족해방 권력들은 일당 지배를 확립했고, 파벌이나 독재자들은 자신의 목적을 위해 신생국의 자원을 착취했고, 군부의 파괴와 약탈은 전체 인구를 탈출하게 했고, 문화적·종교적 종족들 간의 내전이나 종교적·이념적 근본주의는 전체 주민들에게 지속 가능한 삶의 선택권들을 앗아갔다. 그들 역시 밖으로 이주하려고 시도했다. 대부분의 탈식민 이주민들은 수 세대에 걸친 지배로 언어와 사회 구조적 관행을 공유하는, 더 부유한 이전 식민지배 국가들로 이주하기로 결정했다. 강력한 산업국들에 의해 강요된 불평등 무역협정을 통한 재식민화라 불리는 이 현상은 그 이후에 더 큰 이주들을 초래했다. "글로벌 아파르트헤이트 global apartheid"의 산물로서 남북 경제 문제는 유엔 인간개발보고서와 1995년 세계은행보고서에 명백하게 드러난다. 저소득 국가들의 1인당 연평균 국민총생산 GNP은 380달러인데 비해 고소득 국가들은 2만 3,090달러에 달했다.[29] 소득 차이와 국가 간 이주 사이에 직접적인 상관관계는 존재하지 않지만, 문화적 유사점으로 인해 더 많은 사람이 공식 허가서 유무에 상관없이 일자리를 제공하는 잘사는 북반구로 가려고 시도했다. 예를 들어, 세네갈의 가난한 마을 주민들은 파리와 런던에서 거리청소부가 강아지 똥을 치우며 보수를 받는다는 사실을 안다. 그들은 자신들이 더 잘할 수 있다는 것을 알고 있으며, 그러한 부유한 사회가 선택의 기회와 일자리를 제공할 것이라고 생각한다. 비슷하게, 투자 기회를 박탈당한 시골의 중국인들도 국내에서 급속하게 성장하는 도시 노동시장이 더 많은 선택의 기회를 제공한다는 사실을 알고 있다. 2005년경 1억6,000만 명이 이동했고 당국은 그들에게 근면한 이주민 계층이라기보다 불안정한 "유동" 인구라는 딱지를 붙였다.

전 세계에 8개의 거대 지역들이 서로 겹치는 이주 체계가 생겨났다. 대서양 체계는 1950년대 중반에 종결되었고, 2개의 남북 체계들은 유럽과 북아메리카의 각자 장소에서 발전했다. 1939~1945년의 전쟁으로 수천만이 감소한 서유럽 인구는 수백만의 동유럽 독일계 난민 및 피추방민, 강제노동 난민, 그리고 식민지로부터의 역이주자들을 받아들였다. 1950년대 초반에는 전후 재건과 경제 성장이 노동력 수요를 창출했다. 남부 유럽에서 서부 유럽과 북부 유럽으로의 새로운 이주 체계가 1950년대 중반에 생겨났고, 1960년대에 북아프리카로 확대되었다. 이주민들은 자신들 고국으로 돌아갈 것으로 기대되었기에 "손님노동자"로 불렸다. 그러나 일하는 손님들은 그들 자신의 전략을 추구했다. 그들은 친족을 데려와 가정을 이루고 정주했다. 2000년경 그들은 수용 사회 인구의 대략 8퍼센트에서 10퍼센트로 집계되었다. 유사한 남북 이주 체계가 영어 사용권과 프랑스어 사용권 북아메리카에서 전개되었다. 멕시코인과 이후 다른 라틴아메리카와 카리브 지역 출신 이주민들이 북으로 이동했다. 1960년대에도 노동자 및 전문가에 대한 수요가 여전히 높았다. 그래서 캐나다와 미국은 인종에 근거한 입국 기준을 기술과 능력에 근거한 점수제로 대체했다. 이때부터 전 세계 대략 180개 문화권들로부터 이주민들이 왔고, 특히 아시아로부터의 대규모 태평양 횡단 이주 유입으로 고학력 가정들과 사업가들이 들어왔다.

지역적 이주 체계들 가운데 세번째 체계는 카리브 지역과 중남부 아메리카에서 발전했다. 전 지구적 불평등 체계 안에서 라틴아메리카의 위치뿐만 아니라 이들 사회의 엘리트들의 제한된 투자 전략은 노동력 공급과 고용 가능성의 차이를 만들었다. 대개 미국의 자본 투자가 이 지역을 변화시켰을 때, 사람들은 (19세기 말부터) 멕시코와 (1910년대 이래) 카리브 지역으로부터 북으로 이동했다. 1970년대와 1980년대 일부 미국 행정부로부터 지원을 받았던 우파 정권들은 거대한 난민 이동을 초래했다. 1973년 미국의 지원을 받은 군대가 아옌데 대통령에게 반기를 들었을 때, 칠레의 민주 인사들은 고국을 떠나 북아메리카와 유럽에 디아스포라를 수립해야 했다. 반대로 베네수엘라, 아르헨티나, 그리고 최근의 브라질은 남반부의 가장 매혹적인 이주 지역이 되었고, 합법적 정부의 재정립 이후 군사 독재를 피해 도망갔던 정치적 난민들이 이 지역으로 다시 돌아오고 있다.

아시아의 네번째 지역 체계는 가장 빠르게 성장하는 한국, 싱가포르, 말레이시아의 경제와 연관이 있다. 이와는 대조적으로 동남아시아의 역사적 중국 디아스포라는 식민지배의 종식 이후 점점 민족주의가 확산되고 있는 주류 사회와 대면하고 있다. 이 이주민들은 경제 문제의 희생양으로 지목되었고, 1945년 중화인민공화국 건설 이후에는 자주 공산주의 첩자라는 비난까지 들었다. 수십만 명이 압력 속에서 떠나거나 추방되었다. 지속적으로 인종주의 정책을 추구했던 일본은 들어오는 이민자들은 허용하지 않았지만 노동력은 필요로 했다. 재일 한국인 노동자들은 (식민지 시절부터) 차별을 경험하고 있다.

이러한 아시아 내부의 이주 체계는 3기 태평양 이주 체계에 의해 보완되었는데, 이것은 북아메리카에서 인종적 배제 기준들이 종식된 이후에 발전했다. 세 개의 중국—중화인민공화국, 홍콩, 대만—출신과 인도, 필리핀, 동남아시아 출신의 남성들과 여성들은 미국과 캐나다로 이주했고, 식민지적 유대가 존재하던 유럽 사회들로도 소수 이동했다.

석유 산업의 호황으로 페르시아의 걸프 지역은 서구에서 전문가들과 북아프리카의 아랍 국가들과 인도양 지역에서 남성 노동자들을 모집하며 여섯번째 새로운 노동력 유입 중심지가 되었다. 아시아 사회들로부터는 여성들이 가사 노동을 위해 따로 모집되었다. 이 지역 국가들의 대부분이 영주권을 부여하지 않기 때문에 노동력은 계속 순환되고 있다. 그래서 소수민족의 영구적 집단 거주지는 생겨나지 않고 있다. 페르시아 걸프 지역 무슬림 사회들에서 교육과 가정 외부의 임금 노동으로부터의 여성—즉 인구의 절반—의 배제는 외국인 단기 노동자에 대한 수요를 한층 더 심화시켰다. 바레인, 카타르, 아랍에미리트와 같이 호황을 누리고 있는 중심지들이 대기업과 부유한 자들을 끌어들이고 있는 반면, 취업 전망이 없는 젊은이들의 높은 비율은 이민 가능성과 마찬가지로, 겉보기에 근본주의 운동의 가능성도 높인다. 이런 근본주의자들의 활동으로 인해 아랍 무슬림 이주민 평화주의자조차도 수용 국가로부터 입국 허가를 받는 것이 더욱 어려워지고 있다.

사하라 사막 이남의 아프리카는 소말리아, 케냐, 그리고 아파르트헤이트 종식 이후의 남아프리카 등과 같이 일시적으로 성장하는 경제의 일곱번째 체계이다. 그러나 몇몇 국가들의 (처음엔 여전히 식민지배자들에게 지도받고 지원받았던) 무능력한 엘리트들은 발전의 장애물을 만들었고, 마찬가지로 사회복지를 삭감하는 파괴적인 세계은행의 권고는 빈곤과 실업을 더욱 악화시켰다. 그 결과물이 바로 대규모의 농촌-도시 국내 이주와 이전 식민지배 국가들(이들은 종종 입국허가증 부여를 거부하고 있다)로의 해외 이주였다.

끝으로, 사회주의 동유럽 국가들은 특이한 이주 유형을 가지고 있었다. 노동권을 보장받았기 때문에, 일자리가 있는 먼 곳으로의 노동 이주는 겉보기에 필요치 않아 보였다. 그런데도 헝가리, 유고슬라비아, 소련 일부에서의 집단화, 농촌과 도시의 불균형 발전, 경제 성장, 그리고 남부 시베리아에 대한 투자는 지역 간, 국가 간의 이동을 낳았다. 해외 이주 금지는 이 광역권을 모든 다른 이주 지역들과 구별시켰다. "제3세계" 출신 학생들과 산업연수 노동자들에 대한 입국 허가가 늘 디아스포라 형성으로 이어지지는 않았다. 1989년 이 체계의 붕괴 이후 새로운 동서 이주가 모습을 갖추게 되었고, 모스크바나 프라하와 같은 중심지들은 내부와 중국, 서구 등지에서 이주민들을 받아들였다.

21세기로의 전환기, 전 세계의 이주민들은 여러 국가들에서 종교적 근본주의, 증가일로에 있는 외국인 혐오, 그리고 소위 국가안보라고 하는 더욱 높아진 장벽의 결과물에 직면하고 있다. 한편, 많은 사회들은 이주민들을 필요로 하고, 많은 잠재적 이주민들은 삶을 지속하게 해주는 사회들로 들어가는 진입로를 필요로 하고 있다. 세계은행WB과 국제통화기금IMF, 유엔개발계획UNDP의 자료들에 근거한 경제학자들과 사회학자들의 연구는 강력한 북반부의 관세 장벽 시행과 불공정 무역으로 인해 북반구와 남반구의 격차가 더욱 커지고 있음을 보여준다. 따라서 남북 이주 가능성은 이주민을 더 받아들이는 데 소극적인 (북반부) 국가들의 바로 그런 정책들(관세 장벽과 불공정 무역)로 인해 더욱 증가하고 있다. 지난 20년간 많은 이주 연구들은 이러한 새로운 유형들에 집중했다.

이 장에서는—인간 생활과 사회 형성의 핵심적인 양상인—이주의 역사를 개괄했는데, 민족국가와 정치적 사건들에 집중했던 학계에서는 이주 역사의 많은 부분들이 간과된 상태로 있었기 때문이다. 이들 저작물은 유입된 "외국인들"을 하나의 "문제"로 간주하고 이를 분석의 대상으로 삼았으며, 단일문화적으로 구성되고 경계 지어진 신체 정치에 유해한 요소로 취급하면서 이에 대한 해법 모색에만 몰두했다. 하지만 1970년대 이후 사회사와 문화사는 역사적으로 사회들이 원래 다문화 사회였다는 것과 민족사라는 것이 19세기 중반부터 20세기 중반에 걸쳐 민족주의에 경도된 학자들에 의해 만들어진 것이라는 것을 보여주었다.[30] 오늘날의 이주에 대한 역사적·사회과학적 접근과 이주사는 지난 20년간 이루어진 풍성한 연구 결과들의 종합이다.

참고 문헌

Appleyard, Reginald T., ed., *International Migration Today, 2 vols.* (Paris, 1988).

Cavaciocchi, Simonetta, ed., *Le migrazioni in Europa secc. XIII-XVIII* (Florence, 1994).

Cohen, Robin, ed., *The Cambridge Survey of World Migration* (Cambridge, 1995).

Dupeux, Georges, ed., *Les Migrations internationales de la fin du XVIIIe siècle à nos jours* (Paris, 1980).

Gungwu, Wang, ed., *Global History and Migrations* (Boulder, CO, 1997).

Hoerder, Dirk, Christiane Harzig, and Adrian Shubert, eds, *The Historical Practice of Diversity: Transcultural Interactions from the Early Modern Mediterranean to the Postcolonial World* (New York, 2003).

Kritz, Mary M., Lin L. Lim, and Hania Zlotnik, eds, *International Migration Systems: A Global Approach* (Oxford, 1992).

Marks, Shula, and Peter Richardson, eds, *International Labour Migration: Historical Perspectives* (London, 1984).

Pan, Lynn, gen. ed., *The Encyclopedia of the Chinese Overseas* (Richmond, Surrey, 1999).

Parnwell, Mike, *Population Movements and the Third World* (London, 1993).

Simon, Rita J., and Caroline B. Brettell, *International Migration: The Female Experience* (Totowa, NJ, 1986).

Skeldon, Ronald, *Population Mobility in Developing Countries: A Reinterpretation* (New York, 1990).

3

이주와 문화적 상호작용에 대한 이론들

■

이 장에서는 우선 신고전학파 경제학의 가설들을 포함해 1880년대부터 1950년대까지의 이주사에 대한 방법론들과 이론들을 비판적으로 평가한다. 푸시push 요인과 풀pull 요인과 같은 개념들과 용어들은 그 성과뿐만 아니라 단점에 대해 세밀한 주의를 요한다. 여전히 대중적 논쟁의 일부가 되고 있는 이주민들의 뿌리 뽑힘과 뉴커머들의 문화적 경계 상태라는 고정관념들은 재구성될 필요가 있다. 그러므로 초기 혁신적인 개념들, 특히 1930년대 이래 라틴아메리카의 개념들을 여기서 논의할 것이다. 그런 다음 이주 유형과 특정한 형식에 국한된 역사 서술적 하위 분야로 넘어갈 것이다. 백인성을 포함하는 인종 쟁점과 젠더, 특히 이주사 안으로 여성을 포섭하는 문제에 주목할 것이다. 결론적으로 1970년대부터 발전한 연구 패러다임들, 특히 비교연구 패러다임과 글로벌 패러다임을 논할 것이다. 그런 다음 ❹에서 오늘날의 개념들을 종합하게 될 것이다.

접근 가능한 문헌에 따르면, 서유럽과 북아메리카 밖에서는 이주 연구가 거의 이루어지지 않았다. 그럼에도 정치적으로, 계약노동자와 관련하여 영국령 인도에서 이주는 중요한 의제로 자리잡았는데, 제국주의 열강들의 대중국 관계에서, 그리고 조선과 만주로 확장되었던 일본에서도 그러했다. 노동력 공급은 급속한 경제 발전을 이룬 거의 모든 국가들과 생산이 집중되었던 플랜테이션과 광산과 같은 특별한 지역에서 하나의 쟁점이었다. 이주 정책으로 인해 전문가의 자문과 자료 수집이 이루어지게 되었다.

대서양 세계의 산업 성장으로 농촌이나 외국으로부터 공장 노동자의 대규모 유입이 필요하게 되었던 1880년대에 사회개혁가들과 신생 학문으로서 사회학, 정치경제학, 정치학은 인구 이동성에 관심을 갖기 시작했다. 일반적으로 사회개혁가들은 주된 관심을 이주민이냐 아니냐의 여부에 상관없이 인간에 두었다; 학자들은 "사회과학"보다는 "국가학state sciences, 독일어 Staatswissenschaften"으로 종종 불리던 새로운 분과 학문들에서 제도를 다루었다. 그들은 이주민 "타자들"에게 열등한 특성들을 부여했다. 정치경제학자들은 이주 노동자들과 정주 노동자들을 생산 요인으로 다루었다. 인구계획 설계자들은 이주 유입을 촉진하거나 제한하는 정책을 구상하기 위해서 국민의 일부이지만 고용 가능성이 없는 "극빈자"들을 없애기 위한 계량적인 정보들을 원했다. 대부분의 연구들은 수용 사회들에서 이루어졌고, 대개 이주민을 사회 문제로 표현했다.

이주와 타지에서 온 사람들의 존재에 주목했던 자들은 대개 서유럽, 미국, 캐나다의 지역 및 지방 역사가들이었다. 지나칠 정도로 세세한 그런 역사들은 차고 넘치는 "중요하지 않은" 문제들로 폄하되었다. 그렇지만 실제 이주민의 삶들이 전혀 중요하지 않다는 것이 아니지 않은가? 지역 정보들과 개인 관련 정보들은 그들이 정주했든 이주했든 간에, 일반적인 남성과 여성에 대한 역사 서술에 핵심적이다. 19세기 역사가들은 단지 국가와 최상위의 정책 결정이나 정치 공방에만 관심을 두었기 때문에, 그들에게 "비국가적인" 이주민들은 중요하지 않았다. 한 국가의 서사를 쓰는 일은 제한적인 프레임을 강요한다—다른 곳에서 시작해 다른 곳에서 끝나는 사건들과 인간들의 삶은 거의 중요하지 않다.

❶ 1880년대에서 1950년대까지의 이론과 실제

이주에 관한 경험적 자료들이 다음과 같은 맥락들 속에서 정교하게 수집되기 시작했다. (1) 18세기 도시화와 유럽 국가들 내부의 이동성 증가, (2) 19세기 대규모 대서양 횡단 이주, (3) 20세기 중국 북부 지방 사람들의 만주 이주. 미국의 엔지니어 프레더릭 W. 테일러Frederick W. Taylor, 1856~1915에 의해 시작되었던 더 단순하고 더 반복적인 작업으로의 산업노동 분업은 숙련공의 필요를 감소시키면서 "비숙련", 저임금 남성 노동력과 여성 노동력에 대한 수요를 증가시켰다. 마찬가지로 플랜테이션에서의 대량 생산은 아프리카와 아시아의 자유 없는 노동자들의 비숙련화를 요구했다. 따라서 종종 이주는 이주하기 이전에 획득했고 고국에서는 유용했던 기술의 상실을 수반하고 있다. 왜냐하면 그러한 기술이 이주 이후의 새로운 일자리 시장에서는 쓸모가 없었기 때문이다. 대규모 이동은 경제 성장에 중요한 요소였지만, 이주민들에게서 이득을 취했던 중산층과 정치적 엘리트는 그것을 불안하게 보았다. 중산층 관찰자들은 낮은 보수를 받았던 이주민들과 가난한 정주민을 사회적 "문제들", 범죄 위험군, 또는 (완전한) 민족의 일원이 되기에는 부적절한 "위험한 계급"으로 한데 묶어 버렸다.

이주는 흔히 국경을 넘는 국제적 이동으로 연구된다. 그러나 유럽 내부에서는, 산업화된 중심지와 광산 지역으로 이동한 이주자들이 대서양 횡단 이주자들보다 훨씬 많았으며, 이들 대부분은 인접한 농촌 지역이나 먼 내륙 지역 출신이었다. 17세기와 18세기부터 중상주의 정책의 결과로 지역 정주 인구, 이주 나간 인구와 이주 들어온 인구, 그리고 그들의 생산 능력에 대한 정보 수집이 이루어졌다. 정교한 데이터 수집과 해석의 정교함 증가는 "다민족 국가"로 스스로를 정의했던 합스부르크 왕가의 사례에서 잘 연구되어 있다. 20세기 전환기 경제학자 레오폴드 카로Leopold Caro는 다음과 같은 통찰력 있는 주장을 했다. (나가는) 이주 정책의 부재에도 불구하고—유럽의 다른 제국주의 정부와 마찬가지로—새롭고, 공격적인 오스트리아-독일의 민족주의는 문화적으로 차별하고 정부 투자, 즉 일자리 창출을 민족적 핵심 지역에만 집중하면서 간접적으로 다른 문화권의 사람들과 주변인들을 이주 나가도록 강요했다.[1]

영국의 공장 노동력의 동원과 10년 주기의 인구 조사 자료들을 기반으로 사회지리학자 에른스트 G. 라벤슈타인Ernst G. Ravenstein은 농촌에서 도시로의 국내 이주민들을 연구할 수 있었다. 하지만 불행하게도 책 제목 『이주의 법칙들Laws of Migration』(1885)이 후속 세대 학자들로 하여금 그의 연구에 무관심하게 만들었다. 어쩌면 사회 현상들은 유형들을 따르지만 "법칙들"은 아니기 때문일 것이다. 영국 국내 이주에 대한 그의 해석은 이 시기 다른 유럽 사회들에도 적용된다. 원거리보다 근거리 이주가 훨씬 많다. 이주민들이 떠난 출발지의 "공백"은 더욱 멀리 떨어진 곳에서 들어오는 이주민들에 의해 메워진다. 이주민들은 수입을 가져다주는 직업을 제공하는 상업과 산업의 중심지를 목적지로 선택한다. 그리고 여성이 남성보다 더 많이 이동한다.[2] 유럽 전역에서 다음과 같은 관념이 국내 이주를 주목하게 했다. 농가는 "건강한" 사회의 토대로 간주되었던 반면, "무기력한" 산업 노동자들은 미심쩍은 생활 방식을 가지고 있다고 여겨졌고, 지배 계층에게 정치적 위협이 된다고 생각되었다.

19세기 말의 논쟁 범주로 인종이 민족과 계급에 더해졌다. 만약 생산 능력을 가진 국민들이 빠져나가는 것이 국가적 손실이라면, 그러한 이민은 근심을 불러일으켰고, 떠돌이 빈민, 전쟁에서 부상 입은 참전 용사, 미혼 여성, 고아와 같이 인구계획 설계자들이 "퍼내기" 원하는, 추측건대 비생산적인 "잉여 인구"의 나가는 이주는 환영받는 것이었다. 영국제국의 "제국 정주" 프로그램 안에서 관료들은 제국의 "유색인화된" 지역을 개선하거나 "백인화하기" 위해 그곳으로 "백인" 이주민들을 보냈다. 독일에서는 사회학자이자 정치경제학자인 막스 베버Max Weber가 동유럽인들, 특히 폴란드 이주 노동자들의 수요를 잘 이해했지만, 그들을 인종적으로 열등한 존재라고 평가했다. 프랑스의 이탈리아인들, 빈의 체코인들, 많은 사회들에서 동유럽 유대인들에 대해 각

민족의 학자들은 비슷하게 편향된 태도를 취했다. 이러한 "과학적" 인종주의는 수용 사회로의 이주민 통합 가능성에 영향을 크게 미쳤다. 이는 학계의 발표들과 본국의 이주 정책이 대개 연계되어 있었기 때문이다.

영국 내 개혁 성향의 학자들은 노동 계급이나 이주민들을 도우면서 **동시에** 그들의 생활을 연구하기 위해서 지자체가 잘 돌보지 않는 그들의 거주지에 정주하고 싶어했다—그 예가 런던에 있는 토인비 홀Toynbee Hall이다.● 이 "정주 하우스settlement house" 개념은 다른 나라들의 자료 기반 연구에 영향을 미쳤다. 이전에 자유로웠던 이주민들과 그렇지 못했던 강제 이주민들로 인종적으로 심각하게 분열된 미국에서 고학력의 중산계급 여성들은 빈민들을 "사회 문제"로만 낙인찍기보다 "사회적 조건들로부터 불거진 문제들"로 연구했다. 캐나다의 개혁가들처럼, 에디스 애보트Edith Abbott, 소포니스바 브렉킨리지Sophonisba Breckinridge, 플로렌스 켈리Florence Kelley와 그 외 많은 이들이 자료를 수집했다. 제인 애덤스Jane Addams와 시카고의 홀 하우스Hull House, 1889년 설립 거주 연구자들은 영토적으로 구획된 "종족 게토ethnic ghetto"로 여겨지는 것들이 사실은 혼종 지대라는 것을 이해했다. 그곳에서 다양한 문

● 토인비 홀은 1884년 영국 런던 이스트엔드에 설립된 자선 기관이자 커뮤니티 센터이다. 이곳은 대학 졸업생들이 빈민 지역 주민들과 함께 생활하며 교육과 사회봉사를 실천한 '세틀먼트 운동'의 대표적인 사례이다.

화권의 이주민들은 어우러져서 차별화된 사회적 공간들을 만들어냈다.³ 이주민과 빈민에 관한 자료들은 일반적으로 입법자들에게 개혁 법안 통과를 위한 정보를 제공할 목적이었다.

사회 개혁, 기독교 윤리, 그리고 신생 분과 학문인 사회학은 하나의 통합된 분야였다. 연구는 젠더화되었다. 여성들의 연구가 경험적 연구로서 오늘날까지 학계에 영향을 미치고 있는 반면, 모두 남성이었던 대학교수들은 이주민의 단점과 동화에 대해 논쟁했다. 시카고대학의 사회학파 남성들은 다음과 같은 것을 질문했다. "이주민들이 그들의 구세계 방식을 포기하려 할 것인가?" "정치적·사회적 구조에—추측이지만—위협이 되지 않기 위해서 그들이 변화될 수 있을까?" 영어를 사용하는 영국적 뿌리를 가진 세계에서는 의회 위원회들이 그러한 질의들을 전문가들과 여론 주도층에게 제출했다. 캐나다에서는 왕립 위원회들이 이탈리아와 아시아 출신 이주민들의 생활과 추정 결함을 조사했다. 미국 상원의 이민 위원회("딜링햄Dillingham")는 41권짜리 『보고서Report』(1911~1912)를 내놓았다. 성과 있는 중요한 수집 자료들은 이후 학계의 토대 자료가 되었던 반면, 자신들의 자료들에 대부분 근거하지 않은 위원회의 인종적 해석들은 폐기되었다. 영국에서는 경제사가 윌리엄 커닝햄William Cunningham이 민족주의적 시각의 한계를 피해 사회에 기여하고 생산하는 이주민을 연구했다. 『영국으로 들어온 외국인 이주민Alien Immigrants to England』

(1897)에서 그는 세계적 시각을 제안하며, 기술력 있는 이주민들을 불러들이는 "현명한 정책"을 요구했다. 그럼에도 불구하고 의회의 "외국인 이민" 위원회(1903)는 1905년의 (반)외국인 법을 결과로 내놓았다. 민족국가 정부들은 이주노동자들을 받아들이고 통합시키려는 경제 성장 정책을 지원하기를 원치 않았다.

시카고 사회학파의 로버트 E. 파크$^{Robert\ E.\ Park}$와 그의 동료들은 "동화"를 개인, 집단 그리고 사회가 공통의 문화를 획득하는 매개가 되는 침투와 융합으로 개념화했다. 그럼에도 불구하고, 확립된 제도들의 흡입력을 당연한 것으로 여겼고, 종족 집단들 또는 "인종들"을 발전이 덜 된 것, 고로 "여럿으로 이루어진 하나$^{e\ pluribus\ unum}$"라는 모토에 따라 사실상 백인, 앵글로색슨족(남성)을 의미하는 사회로 합치되어야 할 것으로 보았다. 그럼에도 당시의 맥락에서 파크는 개혁 지향적이었고, 그 시기 광적 백인 우월주의를 결코 추종하지 않았다. 그는 그 자신의 연구보다도 카네기재단의 "미국화" 시리즈물의 편집자로서 훨씬 더 영향력이 있었다. 출신지 문화의 특성을 버리고 새로운 주류 사회의 일부가 되는 것을 의미하는 "동화"는 1980년대 이후의 연구들에서 문화 접변, 순응, 삽입, 적응 등의 개념들로 대체되었다.[4]

작은 농촌 공동체 출신으로 남부의 대학 도시를 거쳐 시카고라는 대도시에 정착한 국내 이주자였던 문화인류학자 윌리엄 I. 토머스$^{William\ I.\ Thomas}$는 그 여정에서 세 세기를 통과한 듯한 느낌을 받았다. 문화인류학적 접근방식으로 그는 폴란드 이주민들의 생애사를 연구했고, 다른 동료들과 차별되게 언어적 능력 없이 타문화를 연구할 수 없다는 사실을 인정했다. 폴란드의 철학자이자 사회학자였던 플로리안 W. 즈나니에츠키Florian W. Znaniecki와 공동으로 그는 문화적으로 깊이 뿌리내려진 경험적 자료의 주관적 의미에 대한 개념을 발전시켰다. 그들은 출신지와 정착지 문화가 양면적으로 결합한 남성들과 여성들의 생애를 맥락화하는 이주민 문화에 대한 "생애사" 또는 전기적 접근을 주창했다. 이주민의 생애 연속성은 『유럽과 아메리카의 폴란드 농민*The Polish Peasant in Europe and America*』(5권, 1918~1920)에 자세히 설명되어 있다.

개혁 성향의 학자 공동체는 트랜스내셔널 성격을 띠며 대서양을 넘나들었다. 이 공동체 안에 있었지만, 그 일원은 아니었던 독일 사회학자 게오르크 짐멜Georg Simmel의 『이방인*The Stranger*』 논고는 미국의 로버트 파크에게 영향을 미쳤다.[5] 윌리엄 토머스는 러시아 학자들과 교류했는데, 그중에는 사회학자이자 이론가인 피티림 소로킨Pitirim Sorokin이 있었고, 이후 스웨덴 사회학자인 군나르 뮈르달Gunnar Myrdal과 알바 뮈르달Alva Myrdal과도 교류했다.[6] 미국학자들 가운데는 제인 애덤스가 영국의 사회개혁가들을 방문했다. 플로렌스 켈리는 차르제국의 사회 개혁을 위해 싸우려는 러시아 여성들이 공부하고 있던 취리히대학에서 공부했다. 그리고 "과학적 인종주의"가 슬라브족을 열등한 존재로 지목했고, 미국의 인종주의 집단들이 슬라브계의 배제를 위해 싸우고 있었을 때, 프랑스의 정치경제학자이자 사회학자였던 P. 에밀 르바쇠르P. Émile Levasseur와 같이 공부했던 에밀리 그린 발치Emily Greene Balch는 『우리의 슬라브 동료 시민Our Slavic Fellow Citizens』(1910)을 출간했다. 캐나다에서는 영국이나 프랑스의 연구에 영향을 받았던 많은 개혁가—사회학자—교육자들이 특정한 지역이나 도시의 이주민들에 대한 "응용 사회학" 연구서들을 간행했다.[7] 러시아에서부터 독일, 프랑스, 영국을 지나 미국까지 아우르며 새로이 등장하고 있던 사회과학 분야의 학자들은 사회 전체와 그 속에 살고 있는 이주민들을 이해하려고 시도했다.

제1차세계대전의 파괴 이후 북대서양 세계의 학문적 발전은 분화되었다. 민족주의 역사 서술이 같은 종족이 아닌 이주민 타자들을 인종주의적으로 분류하는 데서부터, 그들을 변방으로 강제 이주시키거나, 혹은—최악의 경우에는—말살 수용소로 이송하기까지는 단 한 걸음만 남아 있었다. 1880년대 중반 이래 외국인 노동력에 의지해야만 했던 독일에서는 인구학자 프리드리히 부르크되르퍼Friedrich Burgdörfer가 비독일인들의 추방을 옹호했다.[8] 영국에서는 러시아의 유대인 박해와 탄압을 피해온 동유럽 유대인 난민들로 인해 그들의 열등함을 확인시키는 "연구"가 이루어졌다. 『프랑스의 외국인Les Étrangers en France』(1932)에서 프랑스성이 자연적인 우월성을 함의하고 있다고 주장했던 조르주 모코George

Mauco는 이주 노동자가 마찬가지로 필요했던 프랑스에서 인구계획 설계사로서 파시스트 비시 정부와 1950년대 프랑스 공화국 시기 모두에서 영향력 있는 인물이 되었다.

반면, 폴란드인, 유대인, 독일인, 벨라루스인, 우크라이나인의 고향이자 해외 이민의 오랜 역사를 가진 폴란드에서는 1930년대 다언어 인류학자들이 중부 유럽 학계의 이동 경로를 반영했다. 바르샤바, 크라쿠프, 비엔나, 르보프/리비브/렘베르크, 라이프치히, 베를린, 파리, 그리고 몇몇의 경우 런던과 미국, 그리고 심지어 시베리아 유배지 등지의 대학에서 공부했던 그들은 대륙과 대서양을 횡단했던 이주민 인문학자 공동체의 일원이었다. 윌리엄 토머스는 이 단체와 관계를 맺었다. 크리스티나 두다-지비에지Krystyna Duda-Dziewierz는 민족문화의 발전과 이주의 트랜스내셔널 양상의 견지에서 농촌 마을에 초점을 맞추었다. 어떠한 계층들이 떠났고, 그들이 어떤 사회화된 특징들을 가져갔는지, 그리고 그들이 귀환했을 때 어떻게 농촌 사회가 변했는지에 주목했다. 폴란드인들—이탈리아인들도 마찬가지로—의 대량 이주는 그 목적지가 다양했고, 그로부터 디아스포라들이 생겨났다.[9]

1920년대와 1930년대 국제적 비교를 통한 중요한 통계 업적으로서 비당파적 전미경제연구소NBER, 뉴욕와 국제노동사무국ILO 이주분과(제네바)에서 일하던 월터 F. 윌콕스Walter F. Willcox와 임레

페렌치Imre Ferenczi의 2권짜리 『국제 이주International Migrations』(1929, 1931)가 나왔다. 그들은 해외 이주민들을 1년 이상 해외에 거주할 의도를 가지고 (국가와 식민지 사이의 경계를 포함한) 국가 경계를 넘어 대륙 내부 혹은 대륙 간에 거주지를 옮기는 자들로 정의했다. 저자들은 출발 국가, 경유 국가, 도착 국가로부터의 정보들을 통합했고, 노동 이주가 계급 의식을 포함하고 있으며 비자율적일 수도 있다는 것을 강조했다. 유럽 출신의 노동 "해외 이주민", "아프리카 출신의 노예 신분 해외 이주민" 그리고 "아프리카, 아시아, 폴리네시아 출신의 반자발적인 혹은 계약 고용된 해외 이주민"은 동등하게 다루어져야 할 필요가 있었다. 그들의 용어인 "프롤레타리아 대량 이주proletarian mass migration"는 지금까지 줄곧 사용되고 있다. 대서양 횡단 학자 공동체는 글로벌 통계학자 공동체에 의존할 수 있었다.[10]

폴란드에서의 연구와 세계 도처에서의 데이터 수집은 국가 중심 데이터 의존이 초래한 심각한 문제들을 부각시켰다.

1. 1795년 이웃한 세 제국들에 의해 분할되었던 폴란드인들과 유대인들과 로마인들Roma, "집시"과 같이 영토 없는 사람들은 자료에서 제외되었다.

2. 통계에서 "국적" 원칙은 다문화 국가 출신의 떠나거나 도착한 모든 사람들을 지배적인 민족 문화의 일원으로 바꾸어놓

는다.

3. 나가는 이주 중심의 집계 자료는 다방향적 이동을 반영하지 못한다. 마찬가지로 들어오는 이주에 대한 통계, 예를 들면 "중국인"들의 이주 통계는 지역문화와 지역어를 반영하지 못한다.

그러한 통계들은 특정 문화권에서 온 이주민들을 주류 종족 문화(또는 민족) 집단으로 통합시키고, 결국 문화적 차이를 왜곡한다. 이주에 대한 사회사적, 문화사적 연구는 가능한 한 자료를 분리할 필요가 있다.

대서양 세계 밖에서 이주 연구는 더디게 전개되었다―어떤 학자들은 식민지배가 독립적인 학술 활동을 늦추었다고 주장한다.[11] 1890년대에서 1937년 사이에 수천만 명의 북부 중국인들이 만주(1932년 이후에는 일본이 지배하는 만주국)로 이주했음에도, 교육받은 엘리트들은 이 "형체 없는 숫자들"에 주목하지 않았다. 반대로 (일본인들이 소유한) 남만주 철도회사는 1920년대와 1930년대에 자료 수집, 만주의 노동 수요 평가, 농민들과 그의 가족들을 내모는 상황에 대한 연구를 위해 사회과학자들을 고용했다. 경제학자인 헤 리안He Lian, 또는 프랭클린 호, 예일대 박사에 의해 설립된 톈진의 난카이경제연구소는 연구에서 중요한 역할을 했다. 미국의 프런티어 서사와는 다르게 이주민들은 "개척자" 혹은 "거친" 사람들로 정형화되지 않고, 스스로를 어려운 환경을 잘 견디는 단순하고 근면한 사람으로 여겼다. 1949년 이후 중화인민공화국에서는 노동자 계급과 농민 이주민들에 대한 관심이 단지 공산당의 승리를 위해 싸웠던 사람들에게만 집중되었다.[12]

대륙을 횡단하는 역사가들과 통계학자들은 이주민을 경제 분야와 자료 속에 편입시키는 것에 대한 세계적 시각을 발전시켰고, 사회개혁가들은 이주민의 생활 방식과 문화에 대해 트랜스내셔널 인문주의 시각을 선택했던 반면, 민족국가의 틀에 한정된 역사 학자들은 "민족에서 민족 집거지"로 환원하는 편협한 접근법을 취했다. 즉 이주민들은 (지역이나 계급이라기보다) 국가 영토를 떠나 종국적으로 종족적 게토에 이르게 된다는 것이었다. 그들은 새로운 사회의 문화와 제도에 잘 대처할 수 없어서 배타적으로 고국의 생활 방식을 고집했고, 결국 아일랜드 캐비지타운, 차이나타운, 리틀 이탈리아 등으로 스스로 떨어져나왔다. 이러한 관점의 전형적인 주장이 오스카 핸들린Oscar Handlin의 보스턴에 정착한 아일랜드 이주민들에 대한 연구, 『뿌리 뽑힌 사람들 *The Uprooted*』(1951)이었다. 이 제목은 유행어가 되었고, 알렉스 헤일리Alex Haley의 자기 아프리카 기원 찾기인 『뿌리*Roots*』(1976)에도 반향을 일으켰지만 "위대한 이주가 미국인을 만들었다"와 "들어온 이주민들이 미국의 역사였다"라는 원저자 핸들린의 인식을 반영하지는 못했다. 핸들린은 파시스트 독일의 강제 노동 수용소와 전쟁의 참혹함을 경험하고 온 "난민들"의 수용에 관한 치열

한 논쟁의 맥락에서 글을 썼다. 이들이 정말로 뿌리 뽑힌 자들이었다. 그러나 이들조차도 그들의 삶을 정착지에 맞게 새롭게 정립하기로 선택했다.[13] 반대로 캐롤린 웨어Caroline Ware의 『그리니치 빌리지Greenwich Village』(1935)는 1세대와 2세대 이민자들의 적응 연속성과 세대 간 문화 전이와 변화에 관한 공동체 연구였다. 웨어는 스스로 인문주의적 접근 방식을 취했다:

"첫째, 인간 상황을 연구하는 자는 연구 대상인 사람들과 제도들에 대한 근원적이고 진정한 존중을 가지고 우선적으로 그들의 관점에서 그들을 바라보려는 결의를 가져야 한다. 둘째, 모든 형태의 자료는 그 출처나 형식에 상관없이 증거로 간주되고, 모든 증거에 요구되는 검열과 비판을 거칠 경우, 문제에 대한 통찰을 제공할 수 있다."[14]

❷ 신고전학파 경제학과 푸시-풀 모델

대중 토론과 학계에서 "푸시-풀" 모델은 이주민의 이주 결정에 적용되었다. 저개발국의 경제는 사람들을 밖으로 밀어내고, 높은 임금과 생활수준의 국가 경제는 그들을 안으로 끌어당긴다. 이러한 도식은 복잡하고 다층적인 사회들과 상호문화적 환경들을 단순화한다. 이주민들은 제한된 경제적 선택과 강압적인 사회 질서라는 측면에서 떠날 것을 선택할 수도 있다. 그들은 수용 사회에서의 복잡한 사회 적응 과정과 노동시장 선택에 대한 정보를 구한다.

푸시-풀 용어를 환원적인 비용 편익 분석cost-benefit analysis으로 변형시킨 신고전학파 경제학자들은 농촌 지역이나 풍부한 노동력의 전체 저임금 국가들이 임금 노동자들에게 매력적이지 않다고 주장했다. 도시나 성장 산업을 가진 고임금 국가들과 비교되는 임금 격차는 '이주노동 시장'에서의 행위를 설명할 수 있다. 인간은 재화와 마찬가지로 수요와 공급에 따라 지역 간 경계를 가로질러 "거래된다". 결과로서 생산 요소 가격의 평준화는 차이를 줄이게 되고, 따라서 이주 역시 감소시킨다. 이러한 접근법은 1950년대와 1960년대 개발도상국과 농촌-도시 이주에 대한 서구의 우려에 대한 답으로서 등장했다.[15] 그것은 이주 "물결", 특별한 경제적 특징들을 지닌 이주민의 적응 형태들, 그리고 수용 사회 경제에 대한 이주민의 영향을 예측할 수 있다고 여겨졌다.[16]

이러한 소득 중심의 모델은 경제학 내부에서 비판을 받았다. 왜냐하면 그것이 생활수준과 식비, 주거비를 소홀하게 다루었기 때문이다. 신고전학파 경제학은 정량화할 수 있는 자료들이 존재하는 생산에 중점을 두며, 소비 비용과 가정 경제를 소홀하게 다루었다. 왜냐하면 1960년대에 그것에 대한 자료의 존재가 인정되지 않았기 때문이다. 그런데도 돌아갈 여력이 없는 이주민들 대부분은 그들 계급에 특화된 임금 수준과 생활비를 기준으로 결정을 내린다. 고전적인 젠더 노동 분업 아래서 이주민들은 (남성들의) 임금 수입을 (여성들의) 신중한 비용 관리를 통해 보충하고, 부족한 재정 수입을 가정 내 생산 활동으로 대체하고, 가족의 비정기적 노동으로 수입을 보탠다. 신고전학파 경제학자들의 포커스가 되는 "남성 생계 부양자들"조차도 "빵 가격이 얼마였을까?"라는 질문을 던졌을 것이다. 많은 문화에서 노동 이주는 포괄적으로 "생계형 이주"였다. 20세기 후반, 돌봄 노동자, 가사 노동자, 간호사로 일하기 위해 이주한 여성들의 경우, 젠더 역할이 역전될 수도 있지만, 소득과 지출의 비교는 여전히 이주자들이 고려해야 할 것들 중 하나로 남아 있다.

이러한 비판에 대한 대응으로 신고전학파 경제학자들은 미시적 의사결정 과정을 포함하도록 거시적 접근법을 개선하고 합리적 선택이라는 접근법을 골랐다. 이러한 합리적 선택의 관점에서 잠재적 이주민과 실제적 이주민은 이주 비용을 인적 자본 투자로 보고 수입 극대화의 기준에 따라서 그들의 목적지를 선택했다. 이러한 이주 비용의 상세한 계산 접근법은 서사적인 역사가들의 모호한 이야기들과는 구별되었지만, 이주민 남성들과 여성들은 단순히 수입 극대화에 따라 행하기보다 여러 합리성들을 조율했다.

1950년대와 1960년대 합리적 선택의 학문적 주창자들은 개발도상국 사회에서 다음과 같은 사실을 인정해야만 했다. 도시에선 높은 실업률로 직업을 찾거나 유지하기조차 어렵고 농촌에서는 가족을 부양할 수 있는 수입을 얻을 수 있는데도 농촌에서 도시로의 이주가 일어났다는 것이었다. 경제학자들은 이주민의 장기적 기대에 대한 차별화된 계산으로 답하며 이주 결정의 결과를 추정했다. 이러한 분석은 "휘황찬란함과 많은 오락거리"라는 도시 이동에 대한 상투적인 생각을 대체했다. 하지만 이러한 분석 속에 너무 적은 선택의 변이형들이 포함됨으로써, 합리적 선택들—이제는 복수형—에 대한 믿음은 다시 약화되고 말았다. 사람들은 각양각색의 위험 분산, 가족 계획, 개인적 생애 과정 기대, 감정적 요소들, 출발지의 강압적인 (하지만 정량화할 수는 없는) 조건들, 그리고 (미래) 자녀들의 삶에 대한 세대 간의 열망 사이에서 타협하고 있는 것이다. 그럼에도 경제학적 접근들은 뿌리 뽑힘과 문화 보존이라는 두 고정관념 모두를 버리는 데는 도움을 주었다. 그렇지만 방법론적 간극을 고려할 때, 경제학자들과 사회사가들은 서로의 작업을 인용하기 어렵다.[17] (이주 경제학의 최근 발전에 대해서는 5) 이주 유형별 연구의 세분화를 참조.)

❸ 1930년대에서 1950년대
트랜스컬처레이션의 혁신적 개념들

영국의 지식인 이스라엘 쟁윌Israel Zangwill의 동명 드라마에서 전형화된 미국의 멜팅 팟 이데올로기[18]와 미국화 정책의 전성기에 대중적 지식인이었던 랜돌프 S. 본Randolph S. Bourne은 "아메리카는 민족성이 아니라, 다른 나라들과 함께 각양각색의 실들을 이리저리 엮는 트랜스내셔널 민족성을 띠게 될 것"이라고 보았다. 어떤 민주 사회도 이주민들의 민족 자결과 문화적 표출의 "첫번째 징후를 보고 패닉 상태에 빠질" 필요는 없으며, 호레이스 칼렌Horace Kallen이 개념화한 "문화 다원주의"에 따르면, 국가들은 민족성들의 연합체이지 단일한 문화를 지닌 민족들이 아니라는 것이다.[19] 그럼에도 불구하고 매디슨 그랜트Madison Grant의 『위대한 인종의 소멸The Passing of the Great Race』(1916)에서 표현된 것과 같은 인종차별적 관점이 훨씬 강력한 것으로 판명났다. 미국 정부는 1917년 유럽에서 온 이주민들에 대한 배제 정책을 도입했다.

백인 대서양 중심부 밖에 위치한 브라질, 쿠바 그리고 캐나다에서는 1930년 이후 정교한 이론화 작업들이 이루어졌다. 컬럼비아대학교의 문화인류학자 프란츠 보아스Franz Boas의 영향을 받았던 브라질의 사회학자 질베르투 프레이리Gilberto Freyre는 유럽과 아프리카 출신의 이주민과 원주민의 혼종mestiçagem이 종족 형성

과정에서 문화적으로 풍요로운 새로운 민족을 형성했다고 주장했다. 반대로 인구 계획자들과 "인종 위생학"의 주창자들은 추정컨대 순수하다는 인종들의 "잡종화mongrelization"를 비난하며 라틴 아메리카 사회들의 "백인화"를 위해 유럽에서 이주민을 유치하는 정책을 요구했다. 권력 관계 안에서 아프리카계 브라질 노예와 포르투갈계 브라질 주인의 삶이 불가분하게 연결되어 있다는 프레이리의 시각은 이후 조화롭고 온정적인 다인종 사회를 확립하는 데에 식민지배자들의 능력을 너무 긍정적으로 보고 있다는 비판을 널리 받았다. 그럼에도 권력을 갖지 못한 이민자들과 권력을 가진 이민자들 모두에 의해 건설된 개척 사회라는 그의 개념은 중요한 이론적 혁신이었다. 아르헨티나의 지노 제르마니Gino Germani는 『아르헨티나의 사회 구조*Estructura social de la Argentina*』 (1955)에서 유럽 이주민들의 문화 접변뿐만 아니라 산업화 시기 농촌 지역에서 도시 지역으로의 국내 이주를 논했다.[20]

쿠바의 다문화 사회에서는 페르난도 오르티스Fernando Ortiz가 1940년에 경제, 제도, 법, 윤리, 종교, 예술, 언어, 심리, 성 등 인간 삶의 여러 양상에서 트랜스컬처레이션transculturation 개념을 발전시켰다. 그는 권력 위계 내부의 융합이라는 경험적으로 신뢰할 만한 개념에 도달하기 위해서 원주민들, 이베리아인들, 다른 유럽인들, 아프리카인들의 문화를 월로프족, 카탈로니아인, 제노바인, 유대인, 시보니족, 광둥인 등으로 세분화하였다. 프레이리처럼 오르티스도 이베리아반도를 유럽과 아프리카를 잇는 가교, 즉 문화들이 상호작용했던 공간으로 보았다.[21] 브로니슬라브 말리노프스키Bronislaw Malinowski[22]도 연구했던 트랜스컬처레이션 개념은 새로운 문화들의 창조를 강조한다. 이 문화들은 그것의 모든 기여자들의 이주 이전 관습의 양상을 포함하고 있지만, 실제로는 그것과 다른 새로운 것이다. 비슷하지만 훨씬 젠더화된 접근들이 이후 18세기와 19세기 캐나다 모피 무역에서의 원주민과 프랑스인, 원주민과 스코틀랜드인의 혼혈뿐만 아니라 인도양 무역 소수민족 거주지들에서의 포르투갈인과 아프리카인, 포르투갈인과 아시아인의 혼혈을 이해하는 데 이용되었다.[23]

1946년과 1947년경 영어로도 번역된 프레이리와 오르티스의 연구들은 다시 읽기가 일어난 1970년대 전까지 북대서양 학계에 수용되지는 못했다. 캐나다 몬트리올의 이중문화적 맥길대학교의 에버릿 휴스Everett Hughes와 헬렌 맥길 휴스Helen Mcgill Hughes—이 둘 모두는 시카고대학교에서 공부했다—는 수용 사회가 문화 접변에 대한 단일한 모델을 제공하지 않는다고 주장했다.[24] 경험에 근거한 이 모든 분석들과 이론들은 민족국가의 단일 민족성 이데올로기에 도전이 되긴 했지만, 당시로서는 주류 서사를 이길 수는 없었다.

1920년대와 1930년대 더 두드러진 발전으로 프랑스의 식민지에서 프랑스로, 인도에서 영국으로 간 유학생들과 지식인 이주민들이 식민지배자의 권력, 중심지와 식민지 사이의 이주, 상호작용, 피지배 서발턴의 전복 전략의 측면에서 상호문화적 융합과 저항을 개념화했다. 1930년대 파리에서는 세네갈 출신의 레오폴드 상고르Léopold Senghor와 마르티니크 출신의 에이메 세제르Aimé Césaire가 "네그리튀드négritude" 개념을 통해 백인과 흑인의 반목을 해결하려고 시도했다. 이 개념은 인종적 별칭인 "네그르nègre, 흑인"를 연구 과정에서 긍정적인 의미로 바꿈으로써 프랑스어를 아프리카 문화를 찬양하는 데 사용했다. 이 둘은 역시 마르티니크 출신 폴레트 나르달Paulette Nardal의 흑인 작가 네트워크를 통해 파리에 지부를 가지고 있던 할렘의 아프리카-카리브와 아프리카-아메리카 문화 저항 조직의 영향을 받았다.[25] 알리운 디오프Alioune Diop는 그의 영향력 있는 학술지 〈프레장스 아프리켄느Présence Africaine〉(1947년부터)에서 서아프리카의 노동 이주민 1세대들이 프랑스 산업을 위해 모집되었을 당시 프랑스 인류학자들과 지식인들과의 대화에서 아프리카적 표현의 가치를 주장했다. 영국에서는 인도 출신 유학생들이 같은 역할을 맡았다. 후에 백인 학자들이 서아프리카의 초기 네덜란드와 포르투갈 상인들과 중국의 예수회 선교사들의 여행 기록들을 다시 읽었을 때, 그들은 이 여행자들이 이 사회들의 교양과 학문 수준에 깊은 인상을 받았다는 것을 깨달았다. 미개-문명의 이분법은 19세기 민족주의 역사가들과 문화인류학자들이 고안해낸 것이다. 1930년대와

1940년대 노동자들과 지식인들의 이중 이주는 송금과 귀환 이주를 통해 본국으로 파급되어, 유럽인들의 문화적 귀속 범주에 도전이 되었다. 유럽인들의 자기 우월성에 대한 이주민 지식인들의 비판적 분석들은 독립 운동과 탈식민주의적 이주에 영향을 미쳤을 것이다.[26]

❹ 현대 이주 유형학에 대하여[27]

1990년대 이래로 이주에 대한 광범위한 역사 서술은 자유에서 강제에 이르는 스펙트럼 안에서의 이주 결정들과 궤도들, 지역에서 대륙 간을 가로지르는 지리적 공간, 그리고 계절에서 평생에 이르는 의도된 이주 기간을 분석한다. 따라서 각각의 경험적 적용에서 젠더화할 필요가 있는 이주의 유형학은 다음과 같은 것을 포함한다.

· 나가는 이주와 들어오는 이주에 대해 국가가 제한한 틀 안에서 자신들의 소망과 생애 계획에 따라 언제 떠나고, 어디로 갈지를 결정하는 자유로운 이주민들.
· 종종 경제적 제약 아래서 떠날 것을 결정하는 노동 이주민들, 프롤레타리아 대량 이주들과 현재의 남북 이주들의 전통적 "자

유" 이주민들.

· 가난 때문에 여러 해 동안 자신들의 노동을 팔아야만 하는 계약노동 이주민들(유럽과 아시아의 고용 하인들).

· 일생 동안 허드렛일을 하는 노예가 된 강제 노동 이주자들(대서양 세계의 아프리카 노예들), 서비스와 지적 노동을 하는 노예들(인도양 세계의 아프리카인들과 다른 곳의 사람들), 자신들의 의지와 무관하게 삶의 일정 기간 동안 구속된 자들(아파르트헤이트 아래의 남아프리카공화국), 불특정한 시기(나치 독일, 일본제국, 스탈린 지배하의 소련)에 노동 수용소로 납치되거나 수용된 사람들.

· 정치적 비관용(추방)과 종교적 비관용(종교적 난민)에 의해, 또는 종족적 혹은 젠더에 근거한 불평등과 같은 다른 이유들로 쫓겨난 비자발적인 이주자들.

· 전쟁과 다른 폭력으로 인한 난민들.

· 자연재해든 인재이든 환경적 재앙에 의해 쫓겨난 사람들.

출발, 목적지, 그리고 체재 기간 등에 대한 결정은 상대적인 자유에서부터 다양한 형태의 제약들과 강압을 거쳐 강제에까지 이르는 연속선상에서 가장 잘 개념화되었다. 대서양과 태평양을 횡단했던 19세기 이주민들과 제3세계에서 제1세계로 들어오는 21세기 전환기 이주민들은 "고향"에서의 생애 계획과 생존을 할 수 없게 만들었던, 그리고 여전히 그렇게 만들고 있는 **경제적**

조건의 제약에도 불구하고 "자유로운" 결정을 내렸고, 여전히 내리고 있다. 여성들의 결정은 젠더화된 역할과 구속으로부터 더욱 제약을 받았다. 아이들은 일반적으로 친구들과 다른 가족들과 떨어지는 것에 불평했음에도 그들의 부모를 따라야 했다. 따라서 사람들은 기껏해야 관계의 틀에서, 최악의 경우는 큰 제약 아래서 "자유로운" 결정을 내린다. 강제 이주자들, 난민들, 망명자들은 정치적, 종족 인종적, 젠더적, 그리고 기타의 박해 아래서 아니면 국가 내부 혹은 국가들 사이의 복지, 사회적 배척, 종교 근본주의적 압력, 그리고/혹은 전통에 얽매인 정체 등의 이유로 떠난다. 일반적으로 난민들은 출생지 사회의 상황이 개선되면 돌아가기를 희망한다. 강제 이주자들은 군대, 경찰, 또는 민간 사업자들—강제 노동자 사냥꾼이나 노예 사냥꾼, 성매매 관련 인신매매범들—에게 쫓겨 그들의 사회적 환경에서부터 축출되었다.

이주는 단거리, 중거리, 혹은 장거리일 수 있다. 장거리 이주는 익숙한 직업이나 문화적 환경들로 이어지곤 한다. 인도양의 해항 도시들은 비슷한 노동 관행과 교역 규범을 공유하는 대양 횡단 상업 이주 네트워크의 일부였다. 다른 대륙으로 일하러 간 젊은이들은 대개 땅을 파고 삽질하는 기반 시설 구축 프로젝트인 토목 공사장에서 일하며 이주민 동포 사회 안에서 살았다. 반면 지리적 근접성이 반드시 문화적 근접성을 의미하지는 않는다. 지구상의 어느 농촌 지역에서 가까운 마을이나 도시의 가사 노동을 위해 이주하는 젊은 여성들은 농촌 혹은 소도시 생활에서 도시 중산층 고용주와 함께하는 생활로의 전환에 직면하게 된다. 과거 더 먼 거리는 수송과 시간 때문에 높은 여행 경비를 의미했다. 하지만 비용은 또한 교통 수단에 따라 달라졌다. 육상 여행은 해상 여행보다 일반적으로 더 비용이 들었다. 이주와 적응의 패턴은 1870년대 증기선의 도입으로, 그리고 1950년대 중반 항공 여행으로 다시 한번 시간적으로 단축되었다.

의도한 기간에 따라 이주는 계절적, 연간, 다년간, 직장 생활 기간 동안, 또는 영구적일 수 있다. 전 세계적으로 남성들과 여성들은 때때로 아이들을 데리고 계절에 따라 계속 수확 작업과 식품 가공을 위해서 이주하거나 일시적으로 광산과 유전으로 이주하고 있다. 다년간의 이주들은, 그것이 18세기 동인도 회사이든 20세기 후반의 거대한 컴퓨터 회사이든 국제적으로 활동하는 회사의 먼 지사로 옮기는 것이나 서비스 노동자들이 부족한 사회에서의 유아, 아동, 노인을 돌보는 일을 포함하고 있다. 사람들은 기술에서나 대학에서 추가적인 경험들을 얻기 위해서 혹은 가족 사업의 지점을 설립하기 위해서 혹은 수입 창출의 이유로 다년간의 이주를 감행한다. 잠재적 이주민들은 종종 단지 몇 년간만 머물 것을 계획하지만, "고국"의 열악한 노동시장과 수용 사회로의 적응이 그들의 체류를 연장하게 만든다. 다른 이들은 "무심코 영주" 이주민으로 적응하고 머물게 되는 반면, 귀환을 원하던 어떤 이들은 "마지못해 영주" 이주민이 된다. 왜냐하면 고국 사회의 조건들이 귀환하기에 썩 내키지 않기 때문이다.

❺ 이주 유형별 연구의 세분화

역사 서술과 사회과학이 더 하위 분야들로 분화되면서 다양한 이주 유형들이 다양한 학문 분과 안으로 들어갔고, 다양한 분석적 개념과 방법으로 연구되었다. 횡대서양적 관심을 지닌 학자들은 "자유" 이주를 다루었고, 횡대서양 노예제의 역사는 별개의 분야로 남아 있었고, 아시아 계약노동자들 또한 다른 하위 분야를 형성했고, 난민들은 추가 분야로 분리되었다. 국내 이주자들은 국제 이주자들―그들이 종종 동일인임에도 불구하고―과 구별되어 다루어졌다. 공적 담론 속 개념과 용례에 내포된 규정짓기는 더욱 높은 장벽을 만들었다: "자유" 이주민들―맹목적으로 유럽인들을 가리키는 개념―은 정치적 자기 결정권을 가지고 있다. 노예들―암묵적으로 아프리카인들―은 주도력과 지성이 부족하다. "쿨리들"―암묵적으로 아시아인들―은 타락한 삶을 영위한다. 이러한 이미지는 속박 체제와 강제 이주와 연관되었다기보다 고국 문화와 피부 색깔에 투영되어 나타난 것이다:

열등한 아프리카 사회, 원시 "인디언" 사회, 또는 쿨리를 만들어 내는 아시아 사회. 이름 붙이기의 복합성은 자의적으로 계약된 또는 인신매매된 아시아 노동자들을 나타내는 말 "쿨리"에서 분명하게 드러난다. 백인 자본가들과 노동자들은 저임금과 멸시를 받는 남성들(과 여성들)을 나타내기 위해 이 개념을 사용했다. 중국 노동자들에게 "쿨리"는 "쓰라린 강인함"을 의미했고, 타밀인에게 그것은 "천한 일에 대한 임금"을 가리켰고, 구자르티인 gujarati의 의미 부여에서 그것은 쿨리 부족 일원을 나타내는 것이었다. "쿨리"를 인도양 노동 이주민들을 나타내는 개념으로 일반화하는 것은 이주민의 대다수가 계약 없이 이주했다는 사실을 감추어준다. 학자들은 연구 대상이 되는 사람들에게 상처 주지 않기 위해서 개념들을 조심스럽고 섬세하게 구성해야 할 필요가 있다.

우리는 역사 서술 분야의 서로 다른 연구 과제들을 논하기 위해서 이주민들의 세 유형들을 선택한다: 아프리카-대서양 노예들, 아시아 계약노동자들, 그리고 난민들(1820년대까지 유럽 이주자들의 2분의 1에서 3분의 2가 고용계약을 맺고 미국에 왔다는 것을 상기하자).[28]

아프리카 노예들과 자유 이주민들의 문화들은 브라질에서 벨리즈를 지나 미국 남부에 이르는 아메리카 플랜테이션 사회에서의 상호작용에 대한 프레이리와 오리티스의 이론화에 영감을 주었다. 반대로 미국에서 인종적 열등함을 규정짓던 것은 1960년대 인권 투쟁의 영향으로 비로소 폐지되었다. 케네스 M. 스탬프Kenneth M. Stampp, 1956는 노예 제도에 대한 완곡한 표현인 "특별한 제도peculiar institution"를 학자들이 수용하면서 생긴 재앙적인 결과를 보여주었고, 스탠리 엘킨스Stanley Elkins, 1959는—그들의 아프리카 출신 성분이 아니라—노예 제도 자체가 어떻게 노예 남성들, 여성들, 아이들의 삶과 마음을 뒤틀리게 하는지를 물었다. 인종주의의 눈가리개가 없어지면서 학자들은 아메리카 대륙의 노예 사회들을 비교하고 강제 이주를 정량화하기 시작했다. 대략 1천 2백만 명의 노예들이 강제 이송되었는데, 일단 중간 항로에서 무사히 살아남았다면, 아메리카 대륙의 접촉 이후 사회를 건설한 일원이 되었다. 노예 무역의 아프리카 측면에서는, 인간들에게 행위 주체성을 부여하는 것이 책임을 지우는 것을 의미했다. 남성 중심의 연안 전투 국가들은 유럽 무역상들에게 노예를 공급했다.[29] 비교 접근법으로 미국 남부, 카리브 지방, 브라질의 노예제와 노예의 삶들이 분석되었다.[30] 다른 연구들은 아프리카 내부와 인도양 세계—수치에 관한 논란이 계속되는 지역—로의 노예 이주를 다루고 있다.[31] 1970년대에 학계는 대서양 세계에 대한 아프리카 디아스포라의 영향에 주목했다. 그러나 이 주제가 보다 폭넓고, 심지어 공적인 논의로 자리잡은 것은 1993년에 『검은 대서양The Black Atlantic』이 출간된 이후였다.[32]

아프리카와 아시아의 학계가 어렵게나마 식민주의자들의 통제로부터 독립적으로 발전하는 동안 태평양 세계는 "서구" 학계 학자들의 사상으로부터 더 멀리 벗어났다. 영국제국 역사학파는 인도양 무역과 사회들을 연구했다. 1900년대 초, 앵글로-북아메리카 시각에서 아시아는 연구할 만한 문화적 중심지라기보다 단지 하나의 시장으로만 보였다. 초기 학문적 자극들은 오스트레일리아—영국제국의 중국 강제노동자들에 대한 펠시아 C. 캠프벨Persia C. Campbell의 연구—와 동남아시아와 그들 출신지 공동체에 대한 중국 이주민들의 영향에 대한 중국 학자 타 천다陳達 Ta Chen, Da Ch'en의 연구에서부터 나왔다.[33] 1950년대 경험적 연구는 방해를 받았다. 중국은 1949년 공산주의 국가가 되었고, 미국에서는 태평양관계연구소—태평양권 국가들의 상호 이해 증진을 위한 비당파적 비공개 포럼—가 의회의 냉전 조사에 굴복했다. 1940년대부터 1960년대까지 주로 영국과 독립한 인도에서 출간된 연구들[34]과 필리핀, 피지, 말레이시아로의 자유 이주[35]와 강제 이주를 포함한 연구 분야 확대 이후 휴 틴커Hugh Tinker의 1974년 방대한 조사는 "제2의 노예제"에 대한 분석의 방향을 설정했다.[36] 그 이후 연구들이 급증했다. 얀 브레먼Jan Breman과 발렌타인 다니엘Valentine Daniel은 세밀하게 "쿨리"의 경험과 정체성은 물론이고 지역적 친밀성에서부터 일반적 강제노동자에 이르는 문화적 말살 과정까지 분석했다. 어떤 학자들은 계약 아래서는 카스트, 계급, 관습이 효력을 잃고, 일단 계약에서 자유로워진 남성들과 여성들은 다시 그러한 구속으로 빠지는 것을 피할 수 있었다고 주장한다. 가장 포괄적인 연구서는 데이비드 노스럽David Northrup의 『제국주의시대 계약노동Indentured Labor in the Age of Imperialism』이다.[37]

아프리카 노예들, 아시아 계약노동자, 유럽의 계약직 하인의 이주와 경제적 압박 속에 있던 유럽인들의 출발은 플랜테이션, 광산, 공장 소유자들에 의한 노동 수입의 글로벌 체계 속에서 종종 각각의 목적지를 설정했다. 그러나 노예 제도의 폐지가 임박했던 1800년 이후에야 카리브 지역과 하와이의 플랜테이션 농장주들은 다양한 출신지의 노동력을 시험하게 되었다. 그들은 아시아 노동자들을 "시험적인 송출" 방식으로 주문했고, 노예제 폐지를 미뤘으며, 영국 국회에 노예제 이후 반쯤 구속적인 수습 기간을 집어넣게 했으며, 유럽 노동자들을 이주하도록 장려했고, 남녀 비율과 미혼 남성 노동 이주 대 가족 노동 이주의 바람직함에 대해 토론했다. 노동 수입 사회에서 인도 출신의 자립적인 "승객" 이주자들은 자신들의 목소리를 낼 수 있었지만, 이것이 서구 이주 역사 서술의 일부가 되지는 못했다.[38] 1970년대부터 지역적으로 특화된 연구가 이주의 상호작용들과 자본주의적 이주 노동자 관계에 대해 고찰하게 되었다.[39] 아메리카와 전 세계적 플랜테이션 사회들에 대한 최근의 연구들은 노예들과 노예

소유주들이 강제 이주민과 자발적인 이주민으로서 어떻게 사회를 만들어갔는지를 분석한다.[40] 노예들과 계약노동자들이 만든 세계와 플랜테이션 농장주들과 광산주들이 살았던 세계는 서로 엮여 있었다.

노예들과 강제 노동을 하는 다른 남성들과 여성들, 난민들은 준비 없이 도착하고 협상력이 거의 없어서 자신들의 삶을 재건하기 위해 차별적인 조건의 노동시장에 진입해야 했다. 유럽과 동지중해 지역에서는 다민족 제국에서 단일 문화의 민족국가로의 갑작스러운 변화가 민족들의 "분리$^{un\text{-}mixing}$"와 두 번의 세계 전쟁 시기 동안 그리고 그 이후의 거대한 난민 세대의 발생으로 이어졌다. 1945년 이후의 홀로코스트에 대한 도덕적 혐오와 홀로코스트 연구들은 난민 연구들을 지난 수십 년 동안 구석으로 밀쳐내버렸다.[41] 회고적 작업들은 16세기 이래 기독교 세계의 종교적 난민들[42], 오스만제국 멸망 이후의 무슬림들과 기독교 정교 신자들의 분리를 다루었다. 1918년 당시 자신들의 국가를 보장받지 못했던 아르메니아인들의 강제 추방과 제노사이드에 가까운 참사, 그리고 쿠르드족의 강제 이주는 1970년대에 들어서 비로소 주목받기 시작했다.[43] 제2차세계대전 이후 미국, 캐나다, 오스트레일리아는 유럽의 많은 이주민들을 불안정한 조건의 노동을 위해 동원했다. 그러나 중국과 아시아 다른 지역에서의 전쟁 시기 일본 난민 세대에 대한 포괄적인 연구는 존재하지 않는다.[44] 탈식민화된 세계의 난민 세대에 대한 분석은, 예를 들어 영국과 캐나다에 있는 난민연구 센터들에 의해 이루어졌다. 독일어권 학자들뿐 아니라 아리스티드 졸버그Aristide Zolberg와 그의 협력 학자들은 잠정적인 개요를 내놓았다. 유엔고등난민기구는 자료집과 정책 권고안을 출간했고, 1980년부터 사설 미국난민위원회USCR가 매년 『세계난민 실태조사 보고서』를 발표했다.[45]

❻ 1970년대 이래 새로운 연구들: 세계 체제, 가족 경제, 노동시장

많은 이주 유형들의 관점에서 포괄적인 이주 이론은 나오지 않았고, 연구는 지역, 이주민들의 피부색과 지위, 사회 구조의 다양성에 따라 분화되었다. "미국으로의 이주"라는 19세기 말의 서사적 도식과 1950년대 외견상 단일한 제3세계에 대한 강조는 모두 퇴조했다. "자유" 이주에 대한 줄리어스 아이작Julius Isaac의 이론화(1947)는 경제 자유주의의 기본 모순을 극복하지 못했다. 시장의 자기 조정력은 노동시장에는 적용되지 않고, 노동시장들 간의 이주에 대한 국가의 규제는 자명한 것으로 간주되었다. 1960년대에 에버렛 리Everette Lee와 존 아처 잭슨John Archer Jackson은 포괄적인 해석 틀이 결여된 비교 자료들로 일반화를 시도했다.

브린리 토머스Brinley Thomas의 『이주와 경제 성장Migration and Economic Growth』은 연구 문헌에 대한 훌륭한 요약을 담고 있지만, 일반 이론은 없다.[46] 1970년대 말에 전 세계 많은 곳의 이주를 다루면서 다양한 방법론과 이론을 사용한 첫 선집이 등장했다.[47] 하지만 1990년대 말에 가서도 얀 뤼카선Jan Lucassen과 레오 뤼카선Leo Lucassen은 조심스럽게 그들의 최근 접근법들을 모은 선집에 "이론"이라기보다는 "새로운 관점들"이라는 제목을 붙였다.[48]

1970년대부터 새로운 이론적·방법론적 접근법들이 생겨났다. 라틴아메리카가 그 중심에 있는 세계 체제 이론은 종속 이론, 즉 라틴아메리카 경제를 북반부의 더 강력한 경제 주체들에게 종속된 것으로 분석한 이론에서 그 해석 틀을 가져왔다. 신경제학과 노동시장 분절 이론segmented labor market theory은 신고전주의 경제학적 접근들을 개선하려는 시도였다. 사회적·개인적 인적 자본에 대한 연구를 포함하는 행위 주체성에 대한 강조와 네트워크 이론은 의사 결정과 경험에 초점을 맞추었다. 끝으로 트랜스내셔널리즘transnationalism, 트랜스컬처럴리즘transculturalism과 트랜스리저널리즘transregionalism 등의 개념들이 집중적으로 논의되기 시작했다.

거시적 차원: 세계 체제론

1974년 임마누엘 월러스틴의 『근대 세계 체제*The Modern World System*』는 글로벌 경제 발전과 이주에 관한 논쟁을 촉발시켰다. 세계 체제론은 16세기부터 세계 시장이 강력한 자본주의적 "중심" 국가들로부터 "반주변부"를 통해 "주변부"로 확산되었다고 주장한다. 광물과 같은 원자재 분포, 그것의 발굴 비용, 플랜테이션 농업, 산업 작물 등의 지역적 불평등은 주변부 간의 이주로 이어졌다. 19세기 후반에 이르면 자본화되고 기계화된 농업은 인력에 의지하던 농장들보다 비용 면에서 훨씬 효율적이 되었다. 따라서 소농장의 가족들은 "잉여" 노동력으로 변모했고, 이러한 경제적 환경에 의해 어쩔 수 없이 돈벌이가 되는 지역으로 이주해야 했다. 물론 이러한 학문적 종합에 앞서 선행된 것은 1826년 이후 독립한 라틴아메리카와 카리브 사회와 북서대서양의 구 식민종주국 세계 사이의 불평등에 대한 (안드레 군더 프랑크André Gunder Frank 등에 의한) 분석, 그리고 탈식민화 과정에 있던 아프리카 세계의 경제학자들과 이전 자본주의적 구 식민 종주국 중심부의 경제학자들 간의 교류였다. 그 결과인 "종속 이론"은 불평등 무역 협정, 저개발, 권력 관계를 다루었다. 페르낭 브로델Fernand Braudel은 보통 사람들의 삶에서 출발해, 더 넓은 경제적 맥락 속에서 지중해 세계의 종속과 상호의존을 연구했다. 유럽·북대서양중심주의적 시각을 비판한 재닛 아부-루고드Janet Abu-

Lughod는 13세기와 14세기 아시아·아프리카·유럽 세계의 분명한 무역 경로를 강조하면서 세계 체제론을 분화시켰다.[49] 20세기 후반 사스키아 사센Saskia Sassen은 금융 중심지로서 메트로폴리스와 착취 이주 노동의 연관성을 강조한다.

세계 체제론에서는 이주가 자본주의적 시장과 생산이 주변부 사회에 침투하면서 일어난다. 투자는 지역 인구의 이동을 가져오고, 국내 이동과 국제 이동이 자본과 재화의 흐름을 반영하지만, 그 흐름의 방향에는 역행한다. 문화적 이유(언어, 교육, 커뮤니케이션, 교통 연결망)에서 이주는 예전의 식민지에서 예전의 식민지 지배국 방향으로 일어난다. 이주 규모를 축소하려는 목적지 국가의 시도는 이주민 출발 국가 국민을 위한 안전망을 줄이는 세계은행과 국제통화기금의 정책에 의해 저해받는다. 다국적 기업의 투자와 이익이 위협을 받았던 곳에서는 선진 자본국 정부들이 군사적으로 개입했는데, 이 과정에서 대규모의 국내 난민과, 번번이 국제 난민이 발생했다―독립 이후의 콩고, 과테말라, 페르시아/이란이 그 예이다. 이러한 연관성에 대한 학자들의 분석은 정책 결정에는 영향을 주지 못했다. 20세기 후반과 21세기 초반 각국 정부의 지원을 받는 막강한 경제에 의해 일어난 불평등 무역 협정은 주변부에 제약을 주는 조건들을 만들어내고, 이것이 사람들에게 이주하게끔 유도하거나 강요한다. 경제적 차이, 위계, 타고난 자질이 가족과 개인들이 자신들의 물질적 삶의 개선을 시도할 것을 의식적으로 결정하는 데 영향을 미친다. 세계 체제 관점은 이주 경제학에 대한 글로벌 접근을 위한 틀을 제공한다.

미시적 차원: 가족 경제

미시적 접근, 특히 지역경제적·규범적 맥락 속의 (가족) 경제 개념은 여성 연구, 가족사, 젠더 연구에서부터 생겨났는데, 이것으로 비로소 정량화할 수 없는 감정적·정신적 요인들을 인생 기획과 이주 결정에 대한 분석에 포함하는 것이 가능해졌다. 농업 임금과 산업 임금에서나 소비자 사회에서, 가족 경제는 모든 가족 구성원들의 소득 창출 능력을 가족의 재생산적 필요, 즉 자립적이지 못한 아이들과 노인들에 대한 신체적·감정적 돌봄과 가족의 소비 패턴을 커버하는 가족 수입의 배분 전략과 결합시킨다. 따라서 가족이 보유한 노동력과 정서적 "퀄리티" 시간은 내부적으로 가족 구성원을 위해서, 외부적으로 공동체 내 그들의 입지를 위해서 가능한 최상의 결과를 성취하는 사회적 규범에 따라서 배분된다. 자원과 의무의 배분은 각각의 이익에 따라 협의되어야 한다: 수입이나 여가의 극대화, 육아나 직장 근무, 자녀 교육이나 자녀를 위한 임금 노동, 네트워킹 또는 공동체로부터의 개인적 분리 등등. 이러한 과정은 결코 평등하지도 민주적이지도 않고 가족 사이클 안에서의 개인적 단계와 그들의 개인적 삶의 과정에 좌우된다. 또한 이것은 전통적 젠더, 세대적 위계, 권력 관계에 좌우된다. 더 직설적으로 대부분 사회들의 가족 경제에서는 남성 연장자들이 나머지 가족보다 특권을 누리고 남자아이들이 여자아이들보다 우위를 가진다. 따라서 가족 경제 연구의 합의된 견지는 젠더와 세대 간 위계에 대한 연구를 통해 보완될 필요가 있다. 더 나아가 최근 연구는 가족 맥락보다 여성 개인의 행위 주체성을 강조했다.[50]

동시에 "새로운 노동 이주 경제학"은 가족의 수입 창출 전략들을 독자적으로 연구하기 시작했는데, 이것은 학문 분과들 간의 소통 부재를 보여준다. 신고전학파 경제학의 접근과는 달리, 신경제학자들은 유럽이나 중국의 농촌 지역을 떠나는 이주에 관한 역사가들의 경험적 연구 결과들을 지지했다. 농촌과 도시의 가족 전략에서 수입을 늘리고 위험을 최소화하는 의도를 갖고 내린 이주 결정은 친척 또는 가까운 이웃들 안에서 이루어진다. 고국을 떠난다는 것은—그것이 가족의 지위에 부정적인 영향을 주어서는 안 되는데—당연히 국가 전체 경제 발전의 결함과 시장의 실패를 바로잡는 것으로 간주된다. 가계 수입을 창출하는 것은 특정 수입원에게 문제가 생길 경우를 대비하기 위해서 그들 사이의 생산 자원 분배와 수입원 다변화를 포함하고 있다. 다변화는 계절 이주 노동, 중간 거리의 일자리로 특정한 가족 일원들을 보내는 것, 또는 송금으로 가계에 보탬을 받을 기대로 가족 일원의 하나를 먼 곳으로 보내는 것을 포함하고 있다.[51] 지역적 다변화, 즉 경제와 노동시장의 다변화는 젠더화된 작업의 다변화를 보완해준다. 역사적으로 가족 생산에서 대량 공장 생산으로의 섬유 분야 구조 개혁은 전통적인 생산 지역 가계 경제의 붕괴를 가져왔다. 오늘날 "선진" 사회들 내의 농촌 가정들은 세계 시장의 위기 혹은 기후 조건으로 인한 위기에 자국 곡물 보장 프로그램에 의존할지도 모른다. "후진"국들에서는 대개 그러한 지원들은 이용할 수 없거나 선진 자본국들 주도의 세계 금융 기구들의 지시로 금지된다. 계획해서 행하는 적극적인 이주 양상들은 대안적 수입을 통해 생활의 안정을 찾을지도 모른다. 만약 선제적 전략들 또는 프로그램들이 마련되지 않을 경우, 파국적인 전개로 인해 사람들은 수동적인 이동으로 내몰리게 된다.[52]

메소 차원: 노동시장 이론

마이클 피오레Michael Piore와 여러 학자들의 노동시장 층위계층화 및 분절화 이론은 단일한 예비 노동력 풀이라는 신고전학파 경제학자들의 가설을 수정했는데, 그것은 역사가들의 경험적이지만 덜 체계적인 연구 결과들과 들어맞았다. 이중 노동시장 개념은 국가 경제가 좋은 임금과 노동 조건, 고용 안정과 승진 기회를 제공하는 일자리들을 가진 성장, 자본 집약, 고도 집중 주력 분야(1차 분야)로 이루어져 있다고 단정한다. 이러한 일자리들은 대부분 내국인 노동자들의 몫이다. 경쟁이 심하면서 정체되어 있는 2차 분야는 비정규직, 저임금, 열악하거나 위험한 노동 조건을 제공한다. 미국의 유럽 출신 노동 이주민들은 회고록에서 그러한 불안정과 착취를 묘사했다. 이 이론은 개정되면서 3차적·주변적 경제 혹은 게토 경제를 포함했는데, 그것은 훨씬 더 불안정한 노동시장을 제공한다. 그것은 노동자들로 하여금 고도로 유연해질 것, 즉 경기 침제기 동안에 다방면으로 대응할 수 있는 인적 자원이 되기를 강요한다. 더욱이 1차 분야의 비판적 평가는 기술 혁신 또는 경기 하강의 문제를 보여준다. 1900년경, 미국의 철강 산업은 기계의 잦은 고장으로 인해 비정규직만 고용했다. 그리고 2000년경 전자 산업은 호황과 불황, 그로 인한 인력의 재배치 등을 경험했다.

노동시장들은 삼중적 위계를 넘어 분절·분리·층위화되어 있다. 노동시장 분절은 업무와 능력을 따른다. 분리는 젠더, 인종, 혹은 최근 이주 여부로 규정된 집단들이 더 나은 일자리를 얻는 것을 방해한다. 층위는 언어와 기술 지식, 나이 문턱(연장자), 다른 메커니즘들 때문에 더 발전하는 것을 막는 수평적 장애물이다. 이주 연구와 문화 전위 연구 모두는 열악한 노동 조건 혹은 임금 수준을 일시적으로 받아들이는 것이 그렇지 않으면 닫혀 있는 일자리 시장(과 국가)으로 진입하는 관문을 제공한다는 사실을 알려주고, 비정규직 고용이 남성과 여성의 이주 이전 경험과 육아 전략과 어떻게 맞추어지는지를 보여준다. 경험적 자료들은 취업 기회가 이주민들의 가장 중요한 관심사라는 것을 보여준다. 따라서 설사 임금과 임금차가 동일한 수준에 머물러 있을 때조차 경기 침체가 시작된 후에는 이주가 감소한다.[53]

리차드 에드워즈Richard Edwards, 미하엘 라이히Michael Reich, 데이비드 고든David Gordon은 19세기 말의 산업노동시장 균질화와 국제화가 농촌-도시 이동과 국내 이동을 촉진한다는 것에 주목했다. 이 균질화는 비숙련화 과정을 포함했고, 상업화된 농업(대토지소유제, 플랜테이션)과 광산에서 더 일찍이 일어났다. 숙련 직업에서는 이주의 빈도가 낮았지만, 독일 장인들, 잉글랜드와 스코틀랜드의 기술자들, 웨일즈의 광부들, 그리고 특정 무역에 종사했던 다른 문화권의 남녀들은 여러 사회에서 노동시장에 진입할 수 있었다.[54]

노동시장 분절 분석은 이주민들이 내국인 노동자들과 일자리를 놓고 경쟁하지 않고, 단지 그들이 가진 기술 정도로 가능한 혹은 기술이 필요 없는 분절 노동시장에 진입한다는 점을 강조한다. 노동시장의 특징 외에 다른 맥락들도 이주민들의 적응에 영향을 미쳤다. 이주민들은 수용 사회들에서 쓸모없는 기술들을 지니고 들어오기도 한다. 어떤 연구는 농업 경제나 후진국 사회에서 온 이주민들이 조립 생산 라인의 일정한 작업 습관에 맞게 사회화될 필요가 있다고 추정한다. 그럼에도 기계의 비효율성과 변동하는 시장들—역사적으로 대서양 세계의 산업화 지역, 오늘날 멕시코의 마킬라도라 산업● 또는 필리핀의 "수출 생산 지역"—은 하나의 작업이 항상 다른 작업으로 대체되는 가족 경제나 농촌 경제에서 발전한 이전의 유연한 아비투스에 대한 규칙을 폐지한다.[55] 1960년대 중반 이래 들어오는 이주에 대하여 엄격한 선별 체계(점수제, 순환 모집, 노동시장의 특정 분야만 허용)를 도입한 나라들에서는 시장의 힘과 정책들이 노동시장 이론이 설명할 수 있는 것 이상으로 상호작용하고 있다.

❼ 최근의 연구들: 행위 주체성, 네트워크, 인적·사회적 자본[56]

이주민들의 회고록과 구술에 따르면, 이주민들은 가족, 공동체, 지역적 선택 상황의 맥락에서 그들의 삶에 대한 결정을 내릴 때, 가족 소득 창출을 분담하는 책임을 지거나 "자립하기"를 원한다. 어쩌면 그들은 구속적인 규범들과 전통적 삶의 방식들로부터 스스로 자유로워지기를 원하는지도 모른다. 동시에 그들은 스스로 목적지 사회의 규범들과 양상에 적응해야 한다는 사실을

● 값싼 노동력을 이용하여 제품을 조립하고 생산하는 멕시코의 산업을 일컫는다.

받아들인다. 사회학자 앤서니 기든스Anthony Giddens는 구조들을 행위 주체성을 위한 틀이자 사회 행동의 결과로 보자고 제안한다(사회화 이론). 이것은 "과정의 구조들"과 "구조화된 과정들"이라는 개념들로 불리는데, 이 개념들은 개인 또는 사회 집단들과 맥락 사이의 역동성, 변화, 상호작용을 강조한다. 구조들은 지속적이지만 종종 느린 변화를 겪는다. 그것들은 영원하지는 않다. 결국 과정들은 혼돈스럽지 않다. 그것들은 유형들을 따른다. 이주자들은 진화하는 사회·국가 구조들을 드나들고, 그 과정에서 고국 사회들과 정착 사회들을 변화시킨다.[57] 이러한 행위 주체성은 자발적이라기보다 사회적 아비투스(피에르 부르디외), 즉 성향과 실천의 시스템에 내재되어 있다. 사람들은 규범을 내면화하고 변화하는 환경 아래서 그들의 관례에 따라 규범을 발전시키거나 그것에 도전한다. (역사적) 인류학으로서 이주 연구는 존재·진화하는 구조들 안에서 이동하는 인간들이 만드는 "행위 주체 공간"에 관한 것이다.[58]

행위 주체성의 범위는 개인이 사회화 과정에서 개발하도록 격려받았고, 사춘기와 성년기에 증대시켰던 "인적 자본" 또는 개인 자원과 "사회적 자본" 또는 네트워크에 좌우된다. "자원"은 개인의 능력 풀을 가리키며, "자본"은 목적과 인생 기획의 성취에 그러한 능력들을 쏟아붓고자 하는 욕망을 암시하고 있다. 인적 자본은 사회적 기술, 전문 지식, 언어, 감정적 대응 능력, 전략적 능력 등을 포함한다. 그러한 자원 또는 지식의 축적은 친숙한 공동체를 떠나 낯선 사회적 아비투스 그리고 다른 구조를 지닌 목적지로 들어가는 과정에서 특히 중요하다. 그중에는 기대와 전략을 목적지에서의 예기치 못한 "사회적 환경들"에 맞출 수 있는 능력과 다른 목적들, 장애물, 경로들의 문제를 "극복"할 수 있는 역량이 있다.

"사회적 자본"은 자원을 동원하고 구조와 제도를 이용하고, 지원 단체를 형성하는 인간의 능력을 나타낸다. 다양한 요구들과 선택들 사이에서 협상하는 것은 공동체 맥락 안에서 선택하는 능력, 친지, 친구와 아는 사람들의 지원 네트워크들로부터 자원을 동원하는 능력, 지원 네트워크를 소원하게 하지 않으면서 자신의 문화적 정체성과 관심을 표현하는 능력 등을 요한다. 사회적 자본은 어쩌면 자원과 목표 지향성만이 아니라 사회적 통제로도 작동할 수 있다. 사회적 자본의 축적 과정은 개인적·사회적 수준 모두에서 귀속과 수용, 포함과 배제, 위기와 폭력, 안보와 경제발전 등의 이슈들에 영향을 미친다. 이주민 젊은이들을 위한 교육 제도 부재와 같은 사회적 자본의 축적으로부터 특정한 집단의 배제는 차별받는 개인들뿐만 아니라 각각의 사회 통합에 문제를 제기한다. 사회적 자본으로의 접근 허용―또는 그것으로부터의 배제―과 개인에 의한 그것의 활성화는 사회적 변화에 영향을 미친다.[59]

이주민들과 비이주민들은 다른 인간들, 직계 가족, 공동체, 전체로서 사회라는 맥락 속에서—관계들의 네트워크에서—자신들의 목표와 기획들을 추구한다. 그것들은 이웃들, 종족 문화 공동체들, 직장, 신우회, 나이 중심의 또래 모임, 또는 기타 장소들에서 작동할 수 있다. 이주민들에게 네트워크란 출신지 공동체와 새로운 공동체 양쪽 모두와 이어지는 연결망이다. 네트워크들은 거리를 이어주는 것, 의도된 이동의 결과를 판단하기 위해 정보를 얻는 것, 더 큰 국가가 규정한 틀에 적응하는 것, 출입 체제를 통과하는 것, 그리고 문화 접변의 규제를 극복하는 데에 도움을 준다. 네트워크들은 일반적으로 제도들에 반해 작동하지 않음에도 불구하고, 이주 규제의 제도적인 면을 무효화시킬 수도 있다. 연쇄("체인") 이주의 관행은 네트워크들에 기반하고 있다. 앞선 이주민들은 고향으로 정보를 보내준다. 그들이 보내온 지식과 "선불 티켓"은 "이주를 준비하는 자들"의 사회적 자본이고, 인적 자본을 가진 이주민들의 도착은 이전에 도착했던 사람들의 사회적 자본을 증대시킨다. 20세기 초반 미국에 도착한 모든 이주민들의 94퍼센트는 가족과 친구들에게 왔다. 이것은 중국인, 폴란드인, 레바논인, 이탈리아인 디아스포라에서 세계적으로 연구되었다. 이주민 네트워크들은 특정한 이주민 "물결"의 지속과 확장뿐 아니라 그것의 축소와 변화에도 영향을 주었다. 게다가 네트워크들은 문화적이고 감정적인 친밀함에 근거한 결정을 내리게끔 했고, 고용주들로 하여금 추가적 인력을 모집하기 위해서 믿을 만한 고용인들을 그들 고국으로 보내는 것을 가능케 했고, 목적지에서 경험이 부족한 이주민들이 도움을 받도록 했다. 외부로부터의 네트워크들은 무정형인 것처럼 보이는데 숨겨진 내부적 논리에 따라 작동하기 때문이다. 따라서 이주를 구조화하고 틀을 잡거나 제한하려는 의도를 가진 수용 사회들은 쉽게 이주민들을 통제하거나 관리할 수는 없다.[60]

많은 지식과 능력을 지닌 이주민들은 국내의 행정 경계들을 가로지르거나 국제적 국경을 가로질러 이동한다. 이동성에 대한 자료들은 종종 그러한 경계들에서 수집된다. 따라서 이주사가들은 경계에 큰 관심을 기울인다. 그렇지만 이주민 자신들의 "정신적 지도mental maps"를 따라가는—이것은 네트워크들, 영감들, 목적들을 반영하는데—사회·지리적 궤적에 정치적 경계들은 별 의미가 없다. 그러한 정신적·사회적 지도들은 출발지와 전 세계에 있는 친지와 친구들의 역할에 의해 구조화된다. 19세기 말의 이탈리아 이주민들은 그들이 실제로는 부에노스아이레스, 몬트리올, 밀라노에 살았음에도 모두가 아주 가깝게 살았던 것처럼 부모님들, 형제자매들, 사촌들에 대해 이야기할 수 있었다. 활동의 성격에 따라 이주민들은 이탈리아를 "고향"처럼 또는 "다시 이탈리아에 돌아와 있는 것"처럼 여길 수 있었다. 앙리 르페브르Henri Lefebvre는 지리적 장소를 인지된 공간perceived space, 상상된 공간conceived space, 체험된 공간lived space으로 나누어 장소들의 의미를 개념화했다. 첫번째는 자신들의 특정한 사고의 틀 속에 속한 사람들이 인지하는 장소들을 가리킨다. 두번째는 특별한 개인적 필요에 맞게 본성을 변화시키는 기획들과 관련이 있다. 세번째는 특정한 장소의 사람들이 살아가는 방식과 관련된 것이다. 그렇게 세 겹으로 이루어진 정신적 지도들은 과거에서 미래까지의 시간 라인을 포함하고 있다. 그것들은 수입 창출 활동이 가능한 지역들과 출생지 가족들에게 송금이 전해지는 루트들과 관련이 있다. 네트워크들처럼 정신적 지도들도 유동적이며 가변적이다. 그것들은 비공식적이기 때문에, 이주 전공자들에게 있어 그것들을 이해하고 재구성하는 것이 어렵다.[61]

"디아스포라diaspora"와 "경관scape"이라는 두 개념은 그러한 정신적, 비국가적 지리학을 파악하려 시도한다. 원래 유대인과 헬레니즘 혹은 그리스 문화 사이의 분산된 문화적 상호작용으로 사용되었던 "디아스포라"는 서로서로, 그리고 고국과 연결되어 있는 (다양한 정치적 영토들 내의) 여러 사회들 안의 공동체들을 가리킨다. 그들은 사회적으로 상호 의존적이지만 공간적으로는 흩어져 있다. 그러한 공동체들은 공동의 문화를 나누거나 그렇다고 믿는다. 분석적으로 보자면 "공동 문화"는 만들어진 개념일 수 있다. 경험적으로 그것은 디아스포라 공동체들이 살고 있는 여러 사회적 구조들 사이에서 다양한 모습을 가진다. 예를 들어 디아스포라 중국인들의 일상은 오스트레일리아, 프랑스, 스웨덴, 캐나다, 남아프리카에서 서로 가지각색이다. 디아스포라들은 거대 지역, 반구, 전 세계적 공간을 가로질러 실제 또는 상상의 끈으로 인접하지 않은 문화적 집단들을 묶어준다.⁶²

  이주민의 고국과 지금 살고 있는 장소를 이론화하기 위해서 호미 바바Homi Bhabha는 "제3의 공간"이라는 개념을 만들었다. 문화 접변 과정에서 이주민들은 고국 문화를 복제하지도, 도착지 문화로 통합되지도 않는다. 오히려 그들은 하나의 융합, 즉 새로운 제3의 장소 또는 공간을 창조해낸다. 더 유연한 방식으로, 아르준 아파두라이Arjun Appadurai는 단순히 물리적 또는 정치적 지리학("장소")을 지칭하는 명칭을 피하고, 사회적 "공간들spaces"에서 의미들로 가득찬 하나의 사회적 공간space, 즉 "경관들scapes"로 개념을 확장할 것을 제안한다. 예를 들어 아프리카나 유럽 같은 대륙은 "공간, 영토, 그리고 문화적 제도가 지속적으로 연결되어 매우 안정적으로 구성된 것처럼 보인다". 하지만 사실, 이러한 구성은 특정한 관점과 이익에 따라 최근에야 만들어진 것일 뿐이다. 대륙의 전통적 지도 제작법은 부동의 지리적 대륙들을 변화하는 사회들과 동일시했다. 반면 "공간"은 물리적 환경과 국내 및 사회 제도들의 총체인데, 매일의 일상과 대인 관계에서 만들어지고 변화한다. "공간들"이 사용되는 방식에 따라 가족 경관, 종족 문화 경관, 미디어 경관 등 다양한 경관들이 만들어진다.

"디아스포라"가 어떤 집단과 그것의 기원을 가리키는 반면, "경관"은 사람들과 현재 그들이 갖는 다양한 맥락들을 말한다. 그것들은 삶의 유일한 길에 대한 단순한 기대가 아니라 미래의 선택들에 대한 방향성을 포함하고 있다. "경관들"은 유동적이고, 변화하고, 파고들며, 경계들을 넘고, 특정한 개인이나 집단의 관점들이 투영되어 있고, 어쩌면 다양한 애착들과 소비자 취향들까지도 포함하고 있을 것이다.[63]

공간들과 경관들은 서로 겹치며 상호작용한다. 전 세계의 프랑스어권 국가들에서 유럽의 프랑스로 유학 온 학생들은 특정한, 일반적으로는 열악한 환경의 도시 변두리, 방리유banlieue에 산다. 그들은 때때로 자신들의 연장자들에 의해 강요되거나 프랑스 여론에 의해 규정된 종족 문화 경관들의 일부이다. 그들은 일본에서 시작된 소니와 같은 세계 기업들에 의해 매개되는 카리브-라틴아메리카 음악 제작으로까지 넓어진 음악 경관 안에서 편안함을 느낄지도 모른다. 이 학생들은 테크노 경관 안에 있는데, 거기에서 그들은 세계적으로 소통한다. 앨런 F. 로버츠Allen F. Roberts는 현대 이주민들의 장소들-지역들-공간들을 이해하기 위해서 "공간"과 "과정"이라는 개념을 특정한 이주민 집단들의 "영토" 관점에 적용시켰다. 그러한 "과정적 지리학processual geographies"은 하나의 거주지역에큐메네, ecumene인 출신 대륙을 다양한 종족 경관들과 그보다 작은 트랜스내셔널리즘들과 결합한다. 이 트랜스내셔널리즘들은 공간들의 네트워크로 전환된다. 인도양의 모리셔스섬 출신의 아시아적 기원을 가지면서 세네갈의 이슬람 수피파의 신앙을 따르고 로스앤젤레스와 같은 먼 장소들에서 살고 있는 작은 집단인 무리드족mourides이 그 일례가 된다. "경관들"이라는 개념은 다양한 로컬적·지역적·국내적·세계적 확장 속의 이주민 공동체들, 가족들, 개인들에 대한 유연한 이해를 가능하게 한다.[64]

❽ 트랜스내셔널 접근들과 트랜스컬처럴 사회 연구들

이와 대조적으로, 21세기로의 전환기 이주에 대한 거시적 차원의 개념화는 1990년대 초 "트랜스내셔널리즘"이라는 개념으로 라틴아메리카 이주민들을 연구한 미국의 인류학자들과 사회학자들이 재도입한 것이다. 니나 그릭 실러Nina Glick Schiller, 린다 배시Linda Basch, 크리스티나 블랑-잔톤Christina Blanc-Szanton의 영향력 있는 저서 『이주에 대한 트랜스내셔널 관점에 관하여Toward a Transnational Perspective on Migration』와 알레한드로 포르테스Alejandro Portes와 그의 동료들의 연속되는 저술들이 이 개념을 이주와 세계화 담론에서 학문적으로나 대중적으로 널리 통용시켰다. 이 접근이 너무 현대에 중점을 둔다는 비판에서 낸시 포너Nancy Foner

는 다음과 같은 지적을 하고 있다: "트랜스내셔널리즘은 오랫동안 우리와 함께 존재했다. 과거와의 비교는 우리로 하여금 오늘날 트랜스내셔널 관계망들 속에 내포된 양상들과 과정들 중 무엇이 새로워졌는지를 평가할 수 있게 해준다." 키란 파텔Kiran Patel은 1916년에 본Bourne이 처음 도입한 트랜스내셔널리즘 개념의 수용을 논했고(3장의 3, 1930년대~1950년대 트랜스컬처레이션의 혁신적 개념들을 참조), 피터 키비스토Peter Kivisto는 여기에 비평을 더했다.[65] 이주 규제에 있어 민족국가의 계속적인 중요성을 고려할 때, 이 개념은 19세기의 마지막 수십 년 동안 국경들이 견고해진 이후의 발전들에 대한 하나의 관점을 제공한다. 트랜스내셔널리즘은 협상에 관여하거나(**국제** 관계들) 그것의 비즈니스 시스템을 위한 별개의 법적 규제가 고려되어야만 하는(국제 무역, 다국적 기업) 독특한 실체들에 관한 것이 아니다. 그것은 이주민들의 경험 속에 나타나는 연속성을 가리킨다. 즉 다양한 문화들의 양상이 동시에 공존하는 것, 송금을 통한 사회나 가족을 넘나드는 경제적 연결, 두 개 또는 그 이상의 문화적 공간들에 있는 가족 성원들 사이의 감정적인 유대감이다. "사람들, 이념들, 제도들은 분명한 민족 정체성을 가지고 있지 않다. 오히려 사람들은 어쩌면 다른 문화의 요소들을 번역하고 조합할 것이다. 어떤 것이 뚜렷하게 미국(또는 독일, 중국, 브라질, 케냐)적이라고 가정하는 대신, 그것의 구성 요소들이 다른 어디에서 시작했다거나 끝났다는 가정을 해야 할 것이다."[66]

그럼에도 트랜스내셔널 접근법은 여전히 기본 단위로서 영토에 의존하고 있으며, 이 점이 아파두라이 등으로부터 비판받고 있다. 민족 개념에 대한 비판들은 그런 구성된 단위들(민족들)이 더이상 정체성을 제공하는 운명 공동체들이 아니라는 점을 강조한다.[67] 사스키아 사센 등은 세계적 메트로폴리스들의 중요성을 지적하고, 이주사가들은 지역적 귀속을 강조했다. 랭커스터 출신의 이주민은 서섹스 출신의 이주민과는 다른 정체성과 경험을 지닌 채로 떠났고, 필리핀의 루손 출신의 이주민도 마닐라 출신과는 다른 배경을 가지고 떠난다. 인간 이동성의 이해를 위해 트랜스리저널리즘Transregionalism이 더 경험적으로 타당한 개념이며, 국내 입국 규제의 중요성을 약화시키지도 않는다.

지역과 로컬 공간에서뿐만 아니라 전체 사회들에서의 삶의 방식을 파악하기 위해서 회르더Hoerder는 "트랜스컬처럴"이라는 개념을 도입했다. 영토 크기에 개의치 않고, 사회들 간의 이주에 대한 트랜스컬처럴 접근들은 사람들이 살아가며 관계 맺고, 정치적("민족 문화적") 경계들을 넘어서는 다중 공간들과 연결된다. 트랜스컬처럴 사회연구들은 전통적인 담론 중심의 인문학, 데이터에 기초한 사회과학, 아비투스 중심의 행동 연구, 규범적인 법학, 윤리학과 종교, 생활과학, 환경과학 등을 서로의 전공을 횡단하는 전체 학문으로 통합한다. 이러한 총체적 접근은 이주민들의 전체적 삶을 다룰 것을 요구받는다. 트랜스컬처레이션은 두 개 또는 그 이상의 상이한 문화들 속에서 살아가는 능력과 그러한 과정 속에 트랜스컬처럴 공간을 만들어내는 능력을 의미한다. 이 공간은 변화하는 출신지 공간으로의 귀환 이동과 재연결, 변화하는 목적지 공간으로의 진입, 그리고 다른 공간들과의 연결을 가능하게 하며, 혼종, 융합, 협상, 갈등, 저항 등과 같은 일상적 실천들을 허용한다. 전략적 트랜스컬처럴 능력은 다중적 맥락들 속에서 일상을 계획하고 행하며, 선택하는 능력을 내포하고 있다. 트랜스컬처럴 과정들 속에서 개인들과 사회들은 다양한 삶의 방식을 새롭고 역동적인 일상 문화로 통합하면서 스스로를 변화시킨다. 이후의 상호작용들은 이러한 새로운—그리고 일시적인—문화를 다시 변화시킬 것이다.[68]

참고 문헌

Lucassen, Jan, and Leo Lucassen, eds, Migration, Migration History, History: Old Paradigms and New Perspectives (Bern, 1997; rev. edn, 2007) and Dirk Hoerder, Jan Lucassen, and Leo Lucassen, "Terminologies and Concepts of Migration Research: An Introduction," in Klaus J. Bade, Pieter C. Emmer, Leo Lucassen, and Jochen Oltmer, eds, Migration -; Integration -; Minorities since the Seventeenth Century: A European Encyclopaedia (forthcoming: Cambridge, 2009). 이것들은 유럽 이주 연구에 대한 요약이다. 역사 서술보다는 이론에 방점을 둔 연구들이다.

"Forum on New Directions in American Immigration and Ethnic History," Journal of American Ethnic History 25.4 (2006), 68-167. 이것은 미국에 관한 역사 서술과 새로운 관점을 다룬다. 더 사회학적인 것으로 다음이 있다. Charles Hirschman, Philip Kasinitz, and Josh DeWind ed., Hand-book of International Migration: The American Experience, ed. (New York, 1999). Caroline B. Brettell and James F. Hollifield, eds, Migration Theory: Talking Across Disciplines (London, 1999).

Berry, J. W., and J. A. Laponce, eds, Ethnicity and Culture in Canada: The Research Landscape (Toronto, 1994). 이 책은 캐나다에 관한 역사 서술과 새로운 관점을 광범위하게 다루고 있다; Wsevolod W. Isajiw's Understanding Diversity: Ethnicity and Race in the Canadian Context (Toronto, 1999). 이 책은 캐나다에 초점이 맞추어져 있지만, 많은 사회들에 관해서도 유용하다.

Massey, Douglas S., et al., "Theories of International Migration: Review and Appraisal," Population and Development Review 19 (1993), 431-66, and "International Migration Theory: The North American Case," ibid., 20 (1994), 699-752; Dirk Hoerder, "Changing Paradigms in Migration History: From 'To America' to Worldwide Systems," Canadian Review of American Studies 24.2 (1994), 105-26. 이것은 서구적 관점에서 1990년대 초반 연구 분야의 현황을 반영하고 있다.

서구 세계 밖 지역의 이론화 양상을 보여주는 것은 다음과 같다. Ronald Skeldon, Population Mobility in Developing Countries: A Reinterpretation (New York, 1990), 27-46. 이것은 이론적 접근에 대한 요약을 제공한다; Mike Parnwell, Population Movements and the Third World (London, 1993).

이주를 시스템화하는 다른 시도로는 다음과 같은 것이 있다. James T. Fawcett and Fred Arnold, "Explaining Diversity: Asian and Pacific Immigration Systems," in Fawcett and Benjamin V. Carino, eds, Pacific Bridges: The New Immigration from Asia and the PacificIslands (Staten Island, NY, 1987), 453-73; A. L. Mabogunje, "Systems Approach to a Theory of Rural-Urban Migration," Geographical Analysis 2.1 (1970), 1-18; J. J. Mangolam and H. K. Schwarzweller, "General Theory in the Study of Migration: Current Needs and Difficulties," International Migration Review 3 (1968), 3-18.

4

이주 경로들에 대한 시스템 접근법

∎

지역적, 사회적 틀에서의 행위 주체성과 이주민들의 사회 간 이주 경로들의 복잡성을 이해하기 위해서 역사가들은 인과적, 우연적 요인들과 결과들뿐만 아니라 다각적인 합리적 사고를 포함하는 포괄적인 이론적·방법론적 틀로서 "시스템 접근법"을 발전시켰다.[1] 이 개념을—경험적으로 검증할 수 있는 장기적 대규모 이동 유형들을 구별하기 위해 얀 뤼카선이 도입한—"이주 체계들"과 혼동해서는 안 된다. 뤼카선은 18세기와 19세기의 지역을 횡단하는 네덜란드 중심의 북해 체계에 초점을 맞추었다. 레슬리 페이지 모크Leslie Page Moch는 이 방법론을 초기 서유럽 이주들로 확장시켰다. 이후 이것은 전 세계적으로 응용되었다.[2]

시스템 접근법은 이주 결정들과 유형들을 다음과 같이 연결

하고 있다: (1) 로컬·지역·국내·전 지구적 틀 속의 출발지 사회에서 (2) 한 시대의 교통과 통신 수단들을 기준으로, 먼 거리를 가로지르는 실제 이동을 거쳐서 (3) 다시금 미시적micro·메소적meso·거시적macro 지역 관점에서 목적지 사회 또는 사회들과 (4) 이주민들이 그들 생의 일부를 과거에 보냈던 공동체와 현재 보내고 있는 공동체 사이의 결합들까지. 학제적인 트랜스컬처럴 사회연구들(3장 8, 트랜스내셔널 접근들과 트랜스컬처럴 사회 연구들을 참조)을 응용하는 시스템 접근법은—산업화, 도시화, 사회적 계층화, 젠더 역할과 가족 경제, 인구통계학적 특징들, 정치적 상황과 발전들, 교육 제도들, 종교적 혹은 다른 신앙 체제들, 종족문화적 구성, 단거리와 원거리 이주들의 전통들을 포함하는—특별한 로컬적 혹은 지역적 변이형들 속에서 출발지 사회들과 도착지 사회들의 구조들, 제도들, 담론적 틀들을 포괄적으로 분석하는 것을 가능케 했다. 학제적 트랜스컬처럴 연구들은 살아온 문화를 강조하고 서로 연결된 경제적·사회적·정치적·기술적 동력이 어떻게 문화적 아비투스(부르디외), 즉 삶의 총체적 방식(레이먼드 윌리엄스)으로 수렴되고, 어떻게 공간을 가로지르는 이주를 촉진하는지를 보여준다.[3]

시스템 접근법은 나가는 이주가 출발지 가족들과 사회들에, 그리고 들어오는 이주가 공동체들과 수용 사회들에 미친 영향들을 분석한다. 수백만의 노예화된 아프리카인들 또는 수십만의 현대 필리핀 여성들의 강제적인 출발이 관련된 모든 가족 하나 하나(미시사)와 출발 지역(메소 레벨), 그리고 전체 사회들과 거대 지역들에 미친 영향은 무엇이었나? 19세기 말의 유럽이나 20세기 말의 중국에서 나가는 이주가 농촌 마을들과 전체 농촌에 무엇을 의미했는가? 강제 노동자들과 수입 노동자들이 없었다면 플랜테이션 사회들이 발전할 수 있었을까? 혹은 유럽 변방 농촌 출신의 프롤레타리아 이주민들이 없었다면 미국과 유럽의 핵심 산업화가 가능했을까? 이주민 남성들과 여성들은 문화적 변화와 필수적 적응을 어떻게 조율해나갔을까? 방글라데시와 멕시코 출신의 이주 여성들이 없었다면 오늘날 고도 선진국의 가정들이 아이들과 어르신을 돌볼 수 있었을까? 사회들과 경제들은 수세기에 걸쳐 확산된 가정들을 통해서 세계적으로 연결되어 있었고, 여전히 연결되어 있다. 수백만 남성들과 여성들의 이주 결정들은 출발지의 공동체와 사회는 물론이고, 그들이 일시적 혹은 영구적 터전을 마련하고자 결정한 곳의 공동체와 사회도 변화시킨다.

구조적인 제약들 안의 이주민 행위 주체성에 기반한 시스템 접근법은 강제 노동자들, 고용계약 이주자들, 혹은 노예 이주자들과 같은 비자발적인 이주민들과 난민들에 맞게 수정되어야 한다. 이들은 떠날 때에 행위 주체성을 빼앗긴 상태였다. 그럼에도 이주 이후 그들의 생존과 정착지 사회로의 진입은—만약 심한 제약적 조건들 아래라면—그들의 선택들에 달려 있다. 노예의 문화적 접변의 결과가 아메리카와 다른 곳의 아프리카 기원 문화들로 나타났다. 홍콩의 베트남인이든 1930년대 튀르키예의 독일계 유대인이든, 난민들은 노동시장에 진입할 필요가 있다. 나치 독일과 스탈린 체제의 러시아 혹은 남아프리카 수용소들에서의 강제 노동자들은 우선 순전히 생존을 위해서 투쟁해야 했고, 그런 다음 일단 자유롭게 되면, 삶을 재건하기 위해서도 투쟁해야만 했다.

이주는 종종 두 사회 간의 이동으로 다루어져왔는데, 관련 요인들을 이해하기 쉽게 우리는 그렇게 논의할 것이다. 그런데 이 이동들은 단기 체류들을 포함할 수도 있고, 첫 목적지에서 다른 사회들로 가거나 시간이 지난 후 다시 고국으로 돌아가는 것일지도 모른다. 이후 각각의 이주는 적응이라는 새로운 과정을 포함하고 있고, 귀환은 이주자들의 부재중에 발전하고 변화한 공동체로의 재진입을 요구한다.

❶ 구조들과 행위 주체성: 이주 결정 맥락화하기

사람들이 이주를 고려하기 시작할 때는 이미 그들 생애의 사회화 형성 시기, 가족 안의 유년기, 사회·교육적 사춘기를 다 지난 상태이다. 그들은 친족·지역·국가 공동체의 일원이 된 것이다. 지위, 계급, 젠더,—어떤 사회에서는—인종에 따라 특정한 이 과정에서 젊은이들은 연장자와 사회 전체로부터 관습과 가치를 배우고 그것을 내면화한다. 이것은 지역에 따라서 다르다. 사람들은 특정한 억양으로 말하고, 지역 특유의 음식을 먹으며, 특정한 경관들 속에서 행동한다. 그러한 공간은 계급, 젠더 및 종족 문화, 인종에 준하여 의미를 부여받는다. 노동 계급과 중산 계급의 사람들은 서로 다른 지역에 산다. 농가들과 대지주들은 공간을 다르게 전유한다. 여성들은 남성들과는 달리 이동하는 데 제약을 받는다. 위계화된 다인종 사회에서 아이들은 인종주의적 사고 방식에 젖어 있거나 어릴 때부터 열등하다는 말을 들었을지 모른다. 각각의 집단에게 있어서 지리적 경관은 하나의 특정한—열려 있거나 제한된—"사회적 경관"이 되는데, 이 안에서 머물거나 떠날지에 대한 결정이 이루어진다.

사회화와 의사 결정이 일어나는 절차적 구조들은 미시 수준의 가정과 공동체에서 가장 집약적으로 드러난다. 문화적 관습들과 경제적 기회들이 지역에 따라 다르기에, 이런 메소 수준도 역시 이주민들의 의사 결정에 영향을 미친다. 국가 제도들의 거시적 수준에서 이주민들은 출국 제한, 여행 준비 과정, 목적지의 입국 절차 등을 고려할 필요가 있다. 19세기 실론(지금의 스리랑카)의 플랜테이션으로 향한 타밀 지역 이주민들은 자신들의 독특한 문화·경제적 특성들을 지니고 영국령 인도 남부 지역을 떠났다. 런던 출신의 영국 이주민들은 브리스톨 출신 사람들과는 다르다. 농촌 지역인 서섹스 출신 사람들은 산업화된 랭커셔 출신들과 다르다. 다른 많은 사람들과 마찬가지로 20세기 콩고 이주민들도 종족 문화, 도시나 농촌이라는 출신 배경에 따라 차이가 난다. 새로운 이웃들이 그러한 문화적 차이들을 구분할 수 없는 도착지 사회들에서만 이주민들이 일반적인 영국계 미국인 혹은 인도계 타밀인 등으로 분류된다.

사회화는 사람들에게 인적 자본, 즉 개인적 능력을 제공하고, 성별과 지위에 따라 형성된 사회적 환경은 그들에게 사회적 자본, 즉 다른 사람들과 사회적 자원의 연결을 가능하게 한다. 인적 자본과 사회적 자본의 결합은 모든 개개인에게 하나의 경관(아파두라이Appadurai), 스스로를 위한 개인·집단 고유의 사회적 경관을 만들 수 있도록 한다. 청소년들은 성인들의 그것들과는 다른 경관을 구성한다. 여성들의 경관은 남성들의 경관과는 차이가 난다. 이동하지 않는 생산자들은 이동하는 상인들과는 다르게 시장을 바라보고 그것을 영위한다.

잠재적 이주민들의 미시 환경, 즉 (확장되거나 잘린) 가족·이웃 네트워크들은 세계관과 정보 연결들 속에 깊이 뿌리내리고 있다. 세상에 대한 해석에 관해서, 어떤 종교들은 사람들에게 그들의 지위에 만족하고 다른 세상에서 보상받기를 기다리라고 가르친다. 그러한 신앙의 신봉자들은 선택의 폭을 넓히기 위해 자신들의 열망과 희망을 세속화해야 한다. 이는 자신이 태어난 사회를 변화시키기 위해 분투하거나, 다른 사회로 이주해 그곳에서 공동체를 형성하며 개인적 삶을 개선하는 방식으로 이루어진다. 그러한 선택을 하기 위해서 사람들은 정보가 필요하다. 그들의 실제 삶의 미시 경관들은 친지들과 친구들이 간 먼 곳의 미시 경관들과 연결되어 있다: 정보는 일반적으로 신뢰하는 선행 이주민들에게서 나온다. 이민자 가이드, 에이전시 광고 또는 정부의 모집은 종종 불신을 받았는데, 이는 잠재적 이주민들이 이것을 신뢰하지 않고 특정한 이해관계에 따라 작성된 것이라고 짐작했기 때문이었다. 예를 들어, 도시 중산층 가정에서 일하는 여성들은—그들이 19세기 베를린의 지역 이주민들이든, 21세기 로마의 소말리아 여성들이든—정보 연결망과 네트워크들을 형성한다. 그것들은 잠재적 이주민들에게 정신적 지도를 제공하고, 선택 가능한 옵션들을 판단할 수 있도록 도와준다.

자주 통용되는 고정관념이 이주민들을 19세기 미국 또는 20세기 산업화된 싱가포르나 캐나다라는 "끝없는 기회"의 땅으로 떠나게 하는 반면에, 이주민들은 아주 조심스럽게 정보를 평가하고 선택지를 비교하게 된다. 왜냐하면 그들이 가진 제한된 수단으로 인해 실험이 허용되지 않기 때문이다. 그들이 가진 사회적·정신적 기준 틀로 다른 문화와 경제권에서 오는 뉴스를 해독할 수 없을 때, 문제가 발생하게 된다. 19세기 말 미국에서 기차가 새처럼 집 지붕 위로 이동한다는 뉴스는 단순히 시카고나 뉴욕의 고가 열차를 설명한 것에 불과했지만, 그러한 뉴스가 무한한 기술적 가능성을 시사해주었던 것 같다. 비슷하게 20세기 말 "잘사는 서구", 볼리우드●의 남아시아 도시, 혹은 상하이의 우뚝 솟은 마천루 등의 라디오·텔레비전 이미지들은 가난한 미숙련 노동 이주민들이 얻을 수 없는 중산 계급 내지 상류 계급의 생활수준을 반영한다. 이런 윤기 나는 이미지들은 노동시장 통계도, 차별도 결코 보여주지 않는다. 시대를 막론하고, 더 나은 인생 선택지에 대한 정보와 이미지 모두로부터 영향을 받은 잠재적 이주민들은 그들이 처한 조건을 개선하려고 노력하지 않는 것이 가족, 자녀, 그리고 자신들에게 부당하다고 여겼다.

 이주 연구는 선택성을 탐구한다. 잠재적 이주자들 중에서 실제로 떠나는 특정 개인들과 가족들은 어떻게 스스로 선택하거나 선택을 받았는가? 사회적 구조들, 개인적 인적 자산, 가족 경제, 사회 자산이 매개 변수를 설정한다. 구조적 요인들에는 유산과 혼수 또는 신부 지참금 유형들뿐만 아니라 출생 선물과 장례 부조의 유형들, 그리고 젊은이들에게는 다가올 군복무도 포함

● 볼리우드(Bollywood)는 봄베이(Bombay)와 헐리우드(Hollywood)의 합성어로 봄베이(뭄바이)를 중심으로 발전하고 있는 인도 영화 산업을 일컫는 용어이다.

된다. 그러한 연령과 연관된 요인들은 일자리, 토지, 선택지, 수입 보장 등의 일반적 결핍보다도 이주 결정에 더욱 밀접하게 연관되어 있다. 가정에서는 형제자매의 순서와 문화적으로 규정된 역할들, 예컨대 연로한 부모님을 돌보는 의무가 추가적 요인이다. 전통 중심의 사회들에서 규범 위반과 문제 있는 인간 관계—부모님이 허락하지 않은 교제, 실패한 연애, 사생아, 위법 행위 등—는 개개인의 떠나려는 경향을 증가시킨다.[4] 죽음, 일반적으로 부모의 죽음 또는 혼자된 부모의 재혼으로 정서적 관계들이 재구성될 수밖에 없을 때에도 떠나려는 경향이 늘어난다. 젠더 영향도 있는데 아버지의 죽음이나 떠남보다 어머니의 죽음이나 새어머니의 등장이 더 큰 영향을 준다. 이주민의 다수를 차지하는 청년들은 집을 떠날 결심하는 데에 점증적으로 영향을 미치는 다양한 변화들을 경험한다. 즉 유년에서 어른이 되는 과정, 자립하고 가정을 꾸리는 능력, 군복무와 가사 서비스 등으로 인한 임박한 단절 등이다.

선택지가 별로 없는 지역에서 나가는 이주는 관례적 혹은 필수적 삶의 방식이었고, 지금도 여전히 그러하다. 정신적 지형학은 이주를 "일반적인 것"으로 받아들인다. 삶이 더욱 개인화되고 가족 맥락이 덜 중요해진 현대 사회에서 개인적인 의사 결정 양상은 늘어나고 있지만, 여전히 사회적 네트워크와 정보의 흐름에 연계되어 있다.

❷ 출발지 사회

 사람들은 자신이 생각하는 최선의 이익을 위해 행동할 때라도, 자기 스스로가 아닌 역사적 발전과 실제 권력 구조에 의해 설정된 조건들 속에서 그렇게 행한다. 강제 이주민에게 있어서 행위 주체성은 생존 투쟁으로, 난민들에게는 파괴된 그들 삶의 재정비로 축소된다. 자발적인 이주민 사이의 사회 전반적인 행위 틀은―4장 1) 구조들과 행위 주체성: 이주 결정 맥락화하기에서 논의되었던―세대 간 이슈, 젠더 역할, 가족 경제, 공동체 귀속 등은 물론이고, 산업화된 도시의 노동시장, 인구학과 계층화, 권위적 혹은 참여형 정치 체계, 학교 교육의 기회와 규범 체계까지도 포함한다. 마찬가지로 한 사회의 종족 문화적 구성과 위계는 물론이고, 단거리와 장거리 이주의 전통도 이주하려는 경향에 영향을 미친다.
 시스템 접근법은 사회들을 지배, 발전, 종속의 글로벌 위계 속에 위치시킨다. 사람들은 경제적으로 생계의 충분한 선택 기회들이 제공되지 않는 사회들이나 자신의 인적 자본이 미칠 수 있는 범위를 탐색하는 것을 막는 경직된 계층화 사회들을 떠나 이주한다. 강압적인 체제들과―종교적 관행 또는 종족적 문화는 물론이고 특정한 젠더 또는 세대를 표적 삼는―과거 지향적인 사회·정치적 구조들도 사람들이 떠나도록 유도한다. 일자리를 창출하는 투자는 종종 국가의 지배적 종족 문화와 종족 종교 집단에게 특혜를 준다. 여성들은 목적지 사회들이 덜 제약적이라는 이유에서 떠날 것을 결심하기도 한다. 만약 미혼이라면 19세기 후반 대영제국 또는 중국 일부 지방에서처럼, 여성들은 비생산적인 사회적 부담으로 간주되어 쫓겨나기도 한다.

소위 인구 전환기 동안, 인구 성장과 경제 성장이 일치하지 않을 경우 가정들과 청년들은 대규모로 떠나간다. 유아 생존율과 어른의 기대 수명이 늘어나지만, 커플당 출생률은 떨어지지 않고, 노동시장도 확장되지 않아 생계를 유지할 기회를 얻지 못하는 청년들의 비율이 증가하는 이러한 전환이 19세기 후반 유럽에서 일어났고, 오늘날 아랍, 아프리카, 아시아의 많은 사회들에서도 일어나고 있다. 사람들은 생계를 찾는 남성들과 여성들로 넘쳐나는 공간들에서 추가 인력에 대한 수요가 있는 공간들로 이주를 하면서 그러한 인구와 경제의 불균형을 바로잡는다. 그러한 이주, 즉 "이동성 전환"은 공급과 수요, 선택지와 자원들 간의 균형을 잡는 지역 간 혹은 글로벌 과정을 포함하고 있다.[5] 일반적으로 이주의 유형들은 국제적이기 전에 지역 간과 국가 안의 농촌-도시 이주이다. 일단 한 사회의 노동시장 확장이 임금 노동을 위한 충분한 기회들을 제공하면, 이주 비율은 감소한다.

계층 상승 이동성을 막는 계층화와 경직된 계급 구조들은 이주 또는 투쟁성을 부추긴다. 고향 사회를 개선하려는 투쟁과 나가는 이주는 다양한 전략들을 반영한다. 어떤 남성들과 여성들은 집단적인 방식으로 고국의 불만족스러운 조건들을 개선하기 위해서 노동조합이나 정당과 같은 개혁 운동에 참여한다. 다른 이들은 개인적으로 더 나은 선택 기회들과 더 유연한 구조를 가진 사회들로 옮겨가면서 그들의 개인적 혹은 가정적 여건들을 향상시키려 한다. 그러한 구조들은 연구에서 정량화될 수 있는 것들인데, 이주민들은 친구와 친척들에게 보내는 피드백 속에서 그것을 평가한다: 근면과 성과가 중요하고, 구직자들은 굽실거리거나 뇌물을 주어서는 안 되고, 가정부들은 좋은 대우를 받고, 고용주들은 고충을 개선한다. 늘 그런 기대들이 충족되었던 것은 아니다. 19세기 말 미국의 동유럽 출신 이주민들은 오늘날 프랑스의 서아프리카 이주민들이나 중국 여러 도시들의 농촌 출신 뉴커머들처럼 자신들이 받는 대우에 불만을 가지기도 했다.

오랜 이동의 관습들이 출발을 용이하게 하는데, 이는 잠재적 이주민들이 정보와 종종 가이드에 의존하기 때문이다. 홍콩에서 샌프란시스코 또는 밴쿠버로, 브레멘에서 뉴욕 또는 갤버스턴으로, 필리핀에서 페르시아만으로 이주하는 사람들은, 표지가 인쇄된 것이든 구두이든, 분명히 정해진 경로를 따른다. 정보가 만들어지고 접근이 쉬워지면서 이주 체계들의 자기증폭적 매력들이 생겨났다. 이동 거리, 문화적 친화성, 주기적인 귀환의 가능성(과 비용), 기술과 구인 공고의 적합성 등이 부에 대한 상상보다 이주를 결정하는 데 더 많은 영향을 미친다.

사회적 구조들과 과정들은 이주에 늘 영향을 미쳤던 반면, 국가의 역할은 나가는 이주를 통제하는 것에서 들어오는 이주를 통제하는 것으로 극적인 전환을 했다. 나가는 이주에 대한 규제 또는 금지는 19세기 중반까지의 많은 제국들, 중국과 일본(그리고 1989년 이전의 공산주의 사회들)에서는 더 오랫동안 다반사였다. 정부는 외국으로 나가는 이주의 규제를 통해 내부적 저장 노동력과 임금 수준을 고정적으로 유지하려고 시도하는데, 이것은 조세 수입과 남자의 경우는 군복무, 여자의 경우는 독자적인 의사결정에 대한 위협과 연관되어 있다. 잠재적인 이주민들은 출국 허가를 신청해야만 했다. 젠더 특유의 역할들은 남성들의 이동보다는 여성들의 이동을 더 많이 제한했다. 오늘날 일부 국가들은 가사·돌봄 노동을 위한 여성의 해외 이주를 규제하면서, 그 임금 송금을 국가 재정 정책에 활용하려 한다.

노동자를 상품처럼 조달하기 위해 19세기와 그 이전의 식민지배 국가들은 식민화된 사회들에 강제 이주를 시행했다. 따라서 "고국에서" 나가는 이주에 대한 통제는 식민지들에서의 강제 출국 이주와 병렬적으로 일어났을 것이다. 대서양 세계의 국가들은 교육 체계를 국유화함으로써 청년들에게 제공되는 선택권을 떠맡게 되었다. 만약 민족주의적 연유에서 이런 국가들이 특정 방언을 쓰거나 "소수" 문화를 지닌 사람들에게 체계적으로 불이익을 가져다준다면, 이주하려는 경향은 늘어나게 된다.

19세기 후반 이래 들어오는 이주의 통제는 대서양 세계에서 처음으로 나가는 이주의 통제를 대체하게 되었다. "여권의 발명"토르페이, Torpey은 여행 서류를 국가적 신분 증명과 충성의 도구로 바꾸어놓았다. 입항 허가증 대신, 그것은 다른 문화 또는 다른 피부색의 사람들을 배제시키는 도구가 되었다.[6] 그러한 통제들이 완전히 집행될 때까지는 수십 년이 걸렸다. 1880년대 아시아인들은 북아메리카에서 배제되었다. 그리고 유럽인들의 규제가 강화되었지만, 배제 비슷한 것은 1920년대에야 비로소 일어났다. 1920년대 중반에 시작된 미국-멕시코 국경에서의 순찰은 미국 인구의 "갈색화"를 막기 위해서였다. 유럽에서는 여권법들이 더 빨리 시행될 수 있었다. 그 부작용으로, 당시 서류 없는 난민들의 입국이 거부되면서, 1930년대 파시즘 국가들로부터의 탈출이 어려워지기도 했다. 엄격한 이주 통제법과 비자 수속은 20세기 후반에 새로운 정점에 이르렀다. 이러한 조처들의 많은 부분은 한때 영국, 프랑스, 포르투갈, 미국 등의 식민지였던 독립국들에 사는 유색 인종의 사람들을 겨냥했다.

식민주의적 확장,—19세기 중반부터는—제국주의적 확장은 국가 지원의 해외 투자뿐 아니라 농지와 산업 중심지, 또는 원자재 공급 지역들에 대한 군사적 정복을 촉진했다. 그러한 권력을 통한 기회들은—그것이 광산에서든, 유전이나 다른 분야에서든

—각국 국민들의 점령지 이주를 활성화시켰다. 영국의 세계적인 자본 수출, 일본의 만주 철도 건설, 미국의 카리브 지역 투자, 프랑스의 서아프리카 통제 등이 "국민들"의 해외 이주를 촉발했고, "지역민들"을 투자자·식민지배자들을 위한 노동력으로 동원했다. 그 결과로서 중심-주변 위계와 생활수준의 차이는 종속 경제권에서부터 중심으로 사람들이 이주하는 의도하지 않은 결과들을 낳았다.

밖으로 나가는 이주의 비율이 높은 국가들과 사회들은 결과적으로 변화했다. 인구통계와 이동성의 전환기에 나가는 이주는 노동시장의 부담을 완화시키고, 임금 상승과 생활수준의 향상을 가능하게 했다. 사회들은 더욱 안정될 수도 있었을 것이다. 그럼에도 정책 입안자들과 행정가들은 종종 조세 수입, 군대 모병, 국가를 위해 아이를 낳아줄 여자 등을 잃는 것을 두려워했다. 반면에 나가는 이주에 대한 사회적 비용은 당시에 논의되지 않았다. 가정과 사회는 아직은 가계 수입 또는 조세 수입에 기여하지 않는 아이들을 기르고 교육시키는 데 "투자"한다. 세금을 납부할 나이가 되면 이 새로운 세대는 "부양 가족", 즉 유아와 노인을 위한 돌봄 비용의 세대 간 이양으로 가족 내부와 사회 내부의 투자를 "되갚아준다". 그러나 만약 사람들이 이주를 떠나면서 연장자들—그들의 부모들—과 후속 세대를 부양하는 의무로부터 벗어날 경우, 이러한 "세대 간 협정"은 여전히 실현되지 못한 채 남게 된다. 취업 연령의 이주민들은 그들이 축적한 개인적·사회적 자본을 가지고 떠난다. 그들의 고국은 사회적 비용을 만회할 수 없는 반면 도착 국가는 그들의 세금과 생산성으로부터 이익을 얻고, 잘 훈련되고 교육된 남성들과 여성들을 "공짜로" 받게 된다. 이러한 효과는 더 발전한 사회들을 위한 더 가난한 사회들의 "개발 원조"로 불렸다.

어떤 국가들은—정치적 또는 종교적 반체제 인사이든, "빈민"이든, 실직한 프롤레타리아든, 또는 다른 이유로 결함 있다고 여겨지는 자든—"달갑지 않게" 여겨지는 사람들을 제거하고자 시도한다. 그런 예들은 많다. 러시아에서 시베리아로 반체제 인사들과 범죄자들의 강제 이송, 서유럽에서 아메리카와 오스트레일리아로 빈민들과 범죄자들의 추방, 미혼 여성들과 고아들에 대한 영국의 이송 프로그램, 1920년대의 "적색 공포"(또는 "백색 불안") 시기 미국에서 소위 사회주의자들과 혁명 분자들의 이송, 현대 중국에서 반체제 인사들의 이송 등이 그 예이다. 받아들일 만한 노동과 임금 조건들을 제공하지 못하는 산업화된 자본-노동관계들로 인해 국가들과 경제 엘리트들은 사람들에게 떠날 것을 강요했다. 예를 들면 2000년경 멕시코의 불평등률(최하위 10퍼센트에 대한 최상위 인구 10퍼센트의 수입률)은 32.6에 달했다(미국의 16.6과 캐나다의 8.5). 비슷하게, 1880년대 이전에 유럽의 불평등률은 미국보다 훨씬 높았다. 이런 경우 사람들은 덜 위계화된 사회로 떠나게 된다.

나가는 이주를 통해 국가는 가장 활동적인 또는 가장 역동적인 인구를 잃는다는 주장도 있었다. 증명하기 어려운 그러한 주장은 역동적인 고학력의 남성들과 여성들이 두 사회들 사이의 변화 과정들을 헤쳐나갈 능력을 지녔다는 가정에 기반하고 있다. 그럼에도 불구하고 사람들은 확립된 이주 경로들을 따라 쉽게 여행하며, 이주 아비투스를 개발한다. 많은 사람들이 받아들이기 어려운 생활 조건들을 가진 국가들은 직업적으로 잘 훈련된 자들과 덜 역동적이라고 간주되는 남성들과 여성들의 높은 이주 비율에 자주 직면하게 되는데 1980년대 라틴아메리카나 아프리카의 독재 정권들이 예가 될 수 있을 듯하다.

요약하자면, 출발지 사회들은 균등하지 않은 내부 발전을 경험하고 있다. 그 결과로서 나가는 이주는 사회의—발전 단계를 고려할 때 종종 사용할 수 없는 자본이더라도—인적 자본의 일부를 박탈하여 그 사회들을 변화시킨다. 나가는 이주는 일자리를 창출하거나 제약된 구조들을 개선할 필요성을 감소시킨다. 이주민들은 돈을 보내면서 그들의 가족 자산과 국가 외환보유고 증대에 기여한다. 19세기 이탈리아에서 20세기 후반의 필리핀까지, 일부 송출 국가들의 재정에서 상당 부분들은 이주민 여성들과 남성들의 송금에 의지했고, 지금도 의지하고 있다. 어떤 경제학자들과 정치가들은 그러한 송금으로 생긴 투자 기회들을 극

찬했던 반면, 송금을 받는 가족들은 종종 소비 형태가 최소한의 생존 단계 아래로까지 떨어지는 것을 방지하기 위해 그 자금을 필요로 한다. 그들은 약간 나아진 환경에서 소비와 지위의 향상을 위해 그 돈을 사용한다. 그래도 튼튼한 소비재들을 수입할 필요가 없다면, 그러한 송금은 국가의 국제 수지를 개선시킨다. 또한 이주민들은 소통이나 귀환을 통해 직접 아이디어들을 전해줄 수도 있고, 그 결과로 혁신이 침체된 경제를 활성화시킬 수 있다. 옛날 환경에서 이익을 얻는 엘리트들은 대개 새로운 아이디어들과 방법들의 도입에 반대하거나 전적으로 그것을 막는다. 파시즘시대 이래로 근대 국가 전체가 난민을 생산하는 기제가 되어왔다. 엘살바도르나 피노체트의 칠레에서처럼, 정치적 엘리트들은 사회의 광범위한 집단으로부터 신뢰를 잃었다. 콩고와 같이 경제적으로는 약하지만 자원이 많은 국가들은 글로벌 투자가들의 사냥감이 되고 있어서, 지속가능한 사회적·생태적 구조를 잃어가고 있다. 그러한 최악의 시나리오에서 국외로 나가는 이주는 생존 전략이 된다. 반대로 자발적인 이주는 대개 인적·사회적 자본을 생애 프로젝트에 더 잘 투자하려는 전략이다. 국가들과 사회들은 지속가능한 삶을 가능케 하는 제도적·문화적 환경들을 제공할 필요가 있다.[7]

❸ 여정들: 확장되고, 압축되고, 늦추어지다

과거 이주자들의 지리적 인지 지도는 도보나 수레, 철도, 혹은 배로 이동하는 일수에 따라 거리와 장소를 구조화했다. 현재는 항공료와 시간대(타임존)의 갯수가 중요하다. 떠나는 것은 고국의 공동체로부터의 정신적 단절, 즉 친척들과 친구들로부터의 분리를 수반한다. 이 시점에서 사람들은 목적지에 관한 신화와 정보를 바탕으로 개인적 희망과 기대를 갖게 된다. 실제 지역 간 및 사회 간 이동은 장애물들과 유인책들을 포함하고 있다.

장애물들 중에는 여행 비용이 포함되는데, 이것은 이 금액을 저축하는 데 걸리는 노동 일수, 달수, 또는 연수와 연관이 있다. 마찬가지로 여행은 또한, 예전에는 더 오래 걸렸던 이 기간 동안에 수입을 전혀 얻지 못할 수도 있다는 것을 의미한다. 나가는 이주에 대한 규정이 장벽을 만든다면, 들어오는 이주의 제한은 거의 넘을 수 없는 장벽을 만들어낸다. 19세기 말 앵글로아메리카와 유럽의 사회들에서 아시아 출신과 다른 "유색 인종"의 남성들과 여성들에 반하여 세워진 인종적 빗장들은 입국을 어렵게 만들었다. 인종주의적 배제는 북아메리카에서는 1960년대―유럽에서는 더 오래―까지 지속되었는데, 이것이 아직도 일본의 이주 규정을 특징짓고 있다. 19세기 계약노동자들은 때때로 부정직한 모집 대리인들을 만났는데, 20세기 후반부터는 입국 허가를 받지 못한 이주민들과 여성들 모두 인신매매업자들과 마주하게 된다.

유인책들 중에는 이전에 이주한 사람들이 보낸 선불 차표들이나, 아시아에서 온 계약 이주민들의 경우 계약상 보장된 왕복 요금이 있다. 그것은 또한 여행에 대해서는 물론이고, 도착 후 수입을 창출할 일자리 여부에 대한 정확한 정보를 포함하고 있다. 마지막으로, 이전의 이주 경험이 경로와 교통 수단을 탐색하는 데 도움이 된다. 1899년에서 1910년 사이 미국에 도착한 모든 유럽인들의 12퍼센트는 이미 그곳에 왔던 적이 있었다(다른 말로 하면, 모든 여행자들의 8분의 1이 다른 사람들을 위한 안내자가 될 수 있었다).

여행 준비는 이전 이주민들이 보낸 정보를 바탕으로, 그리고 같은 공동체 출신 안내자들의 도움으로 이루어졌다. 개척 이주민들은 선원들과 원거리 상인들 또는 1830년대부터는 철도 직원들에 의존해야만 했다. 여러 세기 동안 "여행사들"이 패키지 여행을 준비했다. 예루살렘을 가려 했던 중세의 순례자들은 베니스로 갔을 수도 있고, 지중해 지역을 가로지르는 경로를 예약하기도 했을 것이다. 계획된 순례는 여타 종교들에서도 일반적이었다. 무슬림의 하지*가 가장 좋은 예이다. 그러한 긴 항해들

● 하지(Hajj)는 이슬람교에서 말하는 성지 메카 순례를 뜻하는 말로 '이슬람의 다섯 기둥' 중 다

은 정체성, 자기 정의, 공동체 통합에 관한 변화, 비사회화, 재사회화 등을 포함한다.[8] 범선시대의 기나긴 대양 횡단 항해 동안에—15세기 초 아시아 해협들과 인도양 그리고 19세기 중반 태평양과 대서양을 횡단하는 여행들에서도—이주민들은 배 안의 음식과 단체 숙소에 적응해야만 했다. 배 위에서는 정착지에 대한 불안과 희망, 생애 계획들이 서로 나뉘고 토론되었으며, 바뀌거나 연장되거나 줄어들기도 했다. 젊은 이주민들은 "형제들"과 "자매들"로 이루어진 선상 공동체들을 만들기도 했다.

1830년대 철도와 1870년대 증기선의 도입으로 여행이 가속화되었다. 19세기 중반부터 유럽 전역의 이주민들은 먼 곳의 선박과 철도 회사와 연결된 믿을 만한 대행사의 현지 담당자와 계약을 맺었다. 인도와 중국의 계약노동자들은 여행 업무도 맡아줄 모집 사무소와 접촉했을 것이다. 열차 변경 및 승선은 대행사 직원의 관리 아래 이루어졌다—항해는 현대의 단체 관광처럼 조직되었다. 1950년대 중반 이래 항공 여행으로 말미암아 여행 시간이 훨씬 더 단축되었다. 일례를 들자면, 1970년대 가이아나에서 캐나다로 이주한 가사 노동자들은 예리한 관찰력만으로 생경한 공항 수속 절차를 헤쳐나가고 몇 시간 후 바로 토론토 생활에 적응해야만 했다.

셋번째이다.

어떤 이주민들은 단계적으로 이주하는데, 처음엔 그들의 제한된 자금이 허락하는 데까지—예를 들면, 일자리를 제공하는 도시까지, 이상적으로는 장래에 이주를 떠날 수 있는 항구나 공항이 있는 도시까지 이주한다. 다음 여정을 위해 돈을 모아야 하는 필요성이 어떤 이들에게는 전혀 달갑지 않은 여행 지연이지만, 또다른 이들에게는 첫 적응을 위한 반가운 중간 기착이 된다. 여행 경험과 감정적 대처는 개인적으로 천차만별이다. 이주민들에게 요구되는 사항을 알아내기 위해서는 19세기 많은 이주민들이 외국으로 나가기 이전에는 기차나 배를 본 적조차 없었다는—마치 20세기에 많은 이주민들이 이전에 비행기를 탄 적이 없거나 "보트 피플"인 베트남 난민들과 서북아프리카에서 출발해 배로 지중해를 건넌 노동 이주자들이 이전에 배를 탄 경험이 없었거나 수영을 할 줄 몰랐다는 것과 마찬가지의—사실을 숙지할 필요가 있다. 항해 자체는 언제나 삶의 질주를 의미했는데, 그것은 갑자기 의도치 않게 국경에서 멈추거나 수주 혹은 수개월 간의 기다림으로 느려질 수도 있었다. 이런 이야기들은 느긋한 자신감과 당혹감, 둘 다를 반영한다.

20세기 후반 이래 국경은 의미와 장소를 변화시켰다. 국경은 비자를 승인하거나 거부하는 자국 내 여느 공항의 지하층이나 국외 영사관들에서 겪는 거추장스러운 경험이 되었다. 강대국들은 국경에서 멀리 떨어진 외곽에서 통제를 강요한다. 홍콩이나 토론토 공항에 있는 미국 영외 이민 관리사무소가 그 예가 될 수 있다. 강대국들은 국경을 외부화한다: 유럽 연합은 알제리의 남부 국경에 북으로 향하는 서아프리카 이주민들에 대한 통제를, 미국은 멕시코 남부 국경에 라틴아메리카 이주민들에 대한 통제를 요구한다. 이러한 통제 시스템은 통상적인 지역의 국경 횡단 이주를 차단하는데, 그러한 혼란스러운 경제권으로부터 더 많은 (대개 비백인) 이주민들이 배제를 획책하는, 대개 백인 국가를 함의하는 제1세계로 떠나야 하는 상황이 발생한다.

국경 또는 어떤 사회—예를 들면, 오늘날의 중국—에서 도시 출입 규정은 출입 허가증이 없는 사람들 또는 그 신분이 출입 규정이 가정하는 의미에는 해당하지만, 문자 그대로는 부합하지 않는 사람들에게만 중요하다. 이 경우 그들은 장기간 구류되거나 심문을 받을 수 있다. 19세기 후반부터 이민 통제의 시행과 입국 절차들은 거부에 대한 두려움으로 가득차 있었다. 이주민들의 관점에서 볼 때, 1880년대 초까지 아시아 출신의 이주민들, 그리고 1917년까지 유럽 출신 이주민들에게 자유로웠던 미국의 규정들조차도 빈번한 행정적 변화들과 정확한 정보 부재, 그리고 때때로 모욕적 대우로 인해 조정하기 어려웠다. 1914년 이전까지 미국의 제한 조치들로 인해 입국이 거부된 유럽 출신의 입국 희망자들이 5퍼센트 미만이었지만, 일부 가족 구성원들은 입국이 허용되고 다른 구성원들은 돌려보내져 가족들이 뿔뿔이 흩어지는 경우도 있었다. 이러한 제한 조치들은 혼란스럽고 젠더화된 방식으로 더 많은 사람들에게 영향을 미쳤다. 예를 들어, 혼자 여행하는 여성들이 매춘부로 의심을 받았고, 자립할 수 있는 사전 계약된 일자리가 있는 남성들은 계약노동자로 거부되기도 했다.

  20세기 말 대부분의 국가들에서—이주민을 받아들이는 국가들까지도—입국 규정들은 아주 제한적이 되었다. 자신을 부양할 재력이 없는 사람들, 트라우마를 가진 난민들, 정치적 박해로 정신적 상흔을 가진 자들은 입국 거부에 봉착한다. 입국 거부는 난민을 양산하는 파시즘 국가들이 난민을 거부하는 민주국가들에 둘러싸여 있던 1930년대에 시작되었다. 냉전기 서구 국가들은 공산국가 출신의 난민들은 환영했지만, 우파 독재로부터 탈출한 난민들과 제3세계 난민들에게는 입국을 거부했다. 이후 "글로벌 아파르트헤이트" 시스템은 그들이 베트남 출신이건, 칠레 출신이건, 아프리카 국가 출신이건, 대규모 난민들에게 입국 문호를 닫고 있다. 그들의 비자발적 여행은 지연된다. 그들은 수만 명이 "거주"하거나 "수용"되는 난민 수용소에서 대기한다. 과거의 문제를 안고 재력도 없이 이주하는 사람들에게 국경은 닫혀 있다.

  점점 더 많은 사람들에게 밀입국은 마지막 희망이 되고 있다. 그럼에도—1975년 이후 베트남, 1980년대 아이티, 혹은 오늘날의 북아프리카 또는 남아프리카로부터—바다를 횡단하는 것은 대개 치명적이다. 살아남았지만 붙잡힌 자들은 고국으로의 강제 송환, "추방"에 봉착한다. 그럼에도 불구하고 수백만 명의 사람들이 필요한 여행 서류도 없이 북반부의 나라들로 들어왔고, 불법체류자 혹은 미등록sans-papier으로 숨어 지내거나 1990년대 미국의 논의에서처럼 "불법"으로 범죄자가 되기도 한다. 그들은 서류가 없지만 열망과 대개 성실히 일하려는 의지를 가지고 "희망이라고 불리는 경계 지역"에서 살아가는 자들이다.⁹

이전 세기들에 희망에 부푼 전략가로서 유럽과 아메리카 출신의 식민지 개척자들도 자신들이 들어와 병합하고 착취하거나 탈취하려던 사회의 유효한 서류 없이 왔다는 것을 상기할 가치가 있다: 만약 플리머스 록의 "순례자들"●이나 홍콩의 영국 아편 수입상들이 매사추세츠의 원주민 추장들이나 광둥의 관리들로부터 입국 허가를 받아야만 했다면 대체 무슨 일이 일어났을까?

● 1620년 메이플라워를 타고 처음으로 (오늘날의 매사추세츠주 동해안의) 플리머스 록(Plymouth Rock)에 도착한 영국의 청교도 이주자들은 필그림 파더스(Pilgrim Fathers) 또는 필그림스, 즉 순례자들(Pilgrims)로 불린다.

❹ 수용 사회:
경제적 편입, 문화 접변, 정치, 새로운 소속감

수용 사회와 관련하여, 시스템 접근법은 복잡한 구조들과 과정들 속의 이주민 행위 주체성을 분석하며, 기존의 "종족 집단" 서사들을 대체하고 있다.[10] 1900년을 전후한 수십 년 동안, 민족주의 성향의 정치인들과 학자들은 뉴커머들을 "미국화", "독일화", "중국화" 또는 이와 유사한 기획들과 프로그램들을 통해 재편할 수 있다고 전제했다. 그러나 이러한 이념적 입장들은 1930년대 트랜스컬처레이션 이론들이 등장한 이후로 도전을 받게 되었다(3장 3, 1930년대~1950년대 트랜스컬처레이션의 혁신적 개념들 참조). 동화에 방점을 둔 접근법의 치명적인 약점은, 그것이 단일하고 불변하는 주류 문화 또는 수용 사회의 민족 문화를 전제로 한다는 것이다. 오늘날 여전히 일부 국가들은 "우리처럼 되는" 과정을 요구하고 있지만, 1990년대 인구 구성 비율 자료에 따르면, 전 세계 국가들의 단지 5분의 1에서만 최대 종족 집단—소위 민족—이 전체 인구의 90퍼센트 이상을 차지했다는 점을 상기할 필요가 있다. 3분의 1에 가까운 국가들에서는 주류 집단이 인구의 4분의 3도 되지 않았다. 수용 사회들은 단일한 문화 접변 모델을 제시하지 않는다. 이주민들은 사회적으로 받아들여지는 성 역할, 사회적 지위, 지역 특성 및 법적 구조를 반영한 선택을 해야만 한다.

"인종"은 문화 접변의 궤적들을 복잡하게 만든다. 왜냐하면 백인들과는 달리 유색 인종들은 북대서양의 백인 사회에서 동등하게 인정받지 못했기 때문이다. 일본에서는 한국인들이, 인도에서는 어두운 피부색을 가진 사람들이 동등하게 대우받지 못한다. 소위 만연하는 "백색"의 아름다움이 "창백한 얼굴"처럼 단순히 색소가 부족한 창백함으로서 출현할 수 있다. 모든 이러한 외형적 정의는 특정한 맥락과 이해관계 속에서 시간이 지나며 형성되었다. "백인" 사회에서 구조적이고 태도적인 차별로 인해 백인이 아닌 이주민들은 구별되는 불평등한 위치로 내몰렸다. 캐나다와 미국이 1960년대에 인종에 근거한 이주민 허용 기준을 폐지했음에도 불구하고, 미국의 오랜 인종주의 역사는 여전히 아프리카계 미국인들과 아프리카 출신 뉴커머들의 기회들을 제한하고 있다. 유럽 국가들에서, 구 식민지들과 남반부 전체에서 온 사람들의 도착은 새로운 인종주의를 초래했다(5장 1, 인종과 이동성 참조).

피부색, 성별, 계급에 상관없이 사람들은 완전히 사회화되어 도착한다. 그들은 이주민 또는 1세대로 불린다.[11] 그들의 자녀들, 즉 2세대는 "소수민" 또는 "종족문화적" 혹은 "이주" 배경을 가진 소수민으로 불렸다. 예를 들어, 이란의 난민 이동에서처럼 전체 가족들이 떠날 경우, 어느 정도만 사회화된 청소년 자녀들은 수용 사회들에서 교육을 이어가게 된다. 이 특별한 집단은 "1.5세대"로 불렸다. 이주민의 손자 손녀들은 3세대로 간주된다. 대부분의 연구는 3세대 이상으로 확대된 문화 접변의 과정들을 보여준다. 일부 연구들은 교육받은 세계시민적 중산층 또는 국제주의적인 사고를 가진 노동자 계층의 이주민들이 짧은 시간 안에 문화 접변이 된다는 것을 보여준다. 반대로 인종차별 당하거나 소외된 집단들은 주류 일원이 되는 것을 수 세대 또는 수 세기 동안 저지당한다—재일 조선인, 독일의 튀르키예 이주민들, 아프리카계 미국인들이 그 예들이다. 사회 주류 견해에 따르면, 이주민들이 사회적 소외를 당하는 것은 그들이 무능력하고 열등하기 때문이라는 것이다. 그러나 독일, 영국, 미국에 있는 튀르키예 출신 이주민들을 비교 연구한 결과, 편입 체제가 그것에 결정적인 영향을 미친다는 것이 밝혀졌다. 종족문화적 "특성"이나 선호도보다도, 사회 구조가 폐쇄적이냐 개방적이냐가 참여 가능성을 더 크게 좌우한다.

　일반적으로 이주민들은 의식적으로 특정 국가, 민족, 또는 정치 시스템으로 이동한다기보다는, 문화적, 특히 언어적으로 친숙한 곳에서 기회를 찾고 그곳으로 이동한다. 기업 이주민과 투자 이주민을 제외하면, 대부분의 이주민들은 매우 제한된 자원을 가지고 들어오기 때문에 경제적으로 자리잡는 것이 그들의 첫번째이자 가장 중요한 목표이다. 이상적으로는 그들이 그들의 기술, 즉 인적 자본에 맞는 노동시장 분야를 선택할 수 있겠지만, 대부분 일자리를 얻을 가능성이 높고, 낮은 임금과 노동 조건들로 인해 기존의 노동자들("내국인들")의 선호도가 낮은 분야들로 들어가야 한다. 그들이 기본적인 일상 생계와 생필품들을 확보하면, 두번째 단계로 로컬 및 지역 사회 생활에 적응하기 시작한다. 마지막 세번째 단계에서는 대다수가 정치에 눈을 돌리고, 전국적인 제도에 관심을 가지게 된다.

"문화 접변"은 이중적인 과정이다: 사회화를 통해 얻은 문화의 일부 요소는 유지하면서, 다른 요소들은 수정하거나 나머지는 버리는 이주민들의 새로운 사회나 특정 분야로의 점진적인 접근, 그리고 이러한 뉴커머들에 대한 수용 사회의 대개 마지못한 혹은 뒤늦은 적응으로 이루어진다. "편입"은 이주민들이 경제적(또는 다른) 틈새 분야에서 역할을 하는 것을 의미한다. 이들은 이러한 틈새 분야로부터 새로운 환경의 더 깊은 양상들을 탐색할 수 있다. "조정"과 "적응"은 일부 문화적 관습들에 대한 협의된 변화에 관한 것이다. 이것은 다른 관습들을 유지하면서도 수용 사회와의 접촉을 늘리는 것이다. 이주 경험을 이해하는 데 가장 적합한 개념인 "문화 접변"은 기존 관점들과 관행들과 수용 사회의 요구들 사이의 지속적인 조율을 내포한다. 전자는 출신 문화에서의 사회화를 통해 이미 습득된 것들이고, 후자는 직장, 학교, 이웃과 같은 수용 사회의 특정 분야들에서 발생한다. 문화 접변 과정들을 세분화하여 논의하면, 참여가 쉽게 이루어지는 부분과 갈등, 문제, 배제가 일어나는 부분을 구분하는 데에 도움이 된다. 불만족스러운 통합은 문제를 야기하는 구조들과 입장들에 대한 분석들을 요구한다. 1980년대 이래 특정 사회들에서 일부 이주민 그룹 아동들의 예기치 못하게 낮은 성취도와 기술 습득 역량 수준은 학교 교육의 기회라는 측면에서 분석되어야 할 필요가 있다. 그들의 낮은 노동시장 성과는 어쩌면 탈산업화의 결과일지도 모른다. 이 과정에서 그들의 능력에 맞는 전체 노동시장 부문들이 사라지고 있는 것이다.

이주민들이 도착 즉시 활동해야 하는 경제 분야는 분절되고, 계층화되고, 분리된 노동시장으로 특징지어진다(3장 6, 1970년대 이래 새로운 연구들: 세계 체제, 가족 경제, 노동시장 참조). 기업 이주민과 투자 이주민에게 진입한다는 것은 그들의 능력과 자본이 가장 잘 발휘될 수 있는 분야를 찾는 것을 의미한다. 가사 노동에 종사하는 이주민들, 더욱이 돌봄 업무를 수행하는 이주민들은 가족 생활의 친밀한 영역에 빠르게 친숙해지고 언어 능력도 갖추는 것이 필요하다. 가난뱅이에서 부자가 된 미국식 신화와는 달리 "성공"이란 주로 고된 노동을 통해 얻어지는, 개개인에게 자신을 부양하거나 가족 경제에 기여할 수 있게 하는 수입을 의미한다. 그것은 개인의 취향에 따르면서 형편에 맞게 사는 소박한 생활을 의미한다.

경제 영역에서 수용 사회와 뉴커머들의 이해관계들이 교차하게 된다: 전자는 여성 이주민들과 남성 이주민들이 노동력이 부족한 분야에서 활동하기를 원하고, 후자는 생계를 위해 돈을 벌기 원한다. 이해관계들이 맞물려 국가들은 평소 닫혀 있던 입국 문호를 여는 것이고, 이주민들 역시 설사 그들 스스로가 선택한 조건들은 아니라 할지라도 일부 목표를 달성하게 된다. 쉽게 구별되는 집단들이 입국 허가를 받았다면, 그러한 입국 조치는 고용주들이 인종주의적이고 차별적인 환경에서 뉴커머들을 착취할 수 있게 허용하는 것이 될 수 있다.

이주민들은 우선적으로 인근 지역에서—대개 도시의 집값이 싼 지역이나 다양한 문화적 배경을 가진 사람들이 사는 변두리 또는 소수민 공동체 지역에서—새로운 사회 환경을 탐색한다. 시간이 지나면서 그들은 더 큰 도시나 지역으로, 어쩌면 사회 전반에 걸친 제도와 관행으로 그들의 활동 범위를 확장하게 된다. 일반적으로 이주민들은 다양한 도시들 중 한 도시보다는 지인들이나 친지들이 먼저 정착한 특정 동네들과 지역들을 목적지로 정한다. 이런 곳들은 정착의 발판을 제공하고 옛 문화 방식과 새로운 문화 방식 사이의 중재 역할을 한다. 연쇄 이주는 우선 경제적 기반을 강화하기 위해서 대개 생계 능력이 있는 친척들과 친구들을 데려온다. 이주할 사람을 정할 때는 정서적 유대는 뒷순서로 밀린다. 이는 제한된 사회적 자본과 저축 부족으로 인해 어린아이들이나 노부모들을 부양하는 것이 불가능하기 때문이다. 연쇄 이주의 유형들은 젠더화되어 있다: 남성들은 주로 남성 중심의 이주 체인을 구축하고, 여성들은 자매들과 친구들을 부르려는 경향이 있다. 이주는 종종 가족들을 오랜 기간 동안 떨어뜨려놓는다. 여기에서 트랜스내셔널 가족 관계들이 생겨난다(5장 3, 트랜스내셔널, 트랜스로컬 가정들 참조).

경제적 영역과 사회적 영역 둘 다에서 이주민들은 종종 차별을 경험하게 된다. 인종과 문화가 주요 요인이긴 하지만, 이주민들은 일반적으로 감정과 관심사를 자신들의 일상 언어, 신체 언어, 그리고 다른 언어적 방식으로 표현하기 때문에 내국인들에게 천박하거나 멍청해 보이는 경우가 많다. 따라서 그들은 나머지 "모두"처럼 소통하는 것이 불가능한 것으로 보인다. 내국인들과 이주민들 양쪽 모두에서 이중 언어 구사가 이러한 갈등의 소지가 있는 몰이해를 완화시킬 수 있다. 수용 사회의 언어를 아는 것은 분명한 장점이다—따라서 한때 프랑스, 네덜란드, 영국의 식민지였던 국가들에서 이전의 제국주의적 지배 사회들로의 이주가 빈번하다. 한 가지 이상의 언어를 구사하는 고용주의 인사 담당자들은 회사와 새로 온 구직자 모두에게 이익이 되게 이주민들의 고용을 촉진할 수도 있다.

이주민들은 인원수를 늘리고 양적 영향력을 키우며 조직화를 통해 협상력을 향상시킬 수 있다. 따라서 편입과 문화 접변의 과정들이 집단의 규모와 새로운 사회에서의 체류 기간에 따라 어느 정도 좌우된다. 조직화는 이주 맥락에서의 상호부조, 고국 공동체와의 연결, 문화적 관습들의 수용을 위한 지원을 포함하고 있다. 어떤 수용 사회들에서 노동조합은 이주민들을 불러들인다. 다른 수용 사회들에서는 노조가 (인종적으로) 열등하거나 읽고 쓸 수 없는 자를 배제하기도 한다. 이주민 공동체들과 수용 사회는 직장과 교육 및 기타 제도에서 상호작용한다. 시간이 지나면서—수년 또는 수 세대 동안 서서히—그러한 상호작용들은 더욱 빈번해지고, 행위자들은 점차 서로에게 반응하거나 서로의 문화에 익숙해진다.

상호작용이 발전하고 강화되는 것은 수용 사회가 제공하는 참여 기회들과 그러한 기회들을 이용하거나 확대하려고 고군분투하는 이주민들의 의지 둘 다에 달려 있다. 세대들 간의 관점에서 교육 제도들이 특별히 중요하다. 제도로서 학교는 이주 아동들에게 열려 있는가? 어떤 특정한 수업 내용이 그들에게 의미가 있고 유용할까? 이주민 부모들은 자신들의 자녀를 위한 교육—가계 예산에서의 비용 요인—을 원할까? 아니면 자녀가 일하면서 가계에 보탬을 주는 것을 원할까? 문화 접변의 이러한 세대 간의 양상은 가족 전략들, 수용 사회의 교육 제도들과—만약 있다면—참여 정치 제도에 의해 형성된다. 학계에서는 전통적으로 이주민 성인들에 대한 연구가 주를 이루었지만, 현재는 트랜

스컬처럴, 다문화적인 배경의 청소년들에 대한 연구로 보완되고 있다.[12]

여성들이 네트워크를 더 적극적으로 형성하고 참여할수록, 이주를 떠날 때 더 큰 관계망의 상실을 경험할 수 있지만, 도착 후에는 공동체 형성과 이웃과의 접촉에서 특별히 중요한 역할을 담당할 수 있다. 이주민들을 끌어들이는 많은 사회들에서 여성들은 성별에 따른 역할 제약이 감소하는 경험을 하고 남성들보다 귀환하려는 경향이 훨씬 적다. 여성들의 증가한 교육 기회들과 노동력 참여로 인해 수용 사회는 부양 인구에 대한 고용 인구 비율에 관한 한 여성의 교육과 임노동에 대해 제약을 주는 사회들에 비해 비교 우위를 가지게 된다(5장 2, 젠더와 이동 참조).

두 사회들(혹은 그 이상)에 대한 이주민 자신의 비교 분석에서—인터뷰, 편지, 삶을 기록한 다른 글들에서 드러나는 것처럼—선택된 수용 사회는 더 많은 기회들을 제공하고, 종종 덜 엄격한 계층화를 특징으로 한다. 그럼에도 일부 사회들에서 이주민들은—거주민 "소수자들"과 비슷하게—벗어나기 어려운 영구 하층 계급으로 자리매김된다. 학자들은 계급과 종족 문화의 이러한 교차점을 종족-계급체제eth-class regime라고 불렀다.

과거 미국이나 현재의 한국처럼 발전 도상 사회에서, 이주가 생활수준의 향상으로 이어진다는 가정은 신중한 분석을 요한다. 이는 높은 임금 수준을 전제로 하지만, 저임금 노동시장으로 이주민을 격리하는 것과 높은 생활비 등을 고려하지 않는 경우가 많다(3장 2, 신고전학파 경제학과 푸시-풀 모델 참조). 종합적 연구는 임금과 생활비 외에도 사회 서비스와 여가 기회들을 비교하면서 경제적 제도와 사회적 제도 모두를 포괄해야 할 필요가 있다. 19세기 후반에 영국 출신 이주민들은 임금은 낮지만 괜찮은 사회 서비스를 갖춘 경제권을 떠나 임금은 높지만 사회 서비스가 부족한 미국으로 이주했다. 작고 깨끗한 주거 환경을 가진 마을에서 만주, 아르헨티나, 북아메리카 평원들로 이주한 농촌 이주민들은 대개 판잣집이나 땅굴 숙소에 거주하게 되었다. 많은 이들에게 이주는 생활수준의 하락을 의미했다. 생활수준의 향상은 단지 열심히 일한 몇 년 뒤 아니면 다음 세대에서나 가능했다. 유럽, 아시아, 아프리카의 도시 다세대 주택에서 나이로비, 뉴욕, 파리, 모스크바, 상하이의 값싼 주택 지구로 간 도시 이주민들의 이주는 종종 단순히 서비스 시설이 열악한 낙후 지역을 또다른 낙후 지역으로 대체한 것에 불과했다. 리우데자네이루의 빈민가 favela나 이스탄불의 판잣집 지구gececondu에서의 생활은 더 많은 기회들을 바라며 마련한 여정이었지만, 실제로는 생활수준의 하락을 수반한다. 문화 접변의 세번째 영역인 전국적인 정치 참여와 관련해서는, 이주민 지역 사회의 자치 조직화가 참여의 첫번째 단계이다. 바로 근처 이웃에서의 활동, 즉 참여는 도시나 농촌 지역으로 확대되고, 궁극적으로 전국적인 수준을 포함할 정도로 확대된다. 열린 제도적 체제들은 이주민의 포용과 참여를 촉진하지만 닫힌 체제들은 게토화, 소외, 갈등을 초래한다. 이주민들의 인생 여정과 계획을 벗어나게 만드는 구조들은, 뉴커머들을 이러한 경로로 보낸 바로 그 사회에 의해 "일탈적"이라고 간주될 행동을 하게 만들 수 있다. 연구에 따르면, 정치적 의사결정 과정에 대한 접근, 즉 적극적인 참여가 문화적 차이에 대한 수용 사회의 서먹한 "존중"이나 단순한 "관용"보다 이주민들의 통합과 소속감에 훨씬 더 효과적이다. 상호작용적 참여는 내국인들이 이주민들의 이해관계와 생활 방식을 이해하도록 하고, 이주민들은 수용 사회의 제도들을 받아들일 것을 요구한다(6장 2와 3, 포용 전략들: 시민권과 소속감과 21세기 초 이주민들의 정체성 참조).

1960년대 인종 및 인종화 논쟁의 맥락에서 밀턴 고든Milton Gordon은 경험적인 데이터에 기반한 미국 특유의 통합 이론을 제시했다. 그는 인종과 상호 결혼, 종교, 종족-민족적 기원은 물론이고 선입견과 차별의 부재(수용 사회 측면에서 이주민들을 받아들이고 동화시키려는 태도와 행위)에 대해서도 논했다.[13] 캐나다의 사회학자인 존 골드러스트John Goldlust와 앤서니 리치먼드Anthony Richmond는 들어온 이주민들의 적응에 대한 보다 차별화된 다변량 모델multivariate model●을 테스트했다. 노르웨이의 인류학자 프레

● 두 개 이상의 변수 간의 관계를 동시에 분석하는 통계적 또는 머신러닝 기반의 모델을 말한

드릭 바르트Fredrik Barth는 "종족 집단들"과 그들이 상정한 문화에 초점을 맞추고, 경계 지대에서 이루어지는 협상과 제도적 상호 작용에 따른 대응을 통해 집단들이 어떻게 지속적으로 자신들의 정체성과 이미지를 형성 및 재형성하는지를 보여주었다.[14] 한 사회에 진입하는 과정은 그 자체로 다면적이면서 진화하는데, 다음과 같은 것들을 포함한다. 1) 위에서 논의한 분절된 문화 접변 2) 접근성, 의사 결정에서의 동등한 참여, 그리고 제도들과 (과정적) 구조들의 적응성이라는 세 가지 의미의 구조적 문화 접변 3) 뉴커머들이 스스로를 사회의 일원으로 여기고 또 그렇게 여겨지는 정체성 문화 접변. 입국시 이주민들은 자신들의 인적 자본, 사회적 자본, 그리고 저축 또는 투자 자본을 가져온다. 저축 또는 투자 자본이 가장 쉽게 전이될 수 있을 것이다. 인적 자본은 개인의 일부로 전이되지만, 새로운 사회적, 경제적 환경에서는 유용하지 않을 수도 있다. 사회적 자본, 네트워크들, 그리고 자원 이용 권한은 가장 전이되기 어려운 것들이다. 따라서 네트워크들 간의 연쇄 이주들이 문화 접변에 있어서 매우 중요하다.

정체성 형성은 공동체, 사회적 관행, 그리고 제도들 속에 "내재됨"을 함의하고 있다. "소속감"이라는 개념은 평등, 연결, 참여를 기본 전제로 하며, 주변화, 인종화, 분열을 당연시하는 정치

다. 복잡한 데이터 구조의 이해와 예측에 유용하다.

이론화에 반박한다. 이 개념은 또한 국가와 사회를 끊임없이 변화에 적응하며, 동시에 높은 적응력을 지닌 체계로 본다.[15]

영토적으로 한정된 민족국가들에 대한 전통적인 정치 이론의 단점을 인식하고, 젠더, 종족 문화, 인종, 계급에 상관없이 인권에 근거한 시민권을 강조하면서 타리크 모두드Tariq Modood와 파이트 바더Veit Bader는 단순히 이주민들을 기존 구조들에 묶으려고 시도하는 것이 아니라 트랜스내셔널 공간들과 그 안에 사는 사람들을 연결하는 사회 조직 모델들을 제안했다. 역사 속 다양성을 인정하고 모든 구성원들의 평등에 기반한 사회적·정치적 결속을 꾀하는 것을 바탕으로, "급진적이라기보다는 온건한 세속 국가"에서의 "민주적·제도적 다원주의"는 다문화적 트랜스내셔널 이주민들의 인정, 통합, 그리고—가장 중요하게는—참여를 가능하게 하고, 이주민들의 신앙을 받아들이며, 결사 활동을 가능케 한다. 제도의 무차별적 중립성이라는 전통적 전제는 "다수와 소수 집단 사이에 존재하는 구조적(경제적, 사회적, 정치적), 문화적 또는 상징적 **불평등**을 고착화하는 경향이 있다". 제도적 다원주의—이상적으로는 "결사체 민주주의associative democracy"—는 "소수자들의 집단적 자율성과 개인들의 자율성 사이에서 생산적인 균형을 찾을" 수 있다. 개인들에게 있어서, 그것은 "떠날 권리뿐만 아니라 실제로 떠날 수 있는 선택지를 제공하며, 여러 단체들에 중첩되고 교차하는 소속감에 기반하고 있다"."인정의 정치politics of recognition"는 "개인적 신념과 공공 권위 사이의 제도적 분리"를 해소할 필요가 있다. 왜냐하면 "공과 사의 엄격한 구분은 역사적으로 **종속된 자들**이나 새로 이주한 사람들을 희생하며, 단순히 역사적으로 '통합된' 민속 문화의 특권적 위치를 공고히 할 수 있기" 때문이다. 적절한 예를 들자면, 프랑스는 정교 분리에 기초하고 있다. 따라서 무슬림 소녀들이 공립 학교에서 히잡을 착용하는 것이 금지되어 있다. 그렇지만 국가가 기독교 국경일들은 인정하고 강화한다. 중립성의 수사학은 기독교도인 프랑스인들의 특권을 가린다.[16]

그러한 이론화는 이주의 역사성과 국가 구조들에 대한 인식과 문화적 상호작용, 경제적 프레임 등에 근거하고 있는데, 여기에는 복잡한 사회들에 대한 학제적인 시스템 접근법이 포함된다. 그것은 특별히 "민족"이라고 불리는 주류 권력 집단들과 그것의 핵심 기관인 "국가"의 편협한 정치학 연구를 대신한다. 변화하는 복잡한 정치 체제에 대한 시스템 접근법은 두 개의 (또는 그 이상의) 사회들 및 그들 간의 이주 연결에만 국한되지 않고, 지속적인 트랜스컬처럴 연계를 포함한다.

❺ 글로벌 상호 의존과 트랜스컬처럴 일상들

트랜스내셔널리티, 또는 더 나은 개념으로, 트랜스컬처레이션은 전 세계의 모든 사회가 겪고 있는 경험의 일부분이다. 경계를 넘었던 사람들이 살았던 다문화 사회들에는 10세기부터 12세기까지의 이베리아반도 이슬람-유대-기독교 사회와 10세기 이후의 남아시아의 이슬람-힌두교 사회도 포함된다. 15세기 인도양 세계에서 상업 이주민들은 항구들을 연결했고, 경유하는 곳마다 자신들의 구역을 관리할 수 있었다. 14세기에서 17세기에 걸쳐 다양한 종족들과 종교들을 아울렀던 오스만제국은 초문화적 통치 제도들과 관행들을 통해 공존을 제도화했다. 그러한 사회에서 공동체들은 경계가 있었으나, 그 경계는 넘나들 수 있었고, 다른 곳에 있는 공동체들과 매우 긴밀하게 연결되어 있었다. 그러한 경계들 사이의 연결성을 파악할 목적으로 역사가들은 상호 연결된 지중해 세계, 인도양 세계, 또는 전통적 디아스포라들—예를 들면, 중국인 또는 유대인, 최근에는 스코틀랜드인, 이탈리아인, 폴란드인, 레바논인 등의 디아스포라들—의 상호 연결 체제들을 연구했다. 이것을 위해서 그들은 영토적·정치적 통치를 덜 강조하게 되었다. 가령 경제사가들은 언제나 세계적으로 유통되는 목화, 의복, 또는 곡물 생산을 다루었고, 지역에 거주하건, 자발적으로 이주하건, 노예로 강제 이주되건 상관없이 생산자들도 포함했다.

19세기 대양 이주—대서양, 인도양, 아시아 해역권은 물론 태평양 횡단까지—는 (여전히) 출발지 사회들에 사는 사람들과 (이미) 수용 사회들에 정착한 사람들 사이의 지속적인 연결을 수반하는 것으로 인식되었다. 대양을 넘나들며 이어지는 가족·공동체의 일상은 소위 민족국가시대의 상례였다. 당시 90퍼센트 또는 그 이상의 이주민들이 먼저 이주를 떠났던 친지와 친구들에게 합류했다. 1900년경, 수천만 통의 편지가 매년 미국에서 유럽의 모든 출발지 공동체들로 정보를 제공했다. 아시아의 계약 노동 체계들과 태평양 전역에서, 귀환 및 다중 이주들은 공동체들을 연결시켰다. 송금은 대양을 가로질러 가족들을 연결했고, 출발지 사회들로부터 이주민 아이들에게로의 유산 상속의 양도는 보통 간과되었지만, 이 또한 마찬가지였다; 1870년대 초까지 그런 식으로 미국으로 송금된 자금은 미국으로부터 송금된 자금보다 훨씬 많았다. 이주민들은 그들이 선택한 고향에서도 이전의 미적 취향과 요리의 전통을 이어가기 위해서 고국에 꽃과 식물의 씨앗들을 요청했다. 생애 기록은 그러한 트랜스컬처럴 지속성뿐만 아니라 시간에 따른 그것의 약화도 기록하고 있다.[17]

강제 이주들은 트랜스컬처럴 연결들을 겉보기에는 불가능하게 만들었거나 엄밀하게는 그것들을 제한했다. 그러나 노예주들은 목적지들까지 옮겨온 그들의 인적 재산의 내면화된 문화를 빼앗을 수는 없었다. 노예 아프리카인들과 자유로운 아프리카인들은 검은 대서양의 많은 사회들을 연결시켰다. 인도 또는 중국의 지역 사회 출신 계약노동자들은 세계의 플랜테이션 벨트에서 그들 나름의 삶의 방식들을 만들어냈다. 대개 문맹이었던 강제 이주민들 사이에서 문서 교환은 제한적이었으나, 구술 문화에서 기록되지 않은 기억이 고도로 발달했다는 것을 유념할 필요가 있다―그러나 역사가들이 이를 추적하기는 쉽지 않다.

문자 그대로 "트랜스내셔널" 연결들은 민족국가들이 형성된 이후에만 나타날 수 있다. 이 개념의 미국 지지자들은 사실 그러한 연결들이 1980년대 이후의 현상일 뿐이라고 가정했던 반면, 영국 학자들은 동일한 연결들에 대해 깊은 역사성을 지닌 디아스포라 개념을 선호했다. 지난 15년간의 연구에 따르면, "역사적으로 트랜스내셔널 연결들, 문화들, 공동체들은 일상적인 현상이었다. 이러한 보편적인 특성은 비교적 최근의 근대 민족국가 시대 동안 일시적으로 감추어지기도 했다". 제도화된 종교, 상업적 기업, 초지역적 이주민 공동체, 또는 장인들의 네트워크 등의 초국가적 조직들은 영토화된 민족국가 형성 이전에 존재했다.[18] 19세기 말의 노동 및 여성 운동이나 20세기 말의 환경 운동 등과 같은 사회 운동들은 국내에서 변화를 더 효과적으로 이루기 위해서 국가 경계들을 넘는다. 그러므로 초**지역적**인 것의 강조는 다양한 형태의 지역 정체성들을 수용한다.

일부 학자들은 트랜스내셔널 및 트랜스컬처럴 교류를 최근 증가하는 텔레커뮤니케이션의 규모와 속도와 연계하기도 한다. 시간이 지연되던 접촉들은 실시간 교류들로 바뀌었다. 전자 전송된 문자들은 사진과 함께 전달될 수 있으며 기념 행사들이 영상 통화스카이핑, Skying를 통해 가상 참여로 진행될 수 있다. 그리고 저가 항공 여행은 가족들이 쉽게 거리를 좁힐 수 있게 해준다. 인도 **출신의** 중산층 이주민들과 인도**에 있는** 친지들은 결혼식, 생일, 장례식과 같은 가족 행사에 참여하는데, 이는 여행이나 기술적 비용이 가족 재정 범위 내에 있을 경우라면 대륙에 상관없이 가능하다. 프랑스에 사는 대부분의 서아프리카인들과 같은 수입이 낮은 이주민들에게는 여행을 통한 고국 사회들과의 연결들이 덜 강하다. 그럼에도 19세기 이주민 남성들과 여성들은 대개 사진들이 동봉된 서신 교환을 통해서 결혼 상대를 찾았다. 시간이 걸리는 서신이지만 가족의 연결을 방해하지는 못했다. 트랜스컬처럴 일상들은 이주사의 일부이다.

트랜스내셔널 공간들은 소속감에 대한 문제를 제기한다. 1950년대의 개념들을 요약하자면, 이주민들은 뿌리 뽑힌 자들이거나 불확실한 상태에 있는 것일까? 정체성들(복수!)이 관계 속에서 발전하며, 성격 측면, 가치 체계, 집단 문화의 활성화가 맥락에 따라 달라진다는 인식은 다중적인 소속들이 공존한다는 것을 아주 분명하게 만들었다—사실 이러한 다중적 소속은 사회적 자본의 개발과 활용을 위해 필수적이다. 정체성들은 절대적이지 않고 유동적이다. 그것들은 특정한 맥락들 속에서 작동하고 효력을 띠게 된다. 민족의 구성원들과 타자들을 나누는 민족국가의 강요된 이분법은 이론적으로, 그리고 여러 나라들에서는 실제적으로 시민권을 인권과 결합시키면서—인권은 처음부터 세계적이고 피부색에 연연하지 않았다—극복되고 있는 중이다. 그럼에도 신자유주의 경제 신조를 추구하는 다른 국가들은 미국의 멕시코인이 되었건, 페르시아 걸프 지역 국가의 방글라데시인이 되었건, 분리되고 대개 피부 색깔로 차별받는 사람들을 권리를 박탈당한 노동력으로 만들어낸다(6장 21세기 초의 전망들 참조).

따라서 특정 사회들과 국가들뿐만 아니라 초경계적 이주, 자본의 흐름, 상업적 교류, 사상과 가치를 통한 상호 연결성에 대한 시스템 접근법은 트랜스컬처럴 접근들의 "트랜스-공간화$^{trans\text{-}spatialization}$"에 의해 확장되었다: 횡대양적이고 횡대륙적인 공간들뿐만 아니라 트랜스내셔널 공간들, 횡지역적, 트랜스로컬적 공간들 또는 "글로컬" 공간들이 그러하다. 경계들은—분리시키지만, 구멍이 숭숭 뚫려 있고 진입이 가능한—트랜스컬처럴 공간들의 한 양상이다.

참고 문헌

이주사와 이주 연구에서 학문적 발전을 반영하고 있는 포괄적이고 이론적인 편저나 단행본은 없다. 시스템 이론은 여러 분야에서 발전했는데, 보통 학제적인 목적을 가지고 있다. 이런 모든 변이형들이 동의하는 바에 따르면, 총체적 접근이 전문화된 심층 연구보다 사회 변동을 더 잘 포착한다.

Brettell, Caroline B., and James F. Hollifield, eds, *Migration Theory: Talking across Disciplines* (New York, 2000).

Cohen, Robin, *Global Diasporas: An Introduction* (London, 1997).

Faist, Thomas, *The Volume and Dynamics of International Migration and Transnational Social Spaces* (Oxford, 2000).

Harzig, Christiane, and Danielle Juteau, with Irina Schmitt, eds, *The Social Construction of Diversity: Recasting the Master Narrative of Industrial Nations* (New York, 2003).

Hoerder, Dirk, "Changing Paradigms in Migration History: From 'To America' to World-Wide Systems," *Canadian Review of American Studies 24.2* (1994), 105-26.

Isajiw, Wsevolod W., *Understanding Diversity: Ethnicity and Race in the Canadian Context* (Toronto, 1999).

Mahler, Sarah, and Patricia Pessar, "Gendered Geographies of Power: Analyzing Gender across Transnational Spaces," *Identities 7* (2001), 441-59.

Morawska, Ewa, and Michael Bommes, eds, *International Migration Research: Constructions, Omissions, and Promises of Interdisciplinarity* (Aldershot, 2005).

국제 이주 리뷰(The International Migration Review, 1966년부터)는 이론적 반영과 경험적 연구에 대한 최고의 논의를 제공하고 있다. 지난 20년 동안 인종, 종족성, 그리고 문화 접변을 다루는 학술지는 그 수가 많아졌고, 여러 나라에서 발행되고 있다.

5

학문적 도전으로서 이주 일상들

■

이동하는 사람들의 일상에서 가장 중요한 쟁점들이 특정 시점에서 항상 이주 관련 학술 연구의 중심에 있는 것은 아니다. 모든 연구 분야들은 자체적인 역동성을 만들어내는 경향이 있는데, 종종—인류학, 일부 지리학, 그리고 사회학 프로젝트들을 제외하고는—연구 대상이 되는 사람들과는 상대적으로 격리되는 경향이 있다. 3장에서 살펴보았듯이, 학자들이 특정 국가들로 들어오는 이주에, 더 드물게는 특정 국가들로부터 나오는 이주에 초점을 맞추었다면, 이주민과 그들의 가족들은 특정 국가들과 제국들이 그어놓고 통제하는 경계들을 가로질러 상호 경제적 지원과 감정적 유대를 만들고 유지했다. 학자들은 이주민을 문제로 보는 경향이 있었지만, 당연히 이주민들은 대개 그러한 견해를 공유하지 않았다.

1990년대 세계화와 트랜스내셔널리즘 이론가들(3장 8, 트랜스내셔널 접근들과 트랜스컬처럴 사회 연구들, 4장 5, 글로벌 상호 의존과 트랜스컬처럴 일상들 참조)이 처음으로 민족국가들의 약화를 경축하는 동안, 직업을 구하거나 친구들이나 친척들을 만나기 위해 이동—때로는 비교적 짧은 거리를 두고—하고 싶어했던 남성들과 여성들은 외국인 증가가 자국 영토에 미칠 영향을 두려워한 민족국가들에 의해 첨예화되던 관료적, 법적, 심지어 물리적 장벽으로 인해 좌절해야만 했다. 그들이 이동했을 때, 그들 중 다수는 발각될 불안 속에서 살아가야 하는 "불법"이자 환영받지 못하는 이주민 또는 노동자가 되었다. 민족국가는 여전히 이주민들에게 현실적인 힘을 가지고 있는 듯하다. 학자들, 특히 미국 학자들이 이주민들의 경험에서 인종의 중요성에 점점 더 많은 관심을 두고, **다양성**의 찬미가 오스트레일리아, 캐나다, 미국, 그리고 유럽 일부 다문화 사회들에서 흔한 일이 되어가던 거의 같은 시기에, 이동하는 남성들과 여성들은 인종에 개의치 않고, 자신의 인종 및 문화 집단 밖의 사람들과 결혼하면서, 옛 고향과 새로운 고향의 문화를 혼합해 새로운 문화적 **융합**을 만들어내었다. 그들은 인종과 종족 집단 경계에 대한 학문과 국가 기반 범주들에 종종 반하는 새로운 정체성들과 가족들을 만들어낸 것이다.

이 장의 목적은 이주민들에게는 오래전부터 핵심적이었지만,

연구자들에게는 최근에야 더욱 중요하게 된 다양한 쟁점들을 검토하는 것이다. 연구 핵심이 된 두 현상은 인종과 젠더이다. 더 나아가 다른 두 현상, 즉 트랜스내셔널 가족의 중요성과 국가의 역할에 관해 학자들은 일종의 "따라잡기" 게임을 하고 있다. 이주민들이 이동하며 살면서 얻은 경험의 결과로 오랫동안 소유해 온 관점과 경험들을 학자들이 뒤늦게 구체화하려고 노력하는 중이다. 결국 글로벌한 분석에 대한 전적인 집중은 학자들로 하여금, 노동시장이 흔히 그러하듯, 국가 내부의 통제 및 조정 체제를 국제적 또는 상호 지역적인 범위에서 분석하게 만들고 있다.

❶ 인종과 이동성

19세기 후반에 이루어진 초기 이주 연구들은 대개 인종에 초점을 맞추었고, 인종주의적 "과학"의 영향을 받았다(3장의 1, 1880년대부터 1950년대까지의 이론과 실제 참조). 비록 인종에 관한 많은 학술적 작업이 북아메리카와 대영제국에 대한 연구 맥락에서 이루어졌지만,[1] 인간 이동과 관련하여 인종에 천착한 것은 단지 영어권 지역들에서의 노예제, 계약노동 또는 인종주의적 과학—소위 과학적 인종주의—의 유산만은 아니었다. 따라서 유구한 인간 역사와 광범위한 지리적 규모에 걸친 이동성에 관한 연구는 다음과 같은 중요한 질문들을 던지게 한다. 문화적 차이와 이주민들의 인종화 및 인종차별이 개인과 집단 정체성에 미친 영향을 현대적으로 이해하기 위해 우리는 얼마나 먼 과거로 거슬러올라가야 하고, 얼마나 광범위하게 세계를 두루 살펴야 하는가?

"인종"에 따른 인간의 사회적, 법적 구분, 즉 피부색과 같은 외형적 표지들과 가정된 유전적 차이는 근대적 현상인 듯하다.[2] 대개 초기 연구들은 왕조 또는 공화정 국가 조직들을 갖춘 그리스 또는 중국, 그리고 다른 농경 사회들을 유목민과 "야만인" 이웃들과 대비시켰다. 19세기 "과학적 인종주의자" 이론가들은 그러한 문화들의 위계를 인종적 차이의 산물로, 다윈 이후에는 역사적 적자생존의 자연스러운 결과로 보았다. 그러나 "문명화된" 중국인들과 같은 집단들이 이웃 "야만인들"을 만났던 복잡한 경계 지역들에서 집단들을 구분시켜주었던 것은 대개 주거와 의복, 그리고 일상의 문화 또는 종교의 다른 표지들이었지, 외모상의 차이는 아니었다.[3] 토지와 자원의 통제 또는 사용을 둘러싼 전쟁, 약탈, 폭력적 충돌의 사례들은 오늘날과 비교해 어쩌면 더 짧고 지역적이었을지 몰라도 분명 격렬했었지만, 양방향으로의 전환, 통과, 문화 접변의 사례들은 전 세계의 경계 지역들에서 비교적 일반적이었고 문제가 없었던 것으로 보인다. 그럼에도 유럽과 아시아의 광활한 대지들을 가로질러 이루어졌던 농부들과 유목민들의 이동은 여전히 왕조 지배자들과 제국의 엄중한 감시 아래 있었다. 특히 19세기 산업화와 무역이 더 많은 수의 농촌 이주자들을 도시들로 끌어들이기 시작했을 때도 그러했다. 도시들은 높은 수준의 문명화에 대한 자부심을 가지고 도시 생활 방식에 농촌 사람들의 낙후성을 대비시켰다.

최근의 연구들 대부분은 15세기를 시작으로 유럽의 "백인 인종들"이 아메리카, 아프리카, 아시아에서 자신들의 지배권을 확립하기 위해서 어떻게 피부색과 연관된 인종주의적 사상들을 이용했는지에 집중했다. 유럽이 팽창하고 유럽 백인 학자들이 인류 문화의 기원, 분류, 평가에 대한 당시의 과학적 사고를 공고히 하면서, 소위 백인종들과 그 나머지 또는 세계 "유색인종들" 사이의 엄격한 구분이 출현하고 확산되었다. 대서양 노예 무역과 유럽인들이 탐낸 아메리카와 아프리카와 태평양 일부 지역의 원주민 정복은 18세기 프랑스, 독일 및 기타 유럽 사상가들에 의해 처음 제기된 인종 차이 이론들의 번성 없이는 상상할 수 없고, 그것과는 떼려야 뗄 수도 없다. 거대한 종족문화적 인구 집단들을 가진 왕조 국가들에서 생겨난 거의 모든 새로운 민족들은 정착민을 불러들이고 외국인의 귀화 조건들을 규정하는 데 있어서 생물학적 인종 이해를 채택했다.[4] 게다가 그러한 이해는 제국주의적 노동력 모집 제도, 아프리카와 아시아에 대한 유럽 열강들의 영토 쟁탈전, 북아메리카와 남아메리카, 아프리카와 태평양의 일부 지역들의 원주민들의 강제 퇴거와 종속—그리고 때때로 명백한 살인까지—을 뒷받침해주었다(2장 5, 두 개의 세계에서 하나로: 이주, 순환무역, 문화접촉 참조). 아메리카와 유럽의 노동시장들로 중국과 다른 아시아 노동자들의 진입을 제한하거나 막기 위한 캠페인은 "황화론"●으로 인종화를 부추겼다. 머지않아 그러한 공포는 19세기 말에 북아메리카로의 이민을 모색하고 있던 남부 및 동부 유럽의 인종적으로 열등하다고 여겨진 백인 인종들까지도 표적으로 삼았다(2장 7, 19세기 글로벌 이주 체계들 참조).[5] 그 결과가 20세기 초의 인종 이론들에 근거한 엄격한 제약과 배제였다. 그래도 한편에서는 나치의 유럽 유대인 제노사이드와 다른 한편에서는 카리브해 지역과 중앙아메리카 및 남아메리카 일부의 아프리카 이주민들, 유럽 이주민들, 원주민들 사이의 혼종과 생물학적 혼혈—민족 집단의 형성—에 대한 트랜스컬처럴 이론들의 출현이 암시하듯이, 여전히 세계적으로 인종에 대한 이해들은 편차를 보였다(2장 6, 자치사회, 식민지사회, 식민지배 사회에서의 이주민 참조).

제2차세계대전 이후 파시즘의 붕괴와 유럽 제국들의 해체

● 황화론(yellow peril)은 제국주의인 19세기 말, 20세기 초 유럽과 북미 지역에 널리 퍼졌던 동아시아인들, 특별히 중국인들에 대한 인종차별적 은유였다. 이는 아시아인들이 서구 사회에 위협이 된다는 공포와 두려움을 조장하고, 그들에 대한 편견과 차별을 공고히 하기 위해 사용되었다.

와 함께 과학적 인종주의에 대한 비판들이 주를 이루었고, 새로운 학계는 인종 구분들이 하등의 과학적 근거도 없다고 주장했다.[6] 유럽으로의 포스트식민주의 역이민, 북아메리카와 오스트레일리아의 인종차별적 이민 기준 폐지, 남아프리카공화국의 아파르트헤이트 종식은 예전의 "백인" 사회들 대부분을 "흑인" 또는 "유색인" 사회들이 예전 유럽 식민 지배자들의 이민으로 그렇게 된 것처럼 다채로운 색깔의 사회들로 만들었다. 1970년대 이래 "백인 연구"와 "서발턴 연구"가 생겨났다.[7] "인종"은 사회적 구성물로 인정받게 되었고, 다양한 피부색들을 흑백의 이분법으로 단순화하는 것은 폐기되었다. 오늘날의 고정관념과는 대조적으로 "흑색"이 부정적인 것으로만 입증되었던 것은 결코 아니다. "눈과 같은 백색과 흑단 같은 흑색"(서구세계) 또는 "눈과 같은 백색과 옻칠 작업과 같은 흑색"(중국)은 긍정적인 시선을 시사한다.

그럼에도 세계의 다른 지역들, 가령 인도의 북부 및 남부 사람들 사이에서 또는 중국인들과 일본인들 간에, 또는 라틴아메리카 사람들 사이에서도 색상 코드화와 인종화는 큰 영향을 끼쳤다.[8] 대영제국의 이전 백인 정착 국가들에서는 인종에 대한 아주 오래된 이해들이 종종 문화적 차이들과 다문화주의에 관한 논의에 영향을 미쳤다. 더욱이, 인종차별적 배제와 불안의 흔적들은 이주민들이 인종차별에 반응하여 형성된 정체성들 속에 여전히 남아 있다. 이주민들은 오래된 이주 정책하의 국경에서, 그리고 원주민들과 일상적인 상호작용에서 그러한 인종차별을 경험했다. 원주민들의 외국인들에 대한 불안은 인종적 혼혈에 대한 불안에 의해 더욱 악화되기도 했다. 이는 혼혈을 금지하고, 미국의 이전 노예들이나 오스트레일리아 원주민들과 같은 인종적으로 달갑지 않은 자국 출생 소수자들을 물리적으로 격리했던 오랜 역사를 가진 나라들의 사례이다. 이주민들은 대개 인종적 차이의 비합리성에 대해 특히 민감하다—어떤 이들은 수용 사회들의 인종주의적 관행에 대한 매우 거침없는 비판자가 되었다. 그들은 그들의 출신 사회들에서 인종적 범주들의 다양성, 즉 그것들의 과학적 기원보다는 문화적 기원을 경험하고 배웠기 때문이다.

❷ 젠더와 이동성

약간 유사한 예로, 이동하는 사람들 사이에서 현대 젠더 관계에 대한 인식은 그들이 과거 이주 여성들의 재현과 활동, 그리고 남성과 여성 모두에게 젠더화된 이동 방식 자체에 대해 잘 알지 못했다는 것을 일깨워주었다. 19세기 대서양 횡단 이주에서 여성은 이주민들의 5분의 2를 차지했고, 1930년대부터는 2분의

1을 조금 넘는 비율을 차지했다(2장 9, 1950년대 이래 탈식민화와 이주의 새로운 글로벌 형태들 참조). 그들은 종종 여성들만의 네트워크 안에서 이동했지만, 독신 남성들 또한 결혼을 위해 배우자를 데려오기도 했는데, 때때로 서신을 통해서 그렇게 했다("우편 주문 신부들"). 태평양 지역 이주에서 여성의 비율은 특히 낮았고 문화에 따라 달랐다. 일본 출신의 이주민들과 필리핀 출신의 이주민들은 가정을 이루었는데, 때때로 그것은 사진 교환을 통해서 성사되었다("사진 신부들"); 중국 출신의 이주민들은 주로 남성들 중심의 공동체들을 이루었는데, 그것은 제국 내 관습뿐 아니라 입국법 역시 여성들의 이동을 제한했기 때문이었다.

미국의 통계에 따르면, 오늘날 여성들은 남성들과 마찬가지로 대개 일자리를 찾아 국제적으로 이동한다.[9] 심지어 전자 산업과 "경"공업의 성장과 서비스 산업의 발전 때문에 세계 노동력 수입 부분에서 들어오는 이주민들의 다수를 차지하는 것은 여성들이다. 거주 여성들이 어느 정도의 직업적 평등을 이루었고, 어린이들, 노인들, 병자들을 돌보기 위한 국가 재원이 부족하고 심지어 신자유주의 이데올로기하에서 더욱 감소하고 있는 부유한 사회들에서 가사 "도움"의 수요는 엄청나게 늘었을 뿐만 아니라 청소 업무에서부터 돌봄 기술로까지 진화했다. 다른 문화적 배경을 가진 이주 여성들이 유아와 어린아이들을 기르고 노인들을 보살피는 것이다.[10] 수용 사회의 가정에서 그들의 존재는 하나의 민족이 되는 자동적 사회화 개념에 의문을 제기했다. 그들은 해외에서 번 돈을 송금하여 필리핀, 방글라데시, 라틴아메리카 같은 "고국"에 남아 있는 가족들과 국가 경제를 지원한다.

학자들은 오늘날 남성과 여성의 국제 이주가 좀더 균형 잡혀 있다는 것에는 동의하는 듯하지만, 사실 19세기 이전 이주민들 사이의 젠더 관계에 대해서는 상대적으로 거의 알려져 있지 않다. 패트릭 매닝Patrick Manning은 시공간을 넘나드는 공동체 간 이주민들 사이에서 남성 우위의 경향이 나타난다고 주장하는 유형론을 제시했다(2장 1. 태고시대: 호모 사피엔스, 동아프리카에서 전 세계에 걸쳐 이주하다 참조). 그는 이주를 세계사 속 충돌, 적응, 변화의 근본적인 동인으로 보고 있다. 논쟁의 여지가 있는 그의 견해는 영국의 인구센서스에 따르면 여성들이 남성들보다 더 자주 이주하지만 주로 단거리 안에서만 이루어진다는 19세기 후반 라벤슈타인의 주장을 되풀이하고 있다(3장 1. 1880년대부터 1950년대까지의 이론과 실제 참조). 라벤슈타인에게 남성은 역시 탁월한 장거리 이주자들이었다. 그러나 확실히 이것은 오로지 장거리 국제 이주에만 해당된다. 미국이나 브라질과 같은 광활한 국가들 안에서는 남성들과 마찬가지로 여성들도 아주 먼 곳으로 이주한다.

학자들이 3장 4에서 제시된 이주 유형들을 젠더적 관점에서 어떻게 이해할 수 있을지를 탐구하기 시작한 것은 분명 의미 있는 일이다. 확실히, 여성들과 특히 아이들은 자신들을 자유로운 이주민에서 배제하는 많은 사회들에서 더 많은 이동의 제약을 받는다. 나가는 이주민들과 들어오는 이주민들에 대한 국가 정책들은 대개 젠더에 대한 사회적 이해를 반영하며 밖으로 이주하는 여성의 권리들을 제한하기도 한다.[11] 데이터에 따르면, 난민을 야기하는 위기들은 종종 많은 여성들과 아이들을 동반한 이주들로 이어지는데, 이는 전쟁과 정치적 폭력의 특징인 높은 사망률이 거의 단지 남성들에게만 해당되기 때문이다. 게다가 최근—제1차세계대전과 이후 이어진 내전에서 러시아 가정들이 대대적으로 붕괴된 이후처럼—보호자가 없는 아이들은 자력으로 위기 지역들을 탈출해야 한다.[12] 과거 이주들과 이주 체인 같은 단체들, 그리고 트랜스내셔널 또는 트랜스리저널 가족들에서 남성들과 여성들, 가족 집단들과 개인들 간의 균형에 더 큰 관심을 기울이는 것이 특히 중요하다.

실제로, 많은 페미니스트 학자들은 미시적, 메소적 그리고 거시적 수준에서 인간 이동을 젠더화할 것을 촉구해왔다.[13] 학자들은 오랫동안 가족과 가정 내의 젠더 역학에 주목했고, 가족의 의사 결정과 의무가 이주 흐름을 어떻게 형성할 수 있는지를 지적해왔다. 이로 인해 젠더는 이주 이동의 선택에서 중요한 요소가 된다. 그러나 선택을 넘어, 젠더는 이주를 아주 지속적으로 구조화한다. 송출 사회에서 여성에 대한 특별한 제약들은 그들이—

가령 강제 결혼과 같은 상황으로부터—탈출할 동기가 될 수 있다. 또는 여성들은 종종 목적지 사회들이 돈을 벌고, 결혼을 하거나, 교육을 받는 데 있어서 더 많은 선택지들을 제공한다고 상상하거나 그것이 사실이라고 알고 있다. 결국 젠더 비율은 수용 지역들에서 문화적 역동성을 형성한다. 남성들이 많고 여성들이 적게 이주할 경우, 남성들은 성적 동반자와 결혼 상대자 둘 다를 자신들의 문화 집단 밖에서 찾게 되는데, 이것은 새로운 하이브리드 정체성들의 시작과 외국인 공동체들과 토착민 공동체들의 조화를 촉진시킨다. 이러한 상황들에서 개개 집단의 여성들은 부나 권력을 공고히 하려는 계획들을 추구하는 동시에 문화적 매개자로서의 역할을 시작할 수 있다. 그러므로 많은 학자들은 남성들만의 이주들은 공동체 형성에 실패하고, 정착, 문화적 적응, 공동체 제도의 형성(아이러니하게도, 전적으로 남성들에 의해 운영되는 언론과 같은 제도조차도)은 유사한 배경들을 가진 여성들의 도착과 함께여야 비로소 시작된다고 주장한다. 비슷하게, 대규모 남성들 또는 여성들의 나가는 이주가 출발 사회에 미치는 영향, 여행의 준비, 국경의 중요성과 이를 넘을 수 있는 사람들을 규정하는 규칙들, 경제적, 문화적, 사회적 적응 과정과 정치적 참여, 그리고 새로운 개인 및 집단 정체성들의 형성 모두 젠더에 따라 잠재적으로 다른 것으로 연구될 수 있다.[14]

이동하는 자들이 종종 인종 범주들의 문화 간 차이나 인종화된 인간 상호작용의 예절을 특히 잘 인식하듯이, 이동하는 남성들과 여성들은 사적인 삶과 공적인 생활에 영향을 미치는 젠더 이데올로기와 관습의 차이 역시 예리하게 인식하게 된다. 이 차이는 연애와 자녀 양육의 규범에서부터, 남성 또는 여성이 특정 유급 업무를 "자연스럽게", 그리고 가장 효과적이고 효율적으로 수행한다는 기대에 이르기까지 다양하다. 남성들과 여성들은 자신들이 떠나온 사회의 젠더화된 방식들을 고수하거나 새로운 사회의 관습들에 적응할 수 있는데, 결혼, 가정, 교육, 경력을 위한 자신들의 개인적 노력에 더 유리한 쪽으로 행동하게 된다. 많은 목적지 국가들은 유급 노동이 이주 여성들에게 해방을 가져다준다고 여겨왔지만, 정작 그 여성들은 일자리를 찾아 집을 떠나는 것이 어머니이자 식생활을 책임지는 존재로서 가족 내에서 행사해온 권력을 잃는 것을 의미할까 두려워하곤 한다.

결혼의 오래된 전통이나 로맨틱한 사랑의 규범이 가정을 꾸리려는 소녀들과 소년들에게 더 큰 안정이나 기쁨, 혹은 권력을 제공하든 간에, 그것들은 거의 늘 이주민 가족 내부에서 젠더화되고 세대화된 긴장을 유발한다. 정주자들보다는 이주민들이 하나 이상의 문화들이 갖는 젠더 이데올로기와 실천 요소들을 관찰하고, 경험하며, 때로는 거부하거나 수용하고, 그것들을 결합할 수 있는 능력이 더 크다. 최근 학자들이 발견한 것과 마찬가지로, 문화적 경계들을 가로지르는 이동은 인간의 성적 습성들의

―자연적이고 알려진 대로 생물학적인―기원들과 심지어 남성과 여성의 범주 자체에도 의문을 제기한다.[15] 첨예한 갈등, 엄청난 변화, 창의성은 분명 이주 경험의 일부이지만 게이, 레즈비언, 양성애자, 트랜스젠더 또는 "퀴어" 공동체들의 이주민 활동가들이 일상에 존재하는 그것들에 관심을 끌기 시작하기 전까지는 학자들에 의해 거의 연구되지 않았다.

❸ 트랜스내셔널·트랜스로컬 가정들

1990년대 내내 사회과학자들은 트랜스내셔널리즘의 새로움을 주창했는데, 이에 대해 역사가들은 점점 더 목소리를 높이며 반박했다. 사회과학자들은 오늘날의 글로벌시대가 19세기 후반과 20세기 초반의 글로벌 경제, 이주들, 정보와 물자 흐름과 유사하다고 지적했다(3장 8, 트랜스내셔널 접근들과 트랜스컬처럴 사회 연구들과 4장 5, 글로벌 상호 의존과 트랜스컬처럴 일상들 참조). 이전 시대에 이주민들과 그들의 네트워크들을 연결했던 커뮤니케이션 형태들(편지, 신문, 송금 등)과 이미지들처럼 휴대폰, 인공위성, 인터넷과 같은 새로운 기술 유형들이 사랑하는 사람들로부터 떨어져 있는 이주민들의 커뮤니케이션 또는 이동하는 사람들의 정체성 혹은 정치적 충성심을 크게 바꾸어놓을지 여부는 확실히 탐구할 가치가 있다. 적어도 트랜스내셔널 연결들의 의미와 강도에 대한 질의와 논쟁으로 인해 사회과학자들과 역사가들 사이의 다학문적 대화가 중요해지고 있다.

결혼 및 자녀 출산과 양육을 통해 생식 및 친밀 집단들을 형성하려는 보편적인 인간의 의무와 이주 사이의 관계를 이해하려는 노력보다 그것이 더 잘 드러나는 곳은 없다. 이주는 대개 고도의 선택적 과정이기 때문에, 가족들과 가정들은 이주로 인해 분리되면, 이것이 기본적인 사회적 결속들, 애정의 유대, 경제 교류의 가족적 형태들, 연대, 상호부조를 지속시키기 위한 커뮤니케이션과 추가 이동을 독려하게 된다. 가정을 구성하는 어머니, 아버지, 아들, 딸, 형제, 자매, 사촌, 조카딸과 조카, 숙모와 삼촌, 그리고 조부모 또는 손자의 관점에서 볼 때, 이주는 19세기에도 오늘날의 글로벌시대와 마찬가지로 감정적이고 사회적인 분리들을 동반하고 있었다. 하지만 이러한 모든 이별과 먼 거리 너머로 가족의 유대를 유지하거나 재생산하려는 노력을 트랜스내셔널이라고 간주할지는 분명하지 않다. 왜냐하면 그것은 전 세계적으로 민족국가들이 인간 생활과 지리를 지배하기 훨씬 이전부터 존재해왔기 때문이다. 고대 그리스의 도시국가들, 근대 초 말레이시아, 혹은 18세기 제노바에서 생겨난 상인 디아스포라들은 대개 오랜 세월 동안 방대한 거리를 사이에 두고 경제적, 사회적, 문화적, 그리고 정서적으로 서로 결속되어 있었던 친족 네트워크들이 존재했기에 크게 번창할 수 있었다. 그러한 가정들의 개개인은 왕조 국가나 민족국가의 법률들은 아니더라도 다양한 사회들의 법규, 언어, 기대 등으로부터 영향받는 삶을 살았다.

이주는 특히 부모와 자녀들, 남편과 아내의 관계들에 영향을 미칠 수 있다. 떨어져 있는 아버지들은 아이들에게 낯선 존재가 되었다. 오늘날과 같이 많은 어머니들이 이주민이 되는 경우에 남겨진 자녀들의 양육이 수십 년 동안의 친족 관계들을 재정리할 수 있다. 아버지들과 남편들이 떠난 어머니의 가정적이고 감정적인 "모성" 활동에 대한 책임을 맡을 수도 있고, 혹은 그렇지 않을 수도 있다.[16] 어쩌면 할머니들과 친척 여성들은 그들의 이주한 딸들, 자매들, 며느리들을 위해 아이들의 주양육자가 되기도 한다. 떠나간 아버지의 아이가 된다는 것은, 가령 오늘날의 필리핀에서 떠난 어머니의 아이가 되는 것과는 전혀 다른 경험이다. 목적지 사회들 역시 부모에게 부과된 양육의 짐들을 인정하거나 그것을 평가절하하는 젠더화된 용어들로 들어오는 이주민들의 가치를 평가한다. 미국 노동부 경제학자들이 오늘날 들어오는 이주민의 대부분이 여성들과 아이들이라는 조사결과를 발표했을 때, 노동경제학자들은 이러한 데이터를 미국 이민의 "질적" 하락의 증거로 해석하기 시작했다.[17]

대부분의 인간 사회들에서 가정과 가족은 노동 교환, 경제 생산, 소비의 기본 단위들이다. 이주에 대한 결정들은 종종 머나먼 곳에서 자원을 찾거나 임금을 벌거나 사업 기회를 모색하기 위해서 가족 일원들 중 누가 가정의 일상생활에서 가장 쉽게 벗어날 수 있을지에 대한 가족 내의 합의—또는 갈등—를 반영한다. 때때로 가장 쉽게 대체될 수 있는 것이 결혼하지 않은 자녀들의 노동이다. 때때로 다른 곳에서 가장 많은 것을 벌어올 수 있는, 경제적 용어로 가장 합리적인 이주민은 성인—대개 아버지—이다. 연령대가 다른 남성과 여성의 노동과 적절한 일에 관한 젠더화된 기대들은 이주자로서 가족과의 분리를 경험하는 사람들과 뒤에 남아 분리를 경험하는 사람들에게 아주 큰 영향을 미친다.[18] 남은 사람들은 거의 언제나 더 많은 시간과 에너지를 투자하며 떠난 사람들이 했던 노동을 해낸다. 사실 떠나는 자들은 재산 관리와 나이든 친척을 돌보기 위한 복잡한 조처들을 조정해야 하고, 출발하기에 앞서 재정 지원과 귀환에 대한 약속을 해야 할 수도 있다. 가정 내의 젠더와 연령위계—아이들에 대한 어머니들의 기대, 자녀들의 수입으로 이득을 보려는 아버지들의 바람, 결혼 지참금을 받으려는 딸들의 희망—는 이주의 시기, 선별 기준, 유형에 중대한 영향을 준다. 즉 단기 혹은 장기, 순환 혹은 영구, 원거리 혹은 단거리 이주 등이 그러하다. 대안적으로, 가족 단위로 함께 이동하는 결정은 이주 비용을 확실히 증가시키지만, 특히 도착지에서 (일반적으로 개인보다는 가족 노동을 요하는) 농업이 가장 확실한 생계 수단이 되는 경우에는 해외에서 생존할 수 있는 유일한 방법이 될 수도 있다.

과거나 현재나 가족에 대한 이주의 경제적 결과들은 널리 인정받고 있다. 대개 돈과 재화는 일종의 역이주 방식으로 고향을 떠난 사람들로부터 남겨진 친지들과 가족들로 이동한다. 때때로 이러한 "송금"은 목적지 사회들에서 장래의 이주들과 재결합을 재정적으로 지원한다. 아니면 그것들은 때때로 송출 사회들에서 자녀의 결혼이나 가족의 미래 재생산을 보장하는 투자에 쓰이기도 한다. 부동산 투자, 소규모 사업, 주택 개량 등이 해외에서 벌어들인 돈의 일반적인 사용 내역이다.[19] 송금은 소비 증가를 촉진할 수도 있다. 특히 이주민이 귀환하거나, 가족의 지역 공동체를 넘어서나 얻을 수 있는 상품에 대한 이미지와 정보, 그리고 그것에 대한 접근 기회가 제공될 경우 그러하다. 이처럼 송출 사회의 의복, 음식, 주거에 관한 관념은 아주 먼 지역에서의 소비 문화에도 영향을 줄 수 있다.

가족, 그리고 이주에 수반되는 가족 분리를 연구한다는 것은 학자들에게 경제·노동 교환에만 주목하는 것을 넘어서, 이동하는 자들에게서 정서, 감정, 성이 지니는 복합적인 의미를 인정할 것을 요구한다. 옛 고향을 그리워하거나, 새로운 고향을 만드는 데 마음을 쏟기로 결정하는 일은 디아스포라 정체성을 형성하고, 오랜 시간과 여러 세대에 걸쳐 가족을 통해 트랜스내셔널 또는 트랜스로컬 네트워크들을 재생산하는 데 있어 그 토대가 된다. 하나의 이주 전략으로 사랑을 표현하거나 찾는 방식은 떨어져 있는 사람들 사이의 소통 수단이 귀환하는 이주민들을 통해 개인적으로 전달되는 메시지에서 편지, 전화, 이메일 등으로 변화함에 따라 달라질 수 있다.[20] 이주, 현금 송금 또는 다음 여행의 재원 마련 등에 대한 결정에 영향을 미치는 요인으로서 향수병 현상에 대해서는 여전히 덜 알려져 있다. 결혼 상대, 애인, 떠난 어머니와 아버지 또는 아이에 대한 그리움이 이주민들이 해외에서 삶을 영위하는 방식과 정주민들이 송출 사회에서 삶을 이어 가는 방식에 지대한 영향을 미친다. 감정은 송출지 또는 목적지 사회들에 대한 민족적, 정치적 충성심의 발현에 영향을 미치는데, 특히 남성 이주민들이 군인으로서 자신들의 삶을 걸고 그들의 충성심을 증명해야만 할 전시 동안 더 분명해진다. 두말할 필요 없이, 인구 중에 이주민들이 많은 정부들은 그러한 시기에 가족의 행복과 "명예"를 지킨다는 비유를 들어 지지를 호소한다. 감정들과 민족 만들기의 얽힘, 그리고 자신의 민족 정체성과 시민권 변화에 대한 이주민들의 전략적 선택들은 학자들로부터 지금보다 더 많은 주목을 받을 만하다.[21]

❹ 국가 재소환하기

개인적인 것과 정치적인 것 사이의 그러한 연결은, 이주민들이 때로 국제 이주를 연구하는 학자들보다도 정부에 대해 더 잘 알고, 더 큰 불안을 느끼며 정부에 더 많은 영향을 끼칠 수 있음을 시사한다. 학문적 분야로서 이주 연구는 이동하는 자들을 분류하고 규제하고, 그들에게 영향을 미치려고 모색하는 정부 정책들에 대한 분석이 아니라 이주민들에 대한 분석에서 출발했다. 그렇지만, 세계적으로, 널리 퍼져 있는 인간 이동에 직면해 있는 정부들은 정책들을 개발해야 했고, 학자들은 "들어오는 이주", "나가는 이주", "난민" 등을 연구하면서 민족국가들의 관점을 수용하는―민족국가들이 만드는 상당한 정보들을 이용하는―경향이 있었다. 학자들이 트랜스내셔널하면서 디아스포라적이거나 지리적으로 널리 퍼져 있는 이주민 네트워크에 대한 탐색을 통해 민족적으로 경계 지워진 연구들의 "굴레"를 탈피하려 노력해왔지만, 민족국가들이 오랫동안 이주에 행사해온 권력을 때론 간과했다. 그러한 권력은 이동하는 인간들을 분류하는 범주의 확산에서 명백히 드러난다. 인간 이동이라는 복잡한 현상을 관리하고 통제하려는 노력 속에서, 국가들은 이동하는 인간들에게 다양한 명칭을 부여하여 구분 짓는다. 몇 가지만 들자면, 관광객, 이주민, "손님노동자", 유학생, 전쟁 신부, "불법 이주민",

난민, 망명 신청자, 강제 이주자, "체류 초과자", "밀입국자", 영주권자, 임시 체류자, 거류민, 초국적자 등이 있다.

정부의 역할은 근대 세계에서 가장 잘 이해되는 부분이다. 이 책의 2장이 보여주고 있는 것처럼, 1700년 이전에도 도시 국가들, 왕조 정부들, 그리고 심지어 고전적 제국들은 우리가 오늘날 이주 정책이라고 부르는 것을 개발했다. 그들은 대규모 노동력을 동원하거나 정복한 영토에서 노예들을 찾았다. 그들은 지배하는 영토 너머로 영향력을 확장하거나 노동력을 확보하기 위해 상인들, 탐험가들, 또는 정복자들에게 자금을 지원했고, 인구와 무역 상품의 안전을 보장하기 위해 외교관들을 파견했다. 중국의 만리장성은 유목민 침입자들을 차단하기 위한 노력에서 건설되었다. 또한 국가들은 종종 반역하는 소수자들을 제거하기도 했다. 예루살렘 성전이 파괴되면서 생긴 유대인 디아스포라의 기원은 바로 그러한 대탈출의 한 예에 불과하다.

인간 이동을 규제하는 것은 지난 150년 동안 민족국가들의 중요 사안이었다.[22] 민족국가들은 문화 집단들—민족들—이 자치적으로 통치하고, 자신들의 민족 영토를 차지할 때에 가장 평화롭게 살아간다는 가정을 전제로 한다. 그러나 근대 세계의 거의 모든 영토들에서는 보통 여러 문화의 사람들이 상호작용하면서 살아간다. 민족국가들은 통치할 동질적인 인구를 만들려고 모색하기에, 계속해서 종족적, 종교적, "인종적" 소수자들과 대량 이주에 대해 반대하는 캠페인을 벌이곤 했다. 이제 이러한 현상은 때때로 "인종 청소"로 명명되기도 한다. 그런데 자신의 정당한 문화적 관습을 가진 타자 집단들을 쫓아낸다고 사회들이 "정화"되는가? 1910년대에 다문화의 오스만제국이 튀르키예, 그리스, 그리고 발칸반도 국가들과 같은 단일 문화의 근대 민족국가들로 해체되었을 때, 거대한 "인구 이동"이 일어났다. 두번째 예는 1947년 파키스탄과 인도 사이의 국경 설정이다. 중동과 아프리카에서의 민족국가 형성과 국가 만들기가 동반한 격렬한 정치적 폭력은 이 두 지역을 지난 수십 년 동안 난민의 주요 발생지이자 주요 피난처로 만들었다.

매우 현실적으로 전 지구화 시대에 국가들은 인구를 놓고 경쟁한다.[23] 그런데 그러한 인구에 대한 열망들은 이주를 촉구하기도 하지만, 마찬가지로 이동하려는 남녀들이 대면할 이주의 장벽을 낮추기보다는 높이면서 이주를 억제하기도 한다. 19세기의 많은 국가들—러시아, 중국, 다양한 독일어권 국가들—은 해외 이주민들에게 세금을 부과하거나 이주를 범죄나 배신과 불충의 행위로 만드는 법을 통과시키면서 떠나는 이주를 막으려 했다. 동시에 아메리카 대륙의 신생 민족국가들은 새로 들어온 외국인들의 귀화, 즉 각각의 국가 시민권 수용을 상대적으로 쉽게 허용하면서 들어오는 이주를 장려했다("귀화시키다 to naturalize"라는 용어는 귀화 자격을 취득하기 전에는 이주민들이 "부자연스럽다"는 것을 상정하고 있다는 점에 주목하라). 역시 그러한 국가들은 보통 그들의 영토에서 태어난 외국인 아이들에게 자동으로 시민권을 부여했다(속지주의ius soli로 불리는 원칙). 같은 시기, 국제 이주 비율이 높아졌던 19세기에 독일, 이탈리아, 중국 같은 나라는 모두 고국을 떠난 (그래서 종종 외국에서 태어난 자손들이 있던) 사람들에게 그들의 출생국 국적을 유지하거나 요구하는 것을 허용하는 국적법 또는 시민권법 등을 개정했다—이것은 영토를 국경 너머로 팽창시키려는 국내적 요구 또는 위로부터의 트랜스내셔널리즘이라 할 수 있다. 속인주의(혈통주의)는 이주민들이 이주할 때 자신들의 원래 국적을 가지고 가는 것을 허용했다—또는 강제했다. 오늘날 이탈리아, 멕시코, 중국 등의 대규모 자국 이주민 인구를 가진 국가들은 해외 동포들에게 정부 지원의 문화-정치 프로그램들이나 자국 선거의 부재자 투표를 허용하면서 "자신들의 이주민들(해외 동포들)"과의 관계를 유지하려고 노력하고 있다.[24] 도미니카 공화국의 대권 후보자들은 정기적으로 뉴욕에 사는 이주민들에게도 선거운동을 한다. 그동안 국가들은 이중 국적—국적과 이동에 관한 법규 개정에 자주 수반되는 것—이 점점 통합되고 있는 세계 경제에 위협이 될지 이익이 될지를 숙고하고 있다.

19세기에 많은 외국인들을 수용한 국가들은 이주의 인종적, 사회적, 문화적 영향에 대한 문제를 제기하며, 국경 통제와 심지어 인간 이동의 제한이 국가 주권의 근원적 차원임을 주장하기 시작했다. 이주에 대한 규제와 통제—중국인 노동자, 아나키스트, 이중으로 결혼한 자, 신체 장애인에 대한 입국 금지—가 오스트레일리아에서부터 아르헨티나에 이르는 오랜 이민국들로 확산되었다. 도처의 정부들은 이주민들이 자신의 건강 상태와 이력을 검사받도록 요구하기 시작했다. 국가들은 여권과 비자를 필요로 하기 시작했다. 제1차세계대전의 여파 속에서 이런 제약들이 절정을 이루었을 때, 정치적, 종족적, 종교적 압제를 피해 도망친 자들은 망명할 피난처가 더 줄어들었다는 것을 발견했다. 제2차세계대전 이후 노동자들은 자신들이 국경을 넘어—가령 유럽 국가들이나 걸프 지역의 부유한 나라들로—이동하게 되었을 때, 다시 떠나야 하는 단기 비자로만 입국이 가능하다는 것을 알게 되었다. 전략적이었건 생명의 위협에서건 억압적인 법률들을 위반한 자들, 복잡하고 점점 관료화되는 이주 규정들을 습득하지 못했거나 그 다중적인 조건들과 요구사항들을 위반한 자들, 그리고 이동 생활에 필수적인 작은 서류 뭉치를 잃어버린 자들은 자신이 오늘날 현대 사회에서 가장 미움받는 인물로 전락했음을 깨달았다—"불법 이주민들", "불법 노동자들" 또는 "소위 난민 신청자들".[25]

민족국가들의 세계에서 이주는 점점 더 국제 관계의 초점이 되었다. 19세기 내내 미국은 세계 여러 나라들이 이주 금지법을 폐지하도록 독려하는 외교 정책을 계속 고수했다. 국제연맹(1920년대)과 국제연합(1940년대 말부터)은 국경 변경과 난민 혹은 난민 신청자의 정의, 그리고 이동에 대한 인권 개념 등을 통해 무국적자 처리와 같은 어려운 쟁점들을 다루기 위한 실행 모델들을 조사하거나 제안하는 주무 부서들을 만들었다. 민족국가들은 때때로—1940년대 초에 미국과 멕시코가, 1940년대 후반에 이탈리아와 벨기에가 그랬듯이—노동자들을 모집하거나 "제공하기" 위해서, 때로는 필요한 수입품들에 대한 교환으로(가령 이탈리아의 경우 탄광) 다른 나라들과 직접 협상하기도 했다. 마찬가지로 각국은 종종 자국민들에게 적용되는 국적법과 귀화법의 세밀한 조항들을 조율한다.

1948년 유엔의 세계인권선언은 자신이 속한 나라를 떠날 수 있고, 그곳으로 다시 돌아올 수 있는 인간의 권리를 선포했다. 하지만 그것은 다른 나라 영토에 들어갈 수 있는 동반 권리를 만들어내지 못했다—실제로는 국경 장벽에서 떠날 수 있는 권리를 종결시킨 셈이다. 입국은 국가 주권의 한 요소로 남았고, 오늘날 세계 대부분의 국가들은 계속해서 외국인들에 대한 입국 허용 조건들을 아주 조심스럽고 협소하게 정의하고 있다. 특히 급속하게 변모하는 남성과 여성 노동력에 대한 수요와 유럽과 북아메리카에서 세계의 다른 지역들로의 생산지 재배치 등이 오늘날 경제적 지구화 상황이다. 그 결과로 불법 신분으로 불안하게 살아가는 인구가 크게 늘어났는데, 그것은 전 세계적으로 밀입국, 착취, "문명들의 충돌"에 대한 논란을 점점 더 뜨겁게 달구고 있다. 대부분의 민족국가들은 이주민의 "문제"에 대한 일방적인 해법들만 계속 찾고 있다. 입국과 외국인 권리를 규정하는 법률들이 결정되는 곳은 각국의 수도이지, 양자 협정이나 유엔 본부가 아니다. 유럽연합의 설립이 회원국들 간의 자유로운 이동을 마련했던 반면, 세계 다른 지역의 상응 기구들—특히 북미자유무역협정NAFTA—은 인간이 아닌 단지 재화와 자본의 자유로운 이동만을 허용했다. 아이오와산 수입(미국의 멕시코 노동자들이 먹는 또띠야로 만들어져 미국으로 재수입되는) 옥수수로 인해 농촌에서 쫓겨난 멕시코 노동자들 가운데 겨우 한 해 5,000명만이 비자를 받는다. 결과적으로 북미자유무역협정의 "자유무역"은 1990년대 미국으로의 불법 입국의 급속한 증가에 기여했다. "자유무역"이라는 슬로건 아래서 이동에 대한 암묵적인 제약으로 많은 수출품들은 사실상 수입국 사회들의 수많은 사람들을 내몰았고, 결국 잠재적 이주민군만 크게 확대시켰다.

 이동하는 남성과 여성의 관점과 삶들을 진지하게 고려함으로써 인종과 젠더의 중요성과 민족국가들의 상당한 권력이 주목을 끌게 되었고, 학계는 지난 20년간 이러한 각각의 쟁점들을 더 광범위하게 다루었다. 스스로 어떤 삶을 추구해야 할지를 결정할 때 글로벌하게 생각하는 이주민들은 거의 없는 반면, 이주민들이 맞닥뜨리는 권력을 가진 국가들은 그렇게 할 가능성이 더 높다. 사실 다양한 시점에서 서로 연결된 사회들 또는 국가들을 넘나들며 느슨하게 공유되는 이주 체제들의 일련의 변화를 상상하는 것이 불가능한 것은 아니다. 이러한 체제들은 어쩌면 이주민들에 의해 단지 대충 감지될지도 모르지만, 글로벌 역사와 세계사가 그것들을 점점 가시화하고 있다. 이동 통제를 통해 국경을 방어하고 있는 자주적 민족국가들의 국제 시스템과 현재에 초점이 맞추어지다보니, 정치학자들이 과거의 이주 체계들에 대하여 항상 연구해온 것은 아니었다.[26]

참고 문헌

Frederickson, George M., *Racism: A Short History* (Princeton, NJ, 2002).

Gabaccia, Donna, Katharine Donato, Jennifer Holdaway, Martin Manalansan, and Patricia Pessar, eds, "Gender and Migration," special issue of *International Migration Review 40.1* (2006).

Green, Nancy, and Francois Weil, eds, *Citizenship and Those Who Leave: The Politics of Emigration and Expatriation* (Urbana, IL, 2007).

Hirschman, Charles, Philip Kasinitz, and Josh DeWind, eds, *The Handbook of International Migration: The American Experience* (New York, 1999).

Liu, Haiming, *The Transnational History of a Chinese Family: Immigrant Letters, Family Business and Reverse Migration* (New Brunswick, NJ, 2005).

McKeown, Adam, *Melancholy Order: Asian Migration and the Globalization of Borders* (New York, 2009).

Palriwala, Rajni, and Patricia Uberoi, eds, *Marriage, Migration and Gender* (New York, 2008).

Sharpe, Pamela, ed., *Women, Gender and Labour Migration: Historical and Global perspectives* (New York, 2001).

Torpey, John, *The Invention of the Passport: Surveillance, Citizenship and the State* (Cambridge, 2000).

Zolberg, Aristide, *Nation by Design: Immigration Policy in theFashioning of America* (Cambridge, MA, 2006).

6

21세기 초의 전망들

■

이주사는 사회학적이고 인류학적인 연구가 경제적 조건과 정치적 틀에 대한 연구와 결합한 학제적 분야인 이주 연구로 발전하고 있다. 정치학자들은 점차 시민권을 주제로, 그리고 최근에는 "소속감과 뿌리내림embeddedness", 포용과 배제, 여권 및 입국법을 주제로 글을 쓰고 있다. 그들은 다원성, 다양성, 다문화적 상호작용, 그리고 문화의 다양성을 수용하는 구조들에 대해 분석하고, 정치철학자들은 포용과 평등의 새로운 수용 모델을 개발하기 시작하고 있다. 반면 경제학자들은 신자유주의 시장 모델을 전체 사회에 강요하면서 지속 불가능한 경제 체제들을 통해 이주민들을 대규모로 양산하는 데 기여해왔다―2008년 초의 식량 위기는 그 한 가지 사례일 뿐이다. 식량 가격의 급격한 상승으로 폭동에 나선 사람들은, 국내외 금융기관들이 주도하는 경제 체제들이 저소득층과의 연결을 상실한 채 아무런 구제 조치를 제공하지 않는다면, 일시적 이주와 영구적 이탈을 고려할(해야만 할) 것이다. 인문학에서 시와 소설, 음악과 다른 예술들의 다성성multivocality에 대한 연구는 반향을 일으키는 새로운 접근 방식을 만들어내었다. 다양성에 대한 찬사들이 상호문화적 결혼, 미디어, 혹은 다른 표현들에서 융합으로 대체되거나 보완되는 시대, 부정적으로는, 최근과 같이 반외국인 폭력과 배제적 행위들이 증가하며 통치 문제가 제기되는 시대에 연구와 분석들은 학문 사이를 종횡으로 넘나들며 서로 융합되는 범학문적인 특성을 띠게 되었다. 노동 이동성과 함께 난민 이주는 대중적 관심에서뿐 아니라 점점 더 이주 연구에서도 높은 위치를 점하게 되었다. 난민 연구는 독자적인 분과가 되었는데[1] 트라우마를 지닌 난민 여성들, 남성들, 아이들의 이주 이후 필요들이 자발적 이주민의 그것과는 구별되는 대응들을 요구하고, 대부분의 나라들에서 난민 수용의 법적 틀이 자발적 이주민에 대한 허용 규칙과는 다르기 때문이다. 정치적, 비판적 경제학자들은 선진국과 개발도상국의 세계적 불균형의 증가를 분석하는데, 그것은 피부색에 의한 세계 인구 분리에서도 드러난다(6장 1, 현재의 젠더화·인종화된 노동과 난민 이주 참조). 문화적 다양성을 지닌 이주민 수용 국가들은 차이의 존중뿐만 아니라 규범과 가치의 보편적 틀을 획득하기 위한 전략들을 논쟁한다.(6장 2, 포용 전략들: 시민권과 소속감 참조) 이주민 남성과 여성, 그리고 그들의 자녀는 출발지 문화와 도착지 문화 모두에서 타자와 관련해 자신들을 규정해야 하는 문제에 직면하고 있다. 그들은 낡아빠진 주류 서사들이 요구했던 것처럼 하나의 민족 정체성에 억지로 끼워맞춰지는 것을 받아들이기보다―과거의 이주민들이 다른 정치적 담론 틀 안에서 했듯이―다중 정체성을 조율한다(6장 3, 21세기 초 이주민들의 정체성 참조).

❶ 현재의 젠더화·인종화된 노동과 난민 이주

일부 극단적인 정치인들과 대부분의 언론이 주장하는 것처럼 대다수의 이주민들이 북반구의 부유한 국가들로만 향하지는 않는다. 세계적으로 이주는 다음과 같이 구분된다.

1) 개발도상국들 내부 또는 "주변부 내부" 세계의 이주
2) 부유한 세계 내부의 이주
3) 양분화되어 있으면서도 통합된 글로벌 경제 시스템의 거시 지역들 간 이주

주요 이주 지역들 안에서(2장 9, 1950년대 이래 탈식민화와 이주의 새로운 글로벌 형태들 참조) 불평등한 경제 발전이 내부적 이동을 설명하는 요인이 된다. 예를 들면, 북아프리카의 프랑스어권, 남유럽, 남동유럽에서 서유럽과 북유럽으로의 이동, 미국 선벨트 지역, 멕시코, 카리브해 지역으로의 재력 있는 퇴직자들의 이동, 빈곤한 짐바브웨에서 남아프리카공화국으로 탈출하는 사람들의 이동, 동아시아 농촌 지역들에서 싱가포르와 한국과 같은 "호랑이 국가들"●로의 이동 등이 그 예들이다. 인도, 중국, 브라질 등의 신흥공업국들에서도 농촌과 도시, 그리고 도시들 간의 이동률이 높다. 과거와 마찬가지로, 이주민들은 자신들의 인적 자산, 기술 또는 부족한 기술, 언어, 일상적인 관행을 가지고 수입을 창출하거나 최소한 생계를 유지할 수 있는 자리를 협상할 수 있는 경제권들과 문화권들로 이동한다. 물론 이러한 자리는 초기에는 종종 거주민들이 기피하는 틈새 노동시장에만 한정될 수 있다.

주로 부유한 국가들과 세계적 규모의 금융 기관들에 의해 강

● "호랑이 국가들(Tiger states)"은 급격한 산업화와 경제 성장을 이루어낸 동아시아와 동남아시아의 몇몇 국가들을 지칭한다. 처음에는 한국, 싱가포르, 대만, 홍콩이 여기에 포함되었으며, 이후 태국, 말레이시아, 인도네시아, 필리핀 등으로 확대되었다. 특히 한국, 싱가포르, 대만, 홍콩은 중국어 경제권에서 "아시아의 네 마리 작은 용(亞洲四小龍)"으로도 불리었는데, 이 명칭은 한국어, 일본어, 프랑스어에서도 사용되고 있다. 1980년대 만들어진 용어인 "호랑이 국가들"은 급속한 산업화로 개발도상국에서 산업국가로 발전한 이들 국가의 높은 역동성과 에너지를 상징적으로 보여준다.

요된 세계 무역 협정의 결과로 점점 커지는 글로벌 불평등으로 인해 이주 가고자 하는 경향이 높게 나온다. 유엔의 인간개발보고서Human Development Report—세계은행의 통계에 근거한—자료에 따르면, 세계 인구 중 가장 부유한 5분의 1이 가장 가난한 5분의 1보다 대략 60배 더 부유하다고 한다. 이 격차는 1960년대 이후 갑절이 되었고, 계속 더 벌어지고 있다.[2] 인간적 관점에서 보면, 매일같이 4만 명의 아이들, 여성들, 남성들이 굶주려 죽어가고 있다. 산업화된 국가들에서 반려동물들이 가난한 나라들에 사는 아동들보다 훨씬 잘 먹고 있는데, 미국에서만 반려동물들을 위해 400억 달러가 지출되고 있다. 수 세기 동안 부모들은 유사한 상황들에서 이주를 선택했다.[3]

노동력 이용의 세계화와 신속한 수송의 용이성은 이동성에 대한 두 가지 파생 유형을 가져왔다. (과거처럼 노동자들을 생산 시설들에 묶어두기보다) 생산 시설들이 부유한 국가들에서 저임금 국가들로 이동했다. 그리고 이러한 직업 전이와 기술 전이의 양단에 개인 생산자들 또는 생산 가정들은 탈산업 지구를 떠나거나 새로운 투자 지구로 옮긴다. 글로벌 자본주의 기업 시스템으로 인해 지역에서 실직한 노동자들은 종종 지역에서 눈에 띄는 이민자들에게 그들의 분노를 표출하곤 한다. "눈에 띔"은 새로운 인종화를 함의하고 있지만 여기서 다학문적이고 종합적인 연구는 거의 이루어지지 않았다. 정치경제학자들은 구조들을 연구하고, 사회학자들과 인류학자들은 인간적 관점들을 검토하고, 사회복지사들은 결과들에 대처하기 위해 자료들을 모으려고 시도한다. 19세기 말 유럽에서와 마찬가지로, 전 세계적으로 가족 농장들이 경제적으로 더이상 유지될 수 없기 때문에, 세계적 노동력 공급원이 변화하고 있다. 이것으로 생산자들은 토지를 빼앗기고, 많은 난민들은 수용소를 떠나자마자 노동시장으로 편입된다.

과거에는 전 세계적으로 대규모 노동 이주민 집단들이 젠더화된 "세계관들" 혹은 사회적 통념에 따라 남성의 일로 간주되었던 산업 일자리를 목표로 삼았다. 오늘날은 생산 기술의 수출이 인종화의 결과로 "비백인" 사회에서 "백인" 사회로 이동하는 남성 이주를 감소시키고 있다.[4] 서비스 분야의 노동—노인 돌봄, 간호, 가사 노동, 육아 등—은 수출될 수 없다. 돌봄 직업이 여성의 직업이라고 여기는 세계관들로 인해, 전 세계의 넓은 저임금 지역의 여성들이 현재 그러한 노동을 위해 모집되고 있다.[5] 가족의 사적인 영역에서 유아, 병자, 노인을 돌보는 여성들의 노동은 작업장, 노동시장, 또는 동포 사회에 격리된 채 머물렀던 남성 산업 노동자들의 노동보다 훨씬 더 많은 사회적 상호작용을 수반한다. 산업 일자리의 수출이 가져온 젠더적 결과에는 사무직, 회계, 커뮤니케이션 서비스("콜 센터"), 즉 저임금 국가의 여성들에게 선택지를 제공하고 내부 이주를 부추기는 직업의 탄생도 포함될 수 있다. 연구 역시도 젠더화되었다. "새로운 농노new helots"에 대한 고전적인 노동사 연구는 남성들에 의해 계속 이어졌던 반면, 서비스 이주에 대한 연구들은 주로 여성학자들과 활동가들에 의해 집필되었다.[6]

장기적 관점의 이주사는 20세기 전반기 유럽의 종족적 강제 이주와 대규모 난민 발생을 1) 대동아공영권大東亞共榮圈을 확립하기 위한 일본제국주의시대(1930년대부터 1945년까지)와 2) 1950년대 이래 전 세계 탈식민화된 지역들에서의 난민 발생과 비교한다. 이주와 난민에 대한 포괄적 연구들은 다음과 같은 세 가지 이동 과정에 대한 정책적으로 중요한 자료와 권고를 제공하고자 한다.

첫째, 전쟁, 선별적 국내 박해, 종족 분쟁, 또는 다른 형태의 폭력들로 인한 비자발적 떠남은 탈식민화된 많은 아프리카 사회들, 대개 군사 독재 시기였던 우파 정권 동안의 라틴아메리카 사회들, 전쟁으로 황폐해진 베트남과 이전 유고슬라비아, 그리고 종교 근본주의자 집단들이 생활양식을 통제하려고 시도하는 지역들에서 높게 나타났다. 많은 경우 미국, 소련/러시아, 그리고 이전의 유럽 식민 지배자들과 같은 제국 권력들이 여전히 관여하고 있다. 그 예로는 캄보디아와 아프가니스탄에서부터 르완다, 부룬디, 이라크까지 다양하다. 그것이 짐바브웨든, 엘살바도르든, 미얀마(버마)든, 독재 체제들은 많은 사람들을 난민으로 만들어 인근 국가들로 떠나게끔 한다. 그러한 난민들은 세계의 더 부유한 지역들로 옮겨갈 충분한 수단을 가지고 있지 않다.

도피를 유발하는 두번째 요인은 생태 환경의 악화이다. 과거에 이것은 화산 폭발 또는 쓰나미와 같은 자연 재해들을 의미했지만, 현재 이것은 점점 더 인간에 의해 만들어진, 어쩌면 인간에 의해 초래된 인재가 되고 있다. 세계적인 기온 상승과 아프리카 사하라 지역의 늘어나는 가뭄이 예가 된다. 전 지역이 거주할 수 없게 될 때 가족들은—보통 순차적으로—떠난다. 1990년대 중반 환경 난민의 수가 2,500만 명에 달했을 때, 훨씬 더 많은 1억 3,500만 명의 사람들은 극심한 사막화의 위협을 받았고, 5억 5,000만 명은 만성적인 물 부족을 겪으며 살아갔다. 상승하는 해수면은 수천만 명 혹은 수억 명을 이동하게끔 할지도 모른다.

난민 생성의 세번째 요인은 종종 의도한 것은 아니지만 도시 개발과 주요 기반 시설 프로젝트들을 포함하고 있다. 수력 발전과 관개 목적의 댐 건설이 자주 인용되는 적절한 예이다. 이것들은 정책 결정자에게 항의할 통로조차 없는 대체로 가난한 지역 주민들을 쫓아낸다. 이와 유사하게 인접한 농촌 지역으로의 급속한 도시 확장도 농가들을 쫓아낸다.[7]

1951년 유엔 제네바 협정과 1967년 보충 협약의 조건들에서는 "인종, 종교, 국적, 특정 사회 집단의 일원 혹은 정치적 견해로 인해" 박해받는 "전통적인" 난민들만이 난민 신청권을 가진다.

젠더로 인한 박해는 1990년대에야 추가되었다.[8] **주권** 국가에 대한 정치 이론에 근거하여 협정은 당파전이나 "내전" 혹은 독재로 인한 국내 난민들에게는 적용되지 않는다. 어떤 경우에는, 전체 국가 기관이 영토 주민들의 신뢰를 잃는다. 난민 연구 저자들은 누가 난민인가에 대한 정의가 함의하는 "희생자화"를 비판해왔다. 단지 박해받아 그 대응으로 떠나는 희생자들만이 보호를 받기 때문이다. 예방적 차원에서 미리 악화된 환경을 분석하고 떠나는 사람들은 보호받지 못한다. 트라우마를 덜 받고 때론 재산을 옮길 수 있는 예방적 차원의 난민들은 수용 사회들에 더 쉽게 적응할 수 있다. 아프리카, 라틴아메리카, 아시아에서 많은 난민들이 발생하기 때문에 유럽 혹은 북아메리카 사회들의 난민 허용에서 피부색이 이슈화된다. 입국 정책은 종종 인종차별적으로 비치고, 오늘날 대부분의 난민들은 결국 자신들에게 적대적인 출생국이나 "고국 사회" 바로 바깥에 위치한 난민 캠프에 머물게 된다. 즉 글로벌 아파르트헤이트뿐만 아니라 인종에 따라 선택적으로 개방되는 국경 역시 이주와 이주 정책의 핵심적인 양상으로 남아 있다.

❷ 포용 전략들: 시민권과 소속감

앞서 논의한 바와 같이, 19세기 말에 가까워지면서 (부분적으로) 민주적인 구조를 가진 국가들은 타문화의 거주민들을 "소수자" 지위로 격하시키고 새로 들어온 이주민들에게는 높은 수준의 관료화에도 불구하고 여전히 자의적이었던 입국 규정을 준수하도록 강요하는 시민권 제도들을 개발했다(2장 8, 20세기 상반기 난민 발생, 순혈주의, 강제 노동 이주, 5장 4, 국가 재소환하기 참조). 시민 지위는 18세기 말 처음 혁명적 표현으로 등장했으며, 프랑스와 미국, 그리고 그보다 앞서 스위스에서 성문화되었다. 이 지위는 공화제를 수용하는 한, 종족적·민족적 문화와 관계없이 정치적 행위자로서 인민들에게 부여되었다. 이것은 1세대—정치적—인권으로 불렸다. 그럼에도 초기 혹은 전환기의 법률 정교화 작업에서, 아버지이든 남편이든, 남성들로부터 자신들의 지위를 얻었던—그렇게 단정되었던—여성들이 배제되었다. 정치적 권리를 가지지 못했던 무소유자들 역시 배제되었다. 그리고 그것은 노예들이나 유색인들 모두를 배제시켰다. 19세기 초 일원이냐, 아니냐의 귀속 체계는 문화적 의미를 가졌다. 민족의 일원으로 규정된 사람들, 정치적으로 가장 규모가 큰 혹은 가장 영향력 있는 종족 집단만이 완전한 권리를 가지곤 했다. 시민권은 포용의 도구에서 배제의 도구 혹은 더 적은 권리를 가지거나 사회적 자원들로의 접근이 제한된 자들을 주변화하는 도구로 전락했다. 19세기 말부터 민족국가의 시민권은 주민카드나—국경을 넘을 경우—여권을 통해 증빙되어야 했다. 이것은 종종 혈통 또는 유전으로 얻어지고 민족적 정체성 속에 나타나야 한다고 여겨졌다. 민족국가의 역사 서사들은 과학적 인종주의와 유사하게 집단 기억 속으로 이주민을 편입시키는 것에 반대했다.

불변하는 시민권이라는 패러다임은 단순하게도 이주민들의—이러한 시민권 체제가 처음 관료적으로 굳어졌던 대서양 세계에 대략 5,000만 혹은 5,500만의—삶을 간과한다. 어떤 학자는 다음과 같이 평가했다. "주권 영토에 대한 완전한 관할권을 행사하는 독립적이고 자기 폐쇄적인 정치 단위들의 모음으로 구성된 상상의 세계를 누군가가 믿을 만하다고 생각했다는 것은 국가 이미지 만들기의 힘을 보여주는 증거이다."[9] 1980년대에 와서야 베니딕트 앤더슨Benedict Anderson, 에릭 홉스봄Eric Hobsbawm, 테렌스 레인저Terence Ranger, 앤서니 스미스Anthony Smith 등을 위시한 많은 학자들이 이러한 이미지 만들기 과정을 분석하기 시작했다. 그러나 5장에서 주장했듯이, 학계는 재차 자신의 고국이 아닌 다른 국가 체제를 선택한 사람들이 체험한 쟁점들에는 주목하지 않았다.[10]

내부적 계급 분화와 대공황(1929~1939)시기 빈곤화의 영향으로 시민권의 재정의가 이루어졌다. 2세대 인권으로서 사회권은 먹고살기 어려운 시기 혹은 위기의 시기에 물질적 안전—유년기의 무상 교육, 성인 노동 인구의 질병과 사고시 보장 혜택들, 노인 연금—을 보장했다. 이것은 다시 이주민들의 지위에 영향을 주었다. 새로 들어온 이주민들은 사회보장 체제에 기여하지 않았기 때문에 혜택 역시 받을 수 없었다. 1960년대 경제 성장기의 많은 사회들은 그러한 배제를 부당한 것으로 여기며—그들이 자신들의 노동력을 늘이기 위해 절실히 필요했던—이주민들을 사회보장 권리와 함께 받아들였지만, 국민이라는 전통적 관점에서는 계속적으로 이주민들의 정치적 참여를 차단했다. 이것은 "거류민"● 지위라 불렸다.[11]

이러한 과정들이 19세기와 20세기의 대서양 세계에서 자리잡는 동안에, 유엔총회는 1948년 세계인권선언을 채택하며 세계적으로 인간 권리와 존엄성의 개념을 확장시켰다. 1960년대 이래 이주를 통한 사회 다양성의 증가, 그리고 국가와 민족의 (유럽적) 개념적 결합—그 쇼비니즘 버전이 국내에 폭력과 난민, "종족 정화" 프로그램 아래 강제 이주를 초래했다—에 대한 학문적 비판들과 함께 3세대 인권이 더해졌다. 즉 그것이 종족 문화, 종교, 계급, 젠더 혹은 인종에 의해 규정되었든 아니든, 그것

● 거류민(Denizen)은 특정 지역에 살지만 시민권을 가지지는 않은 사람, 즉 시민권 없는 거주자를 지칭할 때 사용하는 용어이다.

은 문화적 표현 및 결사에 대한 권리를 의미했다. 이는 다양성과 이주민 문화의 포용에 대한 정당성을 다시 도입했다. 그럼에도 두 가지 쟁점, 즉 충성과 언어는 여전히 논쟁이 되고 있다. "충성심"은 한때 전쟁에서 국가를 위해 죽을 의무와 미래의 군인을 낳는 의무를 포함했지만, 이제는 정치 체제의 구조와 과정을 받아들이는 것으로 재정의되었다. 언어와 소통에 관한 한, 어떤 이들은 여전히 하나의 "민족" 언어—"조국"에서 쓰는 하나의 "모국어"—의 단일어주의를 옹호한다. 그럼에도 그러한 민족어 혹은 주류 언어는 지역(방언들), 계급과 세대(사회 방언들)에 따른 다양한 어휘 목록들과 젠더에 따른 표현 방식들에 의해 차별화되어 있다. 게다가 대부분의 국가에서는 하나 이상의 언어가 사용된다. 인도에서는 공식어로서 힌디어에 영어와 21개의 다른 공인 언어들이 덧붙여진다. 영국에서는 게일어 사용이 억제되고 난 뒤에야 비로소 영어가 국어가 되었다. 이주민들의 언어권을 이해하기 위해서는 사회들에서의 역사적인 언어 다양성을 인정하는 것이 중요하다.

21세기로 접어들면서 시민권은 다음과 같은 것들로 이해된다. 1) 개인들과 그들이 살고 있는 국가와의 관계, 2) 한 국가 안의 개인들과 집단들 사이의 관계, 더해서 3) 이주민들이 이전에 살았던 국가들과의 관계 역시 시민권 관행의 일부가 되고 있다. 특정한 문화적 관습들에 대한 인권의 인정과 함께, 다양성은 규범(또는 더 신중하게는 목적)이 되었고, 문화들의 동등한 인정은 법 앞에서의 평등과 동격이 되었다. 다양성의 필연적 결과는 개인적 선택의 자유이다. 즉 국가들과 마찬가지로 전통적으로 구성원들이 나가는 것과 새로운 이들이 들어오는 것을 막으려 했던—그것이 종족적이든, 종교적이든, 아니면 다른 것이든—문화 집단들은 구성원들이 다른 집단들에 속하게 되는 것을 막을 수 없다. 반대로 공동체적 입장은 공동체들에게 포용을 결정할 수 있는 더욱 강력한 권리들을 부여하곤 한다. 점점 많은 사회들이 하나 혹은 더 많은 문화 집단들과의 자발적인 결합을 받아들이고 있다. "다양성이 우리의 강점이다"는 15세기 이래 동남아시아의 도시 사회들의 일상이었고, 오늘날 세계의 대도시들을 특징짓는다. 한 이주민은 자신이 선택한 사회에 대해 다음과 같이 말했다. "이 나라는 내가 원하는 방식으로 살 수 있는 가능성을 주었고, 이것은 내가 이 나라를 좋아하는 이유이다."

따라서 시민권은 성별, 나이, 사회적 지위, 생애 주기상의 위치, 성적 취향, 문화적 배경, 지역 소속에 상관없이 각각의 모든 구성원에게 기본 인권을 헌법으로 보장하는 한 사회의 구성원 자격을 의미한다. 사람들은 공동체 내 다른 구성원들의 권리를 침해하지 않는 한 자신이 원하는 대로 살아도 된다. 그들은 집단 내부 구성원들의 동등한 지위에 대한 본인들의 가치관을 재점검해야 할 필요가 있고, 수용 사회들도 특정한 신앙—그것이 역사적으로 주류라면—에 대한 암묵적 선호를 재점검해야 할 필요가 있다. 선택은 그것이 다른 사람들의 인권을 침해하지 않는 한 이전에 뿌리내려진 문화 방식들을 고수할 권리를 포함하고 있다. 법 앞에서의 기회 평등과 사회 제도 및 자원의 접근에 관한 평등의 성취는 결과의 동등함으로 평가된다. 그러한 평등을 위한 제도적 구조들에 대하여서는 타리크 모두드와 파이트 바더가 논했고(4장 4, 수용 사회: 경제적 편입, 문화 접변, 정책들, 새로운 소속감 참조), 정치 이론가들은—캐나다의 윌 킴리카Will Kymlicka와 찰스 테일러Charles Taylor, 오스트리아의 라이너 바우뵈크Rainer Bauböck, 미국의 소이잘Yasemin Nuhoğlu Soysal과 사스키아 사센 등—이 쟁점의 틀을 마련하려고 시도했다. 몇몇 국가들, 특히 캐나다가 가장 자주 예로 인용되는데, 이들은 3년에서 4년이라는 비교적 짧은 기간이 지난 후 (신청에 따라) 시민권을 부여한다. 이때 시민권 부여는 재량에 따른 것이 아니라 권리로서 이루어지며, 사회 내에서 역할을 수행할 능력과 그 사회의 관습과 가치를 존중하려는 의지가 있을 경우에 한한다. 시민으로서 이전의 뉴커머들은 참여할 수 있으며, 원한다면 제도적 개선을 위한 협상에도 나설 수 있다. 이러한 과정은 자신이 선택한 사회의 제도, 가치, 소통 수단에 익숙해질 것을 요구한다.[12]

차이에 대한 존중과 제도 접근이라는 프레임은 여전히 도전을 받고 있다. 일인당 소득이 비교적 높은 국가들—북대서양 문화권, 러시아, 일본, 그리고 여러 아시아 사회들—에서는 1990년대 중반부터 반이민적 수사가 등장하기 시작했으며, 2001년 9.11 사태 이후에는 특히 격렬한 반이슬람적 수사가 가시화되었다.[13] 강력한 반이민 담론들, 법률, 현재의 울타리와 장벽들은 공급 과잉 지역들과 부가적인 노동력 수요를 가진 지역들 간의 균형을 맞춰주는 이주의 전통적인 기능을 방해한다. 여론 조사들은 이민 반대자들이 새로 들어온 이주민의 수를—그것이 모스크바의 중국인이 되었건 애리조나의 멕시코인이 되었건, 때때로 100퍼센트 또는 그 이상—과대평가한다는 것을 보여준다. 이것이 자칭 "문명 충돌" 예언의 온상을 마련해주고 있다.

❸ 21세기 초 이주민들의 정체성

이주민들은 복잡한 사회들과 얽혀 있는 가족 관계들을 뒤로 하고, 더 많은 선택의 기회를 제공해줄 수 있을 것처럼 보이는 또 다른 복잡한 사회에서 독립적인 삶의 여정을 시작한다. 떠남을 결정짓는 복합적인 이유들은—수용 사회가 고국의 강압적 정권을 변화시키기 위한 시도가 이루어지는 일시적인 피난처로 간주되든, 장기적인 임금 노동의 환경으로 여겨지든, 혹은 가족 형성이나 사업 기회를 위한 영구적인 거주지로 인식되든—이주민들이 수용 사회와 맺는 상호작용 방식에도 영향을 미친다. 이주민의 생활 방식은 폐기할 수 있는 "문화적 짐"이 아니라, 그들의 신체와 정신 속에 사회화된 것이다. 이러한 틀 안에서 그들은 2차 사회화를 통해 새로운 사회와 관계를 조율해나간다.

단일문화적 민족국가들의 전통적인 관점에서는 이러한 상호작용으로 두 갈래로 나누어지거나 하이폰이 들어간 정체성들이 출현하게 되었다. 가령 중국계 미국인들 또는 이탈리아계 오스트레일리아인들, 또는 분리를 강요하는 더욱 적대적인 사회들인 일본의 한국인들, 우간다의 아시아인들, 독일의 튀르키예인들이 그러한 정체성을 가진 자들이다. 사회과학적 이주사는 어떻게 수년 또는 수 세대에 걸친 문화적 적응을 통해 새로운 이주민들이 거주민들로 탈바꿈하는지를 보여준다. 이것이 유럽에서 위그노들, 트리니다드*에서 인도인들, 중국 한족 사이에서 하카족客家族들이 경험했던 것이다. 물론 말라야/말레이시아, 유럽 연합, 만주 등 어디서나 수용 사회의 주류 역시 변화한다.

이주민들은 정신적으로는 고국 사회와 수용 사회를 동시에 살아가며, 트랜스컬처럴한 삶을 영위한다. 그들의 네트워크는 대륙들 사이를 넘나들며 뻗어 있다. 부르주아의 세계시민주의

---

* 트리니다드(Trinidad)는 카리브해 남부에 위치한 섬나라 트리니다드 토바고(Trinidad and Tobago)에 속해 있는 섬이다. 이 나라는 이 섬과 토바고섬으로 구성되어 있으며, 수도는 포트 오브 스페인이다.

와 노동자 계급의 국제주의가 어쩌면 계급 문화를 너무 지나치게 강조했다고 한다면, 이에 반해 "문화 충격" 개념은 분열을 지나치게 강조했고, "지구촌" 개념은 문화적 특수성을 도외시했다. 문제들이 생겨난 것은 이주민들이 대처 능력이 없었다기보다 인종주의와 배제의 탓이다. 1990년대 런던의 한 인종차별이 심한 동네에 거주하던 방글라데시 이주민은 다음과 같이 술회했다. "나는 인터넷 서핑으로 전 세계를 돌아다닐 수 있고, 미국과 오스트레일리아에서 전화하는 가족도 있다. 그러나 정작 나는, 내 집 문밖을 나가는 것이 두렵다."[14]

4장에서 우리는 인간 중심적 관점에서 이주민들의 "문화 접변"을 논했다. 이 과정은 사회적·정부적 관점에서 세 단계에 걸친 "사회적 진입"으로 불렸다. 새로 들어온 이주민들은 사회 구조들에 접근할 기회를 얻고, 그곳 문화의 일부가 되어 그 문화에 기여하고, 마침내 그 사회의 정체성을 가지기 시작한다. 유동적인 구조들과 행위 주체성은 이러한 진입의 양면을 형성한다. 경제적 영역과 제도적 영역으로의 "수직적" 또는 구조적 진입은 비즈니스와 정부의 모든 단계에서 자리잡는 것을 포함한다. 그것은 변화에 대한 수용 사회들의 개방성을 반영한다. 단지 차별적인 사회들만이 새로 들어온 이주민들(또는 거주민들)을 계급, 카스트, 또는 "수직적 모자이크" 같은 특정한 사회적 지위나 계층 안에 가두어버린다. 이러한 "수직적" 진입은 사적이고 공적인 일상에서의 "수평적" 문화 접변을 동반한다. 사람들은 고정된 정체성("중국인", "미국인", "세네갈인" 등)을 지닌 채 도착했다기보다 특정한 사회 환경과 목표 달성 전략 속에서 타인들에게 자신의 모습을 재현한다. 그들은 이웃에게 이해받기 위해 자신의 정체성을 형성하고, 자신에게 최상의 이익이 되도록 자신을 둘러싸고 있는 사회의 정체성을 가지게 된다. 정체성 만들기는 이 개념이 가지는 두 가지 의미—자기 재현과 "동질감" 또는 소속감—모두에서 환경의 영향을 받는다. 상호작용은 하나 혹은 그 이상 사회들의 규범들, 가치들, 관습들에 "내재됨embeddedness"을 초래하지만, 그것이 무비판적인 수용을 함의하고 있지는 않다. 이른바 "기반 구축bedding"은 필요에 따라 조정될 수 있으며, 참여적인 제도들은 필요한 변화들에 대해 논의하는 장으로 활용될 수 있다.

  종족 문화적 집단 형성과 깊이 뿌리박힌 문화적 관습들에 대한—초기—보호는 전통적인 정체성의 혼란 없이 새로운 사회의 일상 속으로 스스로 전환할 수 있는 토대를 마련해준다. 사회적 다원주의와 개인적 선택은 조합주의적 사회 구성과 자유주의적 사회 구성, 집단적 권리와 개인적 권리 사이의 이론적 모순을 실제 경험에서 해소한다. 일단 이주민들이 자신들의 경제적 기반을 확보하고 문화적 재생산에 돌입하게 되면, 그들은 사회 전반의 규범들과 표현들—이것들의 일부는 전국적으로 제도화되었고, 일부는 지역, 계급, 또는 젠더에 따라 특수성을 띠고 있는데

―을 접하게 된다. 이러한 규범들과 표현들 모두는 계속 진화하고 있으며 문화는 정적이지 않다. 이 전제는 한때 민족주의의 치명적 결함이었다. 바로 문화가 상호작용하기 때문이다. 관계 속에 나타나는 정체성들은 다중적 형태들을 띨지도 모르고, 시간이 지나면서 다시금 정의된다. 누구와 소통하느냐에 따라 아이 하나를 가진 한 무슬림(기독교 혹은 불교) 이민자 여성은 종족성, 종교, 모성, 젠더, 편부모 역할, 나이, 생계 가장의 지위, 고국 문화, 또는 이주 후에 생긴 시민권 등을 통해 자신을 규정할지도 모른다. 각기 다른 양상들이 각각의 환경들에서 제각기 중심 위치를 차지한다. 물론 이것은 비이주민들에게도 유효한 것이다. 그러나 이주민들이 장소들 사이를 이동하기 때문에 그러한 유연성에 대해 더 잘 알고 있다.

다문화 사회들의 교육 체계 안에서 젊은이들은 다음 네 가지 양상을 포함하는 다문화적 또는 트랜스컬처럴 사회 자본을 개발한다.

1. 그것은 인종, 사회적 계급, 젠더, 종교, 성적 지향, 장애 유무 등 어떤 차이에 기반하든, 차이를 인정하고, 이를 수용하며, 긍정적으로 평가하는 태도를 포함한다. 잘난 체하는 "관용"이 "존중"이 되었고, 상호 수용적인 참여로 변화한다.

2. 존중을 넘어, 교육은 다원적인 문화 맥락 속에서의 상호

작용과 행위 주체성을 가능하게 하는 사회적 기술들을 길러준다. 이는 때로 "융합fusion"–"혼합mixte"–혼혈métissage–메스티사헤 mestizaje●로 이어질 수 있다.

3. 그것은 출신이나 개별적인 특성에 상관없는 모든 개개인의 평등과 필요시 물질적, 감정적, 정신적 도움을 받을 수 있는 개인의 권리에 관한 공통의 기준 틀에 대해 합의를 이루는 것을 포함한다.

4. 마지막으로, 그것은 사회 참여를 하고 타인들과 자신의 문화적, 물질적 자원을 나누는 책임감과 헌신을 함양하는 것을 포함하고 있다. 자아실현의 권리는 자원에 대한 동등한 접근과 민주적 변화에 참여할 동등한 기회를 가진 공정한 사회 시스템에 스스로 기여한다는 자기 인정에 근거한다.[15] 집단 문화의 과거 업적은 인정받을 만한 가치가 있을 수는 있지만 특별한 지위를 정당화하지는 못한다.

이주민과 비이주민의 생애 프로젝트들은 선택지와 경로를 포함하고 있다. 이동하는 시민들은 멀티로컬리티와 트랜스로컬리티를 선택할 수 있다. 로이드 L. 웡Lloyd L. Wong의 말을 빌리자면, "사회적 정체성의 탈영토화는 중첩되며 투과성 있는 다양한 형

● 메스티사헤는 스페인어로 혼혈을 뜻한다.

태의 정체성과는 대조적인 배타적 시민권을 충성과 헌신의 핵심 기준으로 만들려는 민족국가의 요구를 변화시키고 있다". 삶과 소속감을 위한 장소로 국가는 도시 권역들, 즉 "일련의 세계 도시들과 지역적 및 트랜스내셔널 정체성들의 계속적인 확산에 자리를 내주기 시작했다".(코헨) 1990년대 중반 혹은 2000년대 이래 밝혀진 것에 따르면, 세계 인구의 절반 이상이 대도시에 산다고 한다. 바더와 모두드가 제안한 것처럼(4장 4, 수용 사회: 경제적 편입, 문화 접변, 정책들, 새로운 소속감 참조), 새로운 형태의 정책들은 사람들이 상호작용하며 살아갈 수 있는 제도적 뼈대들과 공동의 가치들을 마련하고 있다. 그것들은 처방을 주기보다 관계적으로 연결되게끔 하고, 정치적·공적 참여 권리들과 선택들, 그리고 자원들—교육, 사회보장, 노동시장, 그들 사이의 정신적 경험들—로의 동등하고 용이한 접근에 대한 효과적인 시스템들을 가져다준다.[16]

문화적 정체성과 소속감은 가정, 사회적 "이웃" 또는 공동체, 지역, 국가, 종교, 초국가적 기구 안에서 일어나는 개인적인 과정인 동시에 집단적인 과정이다. 문화적 환경은 사람들을, 예를 들자면 벵골인 또는 펀자브인, 캘리포니아인 또는 보스턴인 등으로 규정한다. 지역 경계들을 넘나드는 동질화와 민족적 구성은 그렇게 다양한 사람들을 습득되고 부여된 정체성과 다층적인 충성심을 가진 인도인들 또는 미국인들로 바꾸어놓는다. 정체성이 타인들과의 상호작용 속에서 형성될 때, 이 과정에서 유사성이 강조되거나 다른 관행들, 관습들, 규범들, 가치들을 가진 집단들과의 경계가 그어질 수 있다. 자기 정의의 힘이 정체성 형성의 일부인 반면, 타인들에게 정의를 강요하는 힘은 종종 차별의 도구로 작동한다. 이러한 꼬리표 붙이기로부터 벗어나기 위해서 21세기 전환기에 일부 젊은이들은 특정한 문화적 관습에 따르지 않고 스스로의 정체성을 "인간" 혹은 "세계시민"으로 규정하는 것을 택하기도 한다.[17]

반대로, 다문화적 생활 양식이 갈등을 유발할 수 있다는 우려는 타자들의 인간성을 박탈하거나 그들에게 이방인 또는 위험이라는 꼬리표를 붙여버린다. 구舊유고슬라비아, 르완다, 부룬디의 치명적인 사례들이나 이주민 자녀들에 대한 교육 시스템에서의 차별처럼, 문화적 다양성들이 오용되고 있다. 유지와 변화는 개인의 생각, 가족 경제, 그리고 사회 집단 내에서 다투어지는 쟁점이 되고 있다. 다른 신념을 가진 이웃들의 물질적 수준 향상 또는 먼 곳에 있는 부유한 사회들의 이미지를 마주하고도 특정한 정신적 문화를 고수하는 것은 그러한 세속적 진보를 거부하는 개인적인 결단을 요구한다. 비슷하게, 여성들이 엄마로서 자녀를 키우며 그들에게 민족적 미덕을 심어주느냐, 아니면 노동시장에 진출하면서 부모의 민족 문화를 주입할 수 없는 타국의 보모들을 고용하느냐 하는 문제는 전통주의자들과 변화 지지자들 사이에 입장이 갈린다. "문화적 다양성에 대한 진짜 관용은 사회와 정치조직이 민주적이고 평등한 곳에서만 불이익을 수반하지 않고 번창할 수 있다. 이런 곳에서 사람들은 (이주민, 외국인, 여성으로서) 차별에 저항하거나 자신들과 그들 사이의 연대를 위태롭게 하지 않고 차이점을 발전시킬 수 있다."[18]

디아스포라 거주자로서 민족과 국가 구성을 벗어나 탈영토화된 한 화교 가족은 말레이시아 페낭에 사업체를 소유하고 있었고, 뉴질랜드 오클랜드로 이주했다. 그들은 자녀들의 대학 교육 지원을 위해서 말레이시아 쿠알라룸푸르의 재산을 줄였다. 그렇게 얻어진 자녀들의 인적 자산은 그들에게 다른 경제권과 다른 사회적 공간으로 가는 길을 열어줄 수 있었다. 그들은 뉴질랜드를 얻었지만 말레이시아 국적을 유지했다. "두 길 모두를 걸을 수 있는 자가 왜 스스로 한 길을 차단해야 하겠는가?"[19]

참고 문헌

Baubock, Rainer, Bernhard Perchinig, and Wiebke Sievers, *Citizenship Policies in the New Europe* (Amsterdam, 2007).

Burnet, Jean, Danielle Juteau, Enoch Padolsky, Anthony Rasporich, and Antoine Sirois, eds, *Migration and the Transformation of Cultures* (Toronto, 1992).

Held, David, *Democracy and the Global Order: From the Modern State to Cosmopolitan Governance* (Stanford, CA, 1995).

Isajiw, Wsevolod W., *Understanding Diversity: Ethnicity and Race in the Canadian Context* (Toronto, 1999). 이 사회학적 연구의 발견은 다른 사회에도 적용 가능하다.

Manning, M. Lee, and Leroy G. Baruth, *Multicultural Education of Children and Adolescents* (1991; 3rd edn, Boston, 2000).

Naerssen, Ton van, Ernst Spaan, and Annelies Zoomers, eds, *Global Migration and Development* (London, 2007).

UNFPA, State of World Population 2006, *A Passage to Hope: Women and International Migration*, http://www.unfpa.org/swp/2006/english/introduction.html

The Centre for Refugee Studies, York University, Toronto, provides the best collection of links worldwide: http://www.yorku.ca/crs/Resources/internet_resources.htm

European Research Center on Migration and Ethnic Relations [Europe]: http://www.ercomer.org

Migration Policy Institute [United States]: http://www.migrationinformation.org/datahub/

Refugee Studies Centre, Oxford University: http://www.rsc.ox.ac.uk/

UNESCO Migration Research Institute: http://databases.unesco.org/migration/migwebintro.shtml

주

2. 인류의 역사에서 이주

1 이 장은 다음의 세 연구서를 기반으로 한다. 이것들은 특정 지역, 기간 또는 이주 유형에 대한 연구들에 대하여 참고 자료를 제공한다: Jerry H. Bently, *Old World Encounters: Cross-Cultural Contact and Exchanges in Pre-Mondern Times* (New York, 1993); Dirk Hoerder, *Cultures in Contact: World Migration in the Second Millennium* (Durham, NC, 2002); Patric Manning, *Migration in World History* (New York, 2005).

2 이 책에서 사용하고 있는 최고의 지도책은 다음과 같다: *Dorling Kindersley World History Atlas*, gen. ed. Jeremy Black (2001; rev. edn, London, 2005). 프랑스어로 된 것은 다음이 유용하다: *Atlas hisorique: l'histoire du monde*, ed. Georges Duby (1987; rev. edn, Paris, 1994). 특화된 지도책들: Aaron Segal, *An atlas of International Migration* (Lodon, 1993) Gerard Chaliand, Michel Jan, and Jean-Pierre Rageau, *Atlas historique des migrations* (Paris, 1994); Chaliand and Rageau, *The Penguin Atlas of Diasporas* (orig. French edn, 1991; New York, 1995).

3 일부 학자들은 또다른 초기 형태의 호모 사피엔스가 아시아에서 등장했다고 주장한다.

4 Meritt Ruhlen, *The Origins of Language: Tracing the Evolution of the Mother Tongue* (New York, 1994); Steve Olson, *Mapping Human History: Genes, Race and our Common Origins* (Boston, 2002).

5 현대 이주에 대한 유형론에 관하여는 3장 4를 참조하라.

6 M. Dening, "The Geographical Knowledge of the Polynesians and the Nature of Inter-Island Contact," in Jack Golson, ed., *Polynesian Navigation* (3rd edn, Wellington, NZ, 1972), 102‒53.

7 이 연구의 선구자였던 고고학자 고든 차일드(V. Gordon Childe)는 호주, 에든버러, 옥스퍼드 사이를 이주했다. 그의 저서『인간 스스로를 만든다*Man Makes Himself*』(1936)에서 그는 물질적 조건과 인간의 행위 주체성을 강조했다.

8 유럽 중심적 학계는 농업에서 동부 지중해 민족들(아나톨리아, 나일 계곡, 팔레스타인, 메소포타미아)의 역할을 과대평가하고 뉴기니아 민족의 역할을 과소평가해왔다.

9 1920년대와 1930년대에 러시아의 식물학자이자 진화 유전학자인 니콜라이 I. 바빌로프(Nikolai I. Vavilov)는 대륙을 넘나드는 초기 농업 분야에서 선구적인 연구를 수행했다.

10 제러드 다이아몬드와 다른 학자들은 새로운 기술을 도입한 사람들이 증가하면서 덜 혁신적이며 수적으로도 열세한 이웃들보다 장기적인 경쟁 우위와 권력 우위를 획득했다고 주장했다. 그들은 열대 유라시아의 동서로 광대하게 뻗어 있는 땅이 생태적으로 비슷한 작물들의 변이형들을 실험할 생태적 이점이 있다고 강조했다.『총 균 쇠*Diamond, Guns, Germs, and Steel: The Fate of Human Societies*』(New York, 1997).

11 Paul Johnstone, *The Sea-Craft of Prehistory* (Cambridge, MA, 1980); Richard W. Bulliet, *The Camel and the Wheel* (Cambridge, MA, 1975); Carl Sauer, *Seeds, Spades, Hearths, and Herds: The Domestication of Animals and Foodstuffs* (Cambridge, MA, 1972).

12 Tertius Chandler, *Four Thousand Years of Urban Growth: An Historical Census* (Lewiston, NY, 1987).

13 Martin Bernal, *Black Athena: The Afroasiatic Roots of Classical Civilization* (New Brunswick, NJ, 1987).

14 이후 무슬림 이베리아반도의 사하라 이남 아프리카 출신 병사들은 아랍어를 하지 못한다는 이유로 "말을 하지 못하는 자들"로 불렸다. 마찬가지로 나중에 러시아어로 외국인 일반과 특히 독일 이민자들을 지칭했던 "네메츠키(nemetskii)"는 러시아어를 하지 못해 침묵하는 사람들을 의미한다.

15 Emil W. Haury, "Thoughts after Sixty Years as a Southwestern Archeologist," in J. Jefferson Reid and David E. Doyel, eds, Emil W. Haury's *Prehistory of the American Southwest* (Tucson, AZ, 1986), 435‒8211;63; Carlos G. Velez-Ibanez, *Border Visions: Mexican Cultures of the Southwest United States* (Tucson, AZ, 1996).

16 Fernand Braudel, *La Méditerranée et le monde méditerranéen à l'époque de Philippe II* (1949;

2nd rev. edn, Paris 1966), trans. Sian Reynolds as *The Mediterranean and the Mediterranean World in the Age of Philip II*, 2 vols. (New York, 1972).

17 Kenneth R. Andrews, *Trade, Plunder and Settlement: Maritime Enterprise and the Genesis of the British Empire, 1480-1630* (Cambridge, 1984).

18 Immanuel M. Wallerstein, *The Modern World-System*, 3 vols. (New York, 1974-88); Janet L. Abu-Lughod, *Before European Hegemony: The World System A.D. 1250-1350* (New York, 1989).

19 다섯번째 지역은 시베리아는 중국과 연결되기도 하지만, 러시아와 함께 분석하는 것이 더 좋다.

20 Akira Hayami, "Rural Migration and Fertility in Tokugawa Japan," in Susan B. Hanley and Arthur P. Wolf, eds, *Family and Population in East Asian History* (Stanford, CA, 1985), 110-32; Wilhelm Abel, *Agricultural Fluctuations in Europe: From the Thirteenth to the Twentieth Centuries*, trans. Olive Ordish (London, 1980; trans. of German 3rd rev. edn, 1978).

21 Jose C. Curto and Renee Soulodre-LaFrance, eds, *Africa and the Americas: Interconnections during the Slave Trade* (Trenton, NJ, 2005), 13-14.

22 19세기 중반부터 20세기 중반까지의 글로벌 이주들에 관한 최고의 비교 연구이다. Adam McKeown, "Global Migration, 1846-1940," *Journal of World History* 15.2 (2004), 155-89.

23 Walter Nugent, *Crossings: The Great Transatlantic Migrations, 1870-1914* (Bloomington, IN, 1992).

24 프랑스 혁명 의회는 1794년에 노예 제도를 폐지했지만, 제국주의 성향의 나폴레옹은 크레올 농장주 계급들과의 관계로 인해 1802년에 이를 다시 도입했다.

25 Hugh Tinker, *A New System of Slavery: The Export of Indian Labour Overseas 1830-1920* (London, 1974); David Northrup, *Indentured Labor in the Age of Imperialism, 1834-1922* (Cambridge, 1995); Piet C. Emmer, ed., *Colonialism and Migration: Indentured Labour before and after Slavery* (Dordrecht, 1986)

26 19세기 유럽 러시아에는 폴란드인들, 발트인들, 우크라이나인들뿐만 아니라 소위 거주 경계 지구에만 국한되어 살던 무국적 유대인 인구도 포함되었다.

27 이 체제의 첫번째 단계는 위에서 언급한 1560년대부터 스페인과 중국의 아카풀코-마닐라 연결이었다.

28 이 시기에 백인 통치의 남아프리카 공화국은 흑인 아프리카 인구에게 강제 노동 이주와 엄격한 아파르트헤이트를 도입했는데, 1980년대에 비로소 그들은 이 체제를 무너뜨릴 수 있

었다.

29 Anthony H. Richmond, *Global Apartheid: Refugees, Racism, and the New World Order* (Toronto, 1994).

30 Benedict Anderson, *Imagined Communities: Reflections on the Origin and Spread of Nationalism* (1983; 3rd rev. edn, London,1986); Eric J. Hobsbawm and Terence Ranger, eds, *The Invention of Tradition* (Cambridge, 1983); Dirk Hoerder, with Christiane Harzig and Adrian Shubert, eds, *The Historical Practice of Diversity: Transcultural Interactions from the Early Modern Mediterranean to the Postcolonial World* (New York, 2003); Christiane Harzig and Danielle Juteau, with Irina Schmitt, eds, *The Social Construction of Diversity: Recasting the Master Narrative of Industrial Nations* (New York, 2003).

3. 이주와 문화적 상호작용에 대한 이론들

1 Sylvia Hahn, *Migration, Arbeit und Geschlecht: Mitteleuropa in vergleichender Perspektive, 17-19. Jahrhundert* (Gottingen, 2007), chap. 1; Leopold Caro, Auswanderung und Auswanderungspolitik in Osterreich (Berlin, 1909).

2 Ernst G. Ravenstein, "The Laws of Migration," *Journal of the Statistical Society of London* 48.2 (1885), 167-235, and addendum, 52.2 (1889), 241-305. 많은 국가들에서는 국내 이동에 관한 이용할 만한 인구 조사 데이터가 없었다. 따라서 학자들은 그들의 연구를 국가 간의 이주로 축소했다.

3 [Jane Addams et al.], Hull-House Maps and Papers ["Chicago Survey"]: A Presentation of Nationalities and Wages in a Congested District of Chicago, together with Comments and Essays on Problems Growing out of the Social Conditions (New York, 1895; repr. Urbana, IL, 2007); Mary Jo Deegan, Jane Addams and the Men of the Chicago School, 1892-1918 (New Brunswick, NJ, 1988).

4 Robert E. Park, Herbert A. Miller, and Kenneth Thompson, *Old World Traits Transplanted: The Early Sociology of Culture* (New York, 1921); Park, "Human Migration and the Marginal Man," *American Journal of Sociology* 33 (1928), 881-;93. 일부 학자들은 동화(assimilation) 개념의 재도입을 주장해왔다. Ewa Morawska, "In Defense of the Assimilation Model," *Journal of American Ethnic History* 13 (1994), 76-87; Russell A. Kazal, "Revisiting Assimilation: The Rise, Fall, and Reappraisal of a Concept in American Ethnic History," *American Historical Review* 100 (1995), 437_71.

5 Georg Simmel, "Exkurs uber den Fremden," in Simmel, *Soziologie: Untersuchungen uber die Formen der Vergesellschaftung* (Berlin, 1908), 509-12, trans. Kurt Wolff as "The Stranger" in *The*

Sociology of Georg Simmel (New York, 1950), 402_8.

6 군나르 뮈르달(리처드 스턴러, 아널드 로즈와 함께)는 노예 이주와 지속적인 인종주의에 관한 쟁점을 다루었다. Gunnar Myrdal, *An American Dilemma: The Negro Problem and Modern Democracy* (New York, 1944). 사회과학자인 알바 뮈르달은 난민 주제의 학술지를 1945년부터 1947년까지 편집했다.

7 Dirk Hoerder, "Ethnic Studies in Canada from the 1880s to 1962: A Historiographical Perspective and Critique," *Canadian Ethnic Studies* 26.1 (1994), 1-18; J. S. Woodsworth, *Strangers Within our Gates, or Coming Canadians* (1909; repr. Toronto, 1972).

8 Ingo Haar and Michael Fahlbusch, eds, *German Scholars and Ethnic Cleansing, 1920-1945* (New York, 2004).

9 Krystyna Duda-Dziewierz, *Wie´s małopolska a Emigracja amerykan´ ska: Studium wsi Babica powiatuRzeszowskiego* (*The villages of Little Poland and the emigration to America: A study of Babica*) (Warsaw and Poznan´, 1930).

10 Imre Ferenczi, "Historical Study of Migration Statistics," *International Labour Review* 2 (1929), 356-84. 20세기 후반 이주 통계에 관한 논의는 다음을 참조하라. Hania Zlotnik, "The Concept of International Migration as Reflected in Data Collection Systems," *International Migration Review* 21.4 (1987), 925-46 special issue "Measuring International Migration: Theory and Practice."

11 라틴아메리카에서는 페르난도 바스토스 데 아빌라(Fernando Bastos de Avila)는 그의 제목이 약속한 것을 이루어내지는 못했다. 그는 『라틴아메리카 이민*La Immigracion en America Latina*』 (Washington, DC, 1964)에서 백인과 유럽 이민자들에 대한 선호를 촉진했다. 이 책은 미국경제 사회 위원회의 후원으로 출간되었다. 멕시코에서는 19세기부터의 외국인들과 이주민들에 관한 상당수의 출판물이 있었지만, 이론적인 기여는 하지 못했다. Dolores Pla, Guadalupe Zarate, Monica Palma, Jorge Gomez, Rosario Cardiel, and Delia Salazar, *Extranjeros en Mexico* (1821-1990): Bibliografia (Mexico City, 1994).

12 Franklin L. Ho, *Population Movement to the North Eastern Frontier in China* (Shanghai, 1931); Joshua A. Fogel, "Introduction: Ito Takeo and the Research Work of the South Manchurian Railway Company," *Life along the South Manchurian Railway: The Memoirs of Ito Takeo*, trans. Fogel (Armonk, NY, 1988), vii-xxxi: 1930년대 북미와 유럽의 농업 정착 이주 연구는 시대에 뒤떨어졌다. 오언 라티모어(Owen Lattimore)와 월터 영(C. Walter Young)과 같은 미국 학자들은 중국의 발전에 대한 관심을 공유했다.

13 Oscar Handlin, *The Uprooted: The Epic Story of the Great Migrations that Made the American People* (Boston, 1951); Rudolph J. Vecoli, "The Contadini in Chicago: A Critique of The Uprooted," *Journal of American History* 51 (1964), 404-17.

14 Caroline F. Ware, *Greenwich Village, 1920-1930: A Comment on American Civilization in the Post-War Years* (1935; Berkeley, CA, 1994), 인용. p. 427; Ware, *The Cultural Approach to History* (New York, 1940).

15 이러한 연구에 관한 유용한 요약: George J. Borjas, "Economic Theory and International Migration," *International Migration Review* 23 (1989), 457-85.

16 1950년대와 1960년대에 아서 루이스(W. Arthur Lewis), 구스타브 라니스(Gustav Ranis), 페이(J. C. H. Fei), 래리 샤스타드(Larry A. Sjaastad) 등의 학자들이 발표한 초기 연구들을 세련되게 다듬은 학자는 마이클 토다로다. Michael P. Todaro in "A Model of Labor Migration and Urban Unemployment in Less Developed Countries," *American Economic Review* 59 (1969), 138-48; *Internal Migration in Developing Countries* (Geneva, 1976); "Internal Migration in Developing Countries: A Survey," in Richard A. Easterlin, ed., *Population and Economic Change in Developing Countries* (Chicago, 1980), 361-401.

17 이것은 경제학자들의 업적들 중 가장 뛰어난 예들이다. Timothy J. Hatton and Jeffrey G. Williamson, *Migration and the International Labor Market 1850-1939* (London, 1994), *The Age of Mass Migration: Causes and Economic Impact* (New York,1998), *Global Migration and the World Economy: Two Centuries of Policy and Performance* (Cambridge, MA, 2005).

18 이스라엘 장윌(1864-1926, Israel Zangwill)은 러시아에서 영국으로 이주해 들어온 이민자의 자녀로 영국의 시온주의자 지식인이었다. Israel Zangwill, *The Melting Pot: Drama in Four Acts* (New York, 1909).

19 Randolph S. Bourne, "Trans-National America," *Atlantic Monthly* 118 (1916), 86-97; Harace Kallen, "Democracy versus the Melting Pot: A Study of American Nationality," *The Nation* (February 1915).

20 Gilberto Freyre, *Casa-Grande e senzala* (1933), trans. Samuel Putnam as *The Masters and the Slaves: A Study in the Development of Brazilian Civilization* (1946; rev. edn, Berkeley, CA, 1986); Thomas E. Skidmore, *Black into White: Race and Nationality in Brazilian Thought* (1974; rev. edn, Durham, NC, 1993), 206-18, 272-5.

21 Fernando Ortiz, "Del fenomeno de la transculturacion y su importancia en Cuba," *Revista Bimestre Cubana* 27 (1940), 273-8, trans. Harriet de Onis as *Cuban Counterpoint: Tobacco and Sugar* (1947; repr. Durham, NC, 1995).

22 말리노프스키(Malinowski)는 본인 스스로가 트랜스 이주자였다. 그가 태어났던 폴란드는 당시 합스부르크제국에 속해 있었다. 그는 라이프치히대학과 런던정경대학(LSE)에서 교육을 받았고, 런던정경대학과 예일대학에서 가르쳤다. 프란츠 보아스(Franz Boas)는 미국으로 이주해 왔던 독일계 유대인으로 컬럼비아대학에서 가르쳤다.

23 Sylvia Van Kirk, "Many Tender Ties": *Women in Fur-Trade Society in Western Canada, 1670-1870* (Winnipeg, 1980); Allen F. Isaacman, *Mozambique: The Africanization of a European Institution: The Zambezi Prazos, 1750-1902* (Madison, 1972)

24 Everett C. Hughes, "The Study of Ethnic Relations," *Dalhou sie Review* 27 (1948), 477-82, and Hughes and Helen MacGill Hughes, *Where Peoples Meet: Racial and Ethnic Frontiers* (Glencoe, IL, 1952).

25 레오폴드 상고르(1906-2001, Leopold Senghor)는 세네갈(당시 프랑스령 적도 아프리카)에서 태어나 프랑스대학에서 가르쳤는데, 독립된 세네갈의 초대 대통령이 되었다. 에메 세제르(1913-2008, Aimé Césaire)는 마르티니크에서 태어나 1935년 학생 시절 잡지 〈흑인 학생(L'Etudiant Noir)〉에서 이 용어를 창안했다. 그는 이후 정치 활동에 적극 참여했다. 포렛 나르달(1896-1985, Paulette Nardal) 역시 파리에서 공부했고, 그녀의 집을 흑인 작가들과 정치 급진주의자들의 중심지로 만들었으며, 정치에 입문했다.

26 Jules-Rosette Bennetta, *Black Paris: The African Writers' Landscape* (Urbana, IL, 1998); Pascal Blanchard, Eric Deroo, and Gilles Manceron, *Le Paris noir* (Paris, 2001); Bernd-Peter Lange and Mala Pandurang, "Dialectics of Empire and Complexities of Culture: British Men in India, Indian Experiences of Britain," in Dirk Hoerder, with Christiane Harzig and Adrian Shubert, eds, *The Historical Practice of Diversity: Transcultural Interactions from the Early Modern Mediterranean to the Postcolonial World* (New York, 2003), 177-200.

27 4장 "이주 경로들에 대한 시스템 접근법"을 참조하라.

28 네덜란드 학자에 의한 초기 통합적 연구: Willemina Kloosterboer, *Involuntary Labour since the Abolition of Slavery: A survey of Compulsory Labour throughout the World* (Leiden, 1960); David W. Galenson, *White Servitude in Colonial America: An Economic Analysis* (Cambridge, 1981).

29 필립 커틴(Philip D. Curtin)이 그의 고전 『대서양 노예 무역: 인구 조사』에서 제시했던 수치는 상향 조정되었다. Philip D. Curtin, *The Atlantic Slave Trade: A Census* (Madison, 1969); Herbert S. Klein, *The Middle Passage: Comparative Studies in the Atlantic Slave Trade* (Princeton, NJ, 1978).

30 David B. Davis, *The Problem of Slavery in Western Culture* (Ithaca, NY, 1966); Unesco, ed., *The African Slave Trade from the Fifteenth to the Nineteenth Century* (Paris, 1979); David Eltis and James Walvin, eds, *The Abolition of the Atlantic Slave Trade* (Madison, 1981); Nathan I. Huggins, *Black Odyssey: The Ordeal of Slavery in America* (1977; London, 1979); Katia M. de Queiros Mattoso, *To Be a Slave in Brazil, 1550-1880* (1986; 4th edn, New Brunswick, NJ, 1994); 최근 연구 요약은 다음을 참조하라. Jose C. Curto and Renee Soulodre-LaFrance, "Introduction: Interconnections between Africa and the Americas during the Era of the Slave Trade," in Curto and Soulodre-LaFrance, eds, *Africa and the Americas: Interconnections during the Slave Trade* (Trenton, NJ, 2005), 1-11; Laird W. Bergad, *The Comparative Histories of Slavery in Brazil, Cuba,* *and the United States* (Cambridge, 2007).

31 Patrick Manning, *Slavery and African Life: Occidental, Oriental and African Slave Trades* (Cambridge, 1990); W. Gervase Clarence-Smith, ed., *The Economics of the Indian Ocean Slave Trade in the Nineteenth Century* (London, 1989); Suzanne Miers and Igor Kopytoff, eds, *Slavery in Africa: Historical and Anthropological Perspectives* (Madison, 1977).

32 Joseph E. Harris, *Global Dimensions of the African Diaspora* (Washington, DC, 1982); Vincent Bakpetu Thompson, *The Making of the African Diaspora in the Americas 1441-1900* (Harlow, Essex, 1987); John Thornton, *Africa and Africans in the Making of the Atlantic World, 1400-1800* (2nd edn, Cambridge, 1998); Paul Gilroy, *The Black Atlantic: Modernity and Double Consciousness* (Cambridge, MA, 1993); 그리고 콜린 파머(Colin A. Palmer)의 최근 작업들.

33 Persia C. Campbell, *Chinese Coolie Emigration to Countries within the British Empire* (1923; repr. London, 1971); Ta Chen, *Chinese Migrations with Special Reference to Labor Conditions* (Washington, DC, 1923) and *Emigrant Communities in South China: A Study of Overseas Migration and its Influence on Standards of Living and Social Change* (Shanghai, 1939, and New York, 1940).

34 K. A. Nilakanta Sastri, *South Indian Influences in the Far East* (Bombay, 1949); Bruno Lasker, *Human Bondage in Southeast Asia* (Chapel Hill, NC, 1950); C. Kondapi, *Indians Overseas 1838-1949* (New Delhi, 1951); Victor Purcell, *The Chinese in Southeast Asia* (Oxford, 1951); I. M. Cumpston, *Indians Overseas in British Territories, 1834-1854* (London, 1953). 중국에 관해서는 다음의 중요한 연구를 참조하라. Ping-to Ho, *the Population of China, 1368-1953* (Cambridge, 1959).

35 R. N. Jackson, *Immigrant Labour and the Development of Malaya, 1786-1920* ([Kuala Lumpur], 1961); K. L. Gillion, *Fiji's Indian Migrants: A History to the End of Indenture in 1920* (Melbourne, 1962); Edgar Wickberg, *The Chinese in Philippine Life: 1850-1898* (New Haven, CT, 1965); Alfonso Felix, Jr., ed., *The Chinese in the Philippines*, 2 vols. (Manila,1966-9).

36 Hugh Tinker, *A New System of Slavery: The Export of Indian Labour Overseas 1830-1920* (London, 1974).

37 Jan C. Breman and E. Valentine Daniel, "The Making of a Coolie," *Journal of Peasant Studies* 19.3/4 (1992), 268-95, and Breman, *Taming the Coolie Beast: Plantation Society and the Colonial Order in Southeast Asia* (Delhi, 1989). David Northrup, *Indentured Labor in the Age of Imperialism, 1834-1922* (Cambridge, 1995); Kay Saunders, ed., *Indentured Labour in the British Empire 1834-1920* (London, 1984); Piet C. Emmer, ed., *Colonialism and Migration: Indentured Labour before and after Slavery* (Dordrecht, 1986), 237-59, and Colin Clarke, Ceri Peach, and Steven Vertovec, eds, *South Asians Overseas: Migration and Ethnicity* (Cambridge, 1990).

38 비디아다르 나이폴의 연구는 출간 후 많은 찬사를 받았다. Vidiadhar S. Naipaul, *The Loss* *of El Dorado: A Colonial History* (London, 1969).

39 Walton L. Lai, *Indentured Labor, Caribbean Sugar: Chinese and Indian Migrants to the British West Indies* (Baltimore, 1993); Ronald Takaki, *Pau Hana: Plantation Life and Labor in Hawaii, 1835-1920* (Honolulu, 1983).

40 이 주제에 관한 중요한 연구이다. Eric R. Wolf, *Europe and the People without History* (Berkeley, CA, 1982).

41 초기의 유럽중심주의적 연구로 조셉 B. 셰치트만(Joseph B. Schechtman, 1946), 유진 M. 퀼리셔(Eugene M. Kulischer, 1948)가 있다. 그리고 1959-60년 UN의 세계 난민 해의 영향을 받아 확장된 루이즈 W. 홀본(Louise W. Holborn, 1975)의 연구도 여기에 속한다. 오데사 출신 이민자였던 셰치트만은 『세계의 난민: 이주와 통합*The Refugee in the World: Displacement and Integration*』(New York, 1964)에서 아시아 인구 이동, 유대인 및 팔레스타인 난민 등을 다루었다. 일본군의 진격에 앞서 일어난 중국인들의 피난은 학자들의 주목을 받지 못했다. 이론적 접근은 아리스티드 졸버그(Aristide Zolberg)에 의해 다루어졌다. Aristide Zolberg, "The Formation of New States as a Refugee-Generating Process," *Annals of the American Academy of Political and Social Science* 467 (1983), 24-38; 최고의 연구는 R. Marrus, *The Unwanted: European Refugees in the Twentieth Century* (Oxford, 1985).

42 Frederick A. Norwood, *Strangers and Exiles: A History of Religious Refugees*, 2 vols. (Nashville, 1965-9); Susanne Lachenicht, ed., *Religious Refugees in Europe, Asia and North America* (6th-21st century) (Munster, 2007).

43 두 가지 초기 연구: Andre Wurfbain, *L'Echange grecobulgare des minorités ethniques* (Lausanne, 1930); Stephen P. Ladas, *The Exchange of Minorities: Bulgaria, Greece and Turkey* (New York, 1932). Paul Dumont, "L'Emigration des Musulmans de Russie vers l'Empire Ottoman," in Georges Dupeux, ed., *Les Migrations internationales de la fin du XVIIIe siècle à nos jours* (Paris, 1980), 212-18; Andrew Bell-Fialkoff, *Ethnic Cleansing* (New York, 1996); Gerard Chaliand and Yves Ternon, *Le Genocide des Armeniens* (Brussels, 1980).

44 최근 연구로 다음을 참조하라. Stephen R. MacKinnon, *Wuhan, 1938: War, Refugees, and the Making of Modern China* (Berkeley, CA, 2008).

45 Ludger Kuhnhardt, *Die Fluchtlingsfrage als Weltordnungsproblem: Massenzwangswanderungen in Geschichte und Politik* (Vienna, 1984); Peter J. Opitz, *Das Weltfluchtlingsproblem: Ursachen und Folgen* (Munich, 1988); Aristide Zolberg, Astrid Suhrke, and Sergio Aguayo, *Escape from Violence: Conflict and the Refugee Crisis in the Developing World* (Oxford, 1989); Zolberg and Peter Benda, eds, *Global Migrants, Global Refugees: Problems and Solutions* (Oxford, 2000). UNHCR, *The State of the World's Refugees, 1995: In Search of Solutions* (Oxford, 1995), and other volumes.

46 Julius Isaac, *Economics of Migration* (New York, 1947); Everett S. Lee, "A Theory of

Migration," *Demography* 3 (1966), 47-57; J. A. Jackson, ed., *Migration* (Cambridge,1969); Brinley Thomas, *Migration and Economic Growth: A Study of Great Britain and the Atlantic* (Cambridge, 1973); Paul R. Shaw, *Migration Theory and Fact: A Review and Bibliography of Current Literature* (Philadelphia, 1975).

47 그 외에도 다음과 같은 연구들이 있다. William H. McNeill and Ruth S. Adams, eds, *Human Migration: Patterns and Politics* (Bloomington, IN, 1978); Alan A. Brown and Egon Neuberger, *Internal Migration: A Comparative Perspective* (New York, 1977); Martin L. Kilson and Robert I. Rotberg, eds, *The African Diaspora: Interpretive Essays* (Cambridge, MA, 1976).

48 Jan Lucassen and Leo Lucassen, eds, *Migration, Migration History, History: Old Paradigms and New Perspectives* (Bern, 1997; rev. edn, 2007); Dirk Hoerder, "Changing Paradigms in Migration History: From 'To America' to World-Wide Systems," *Canadian Review of American Studies* 24,2 (1994), 105-26. 사회학자들의 관점을 보려면 Douglas S. Massey, Joaquin Arango, Graeme Hugo, Ali Kouaouci, Adela Pellegrino, and J. Edward Taylor, "Theories of International Migration: Review and Appraisal," *Population and Development Review* 19 (1993), 431-66, and "An Evaluation of International Migration Theory: The North American Case," *ibid.* 20 (1994), 699-752. 다른 이론화 작업들은 J. J. Mangolam and H. K. Schwarzweller, "General Theory in the Study of Migration: Current Needs and Difficulties," *International Migration Review* 3 (1968), 3-18; A. L. Mabogunje, "A Systems Approach to a Theory of Rural-Urban Migration," *Geographical Analysis* 2,1 (1970), 1-18; John Goldlust and Anthony H. Richmond, "A Multivariate Model of Immigrant Adaptation," *International Migration Review* 8 (1974), 193-225; Robert J. Kleiner et al., "International Migration and Internal Migration: A Comprehensive Theoretical Approach," in Ira A. Glazier and Luigi de Rosa, eds, *Migration across Time and Nations: Population Mobility in Historical Contexts* (New York, 1986), 305-17.

49 Immanuel M. Wallerstein, *The Modern World-System*, 3 vols. (New York, 1974-88); Andre Gunder Frank, *Capitalism and Underdevelopment in Latin America* (New York, 1969); Ian Roxborough, *Theories of Underdevelopment* (London, 1979); Ronald H. Chilcote, ed., *Dependency and Marxism: Toward a Resolution of the Debate* (Boulder, CO, 1981); Fernand Braudel, *La Méditerranée et le monde méditerranéen à l'époque de Philippe II* (1949; 2nd rev. edn, Paris 1966), trans. Sian Reynolds as *The Mediterranean and the Mediterranean World in the Age of Philip II*, 2 vols. (New York, 1972); Janet L. Abu-Lughod, *Before European Hegemony: The World System A.D. 1250-1350* (New York, 1989); Saskia Sassen, *The Global City: New York, London, Tokyo* (Princeton, NJ, 1991).

50 고전적 저작으로는 다음이 있다. Louise A. Tilly and Joan W. Scott, *Women, Work and Family* (New York, 1978); Patricia R. Pessar, "The Role of Gender, Households, and Social Networks in the Migration Process: A Review and Appraisal," in Charles Hirschman, Philip Kasinitz, and Josh DeWind, eds, *The Handbook of International Migration: The American Experience* (New York, 1999), 53-70; Tamara K. Hareven, *Family Time and Industrial Time: The Relationship between Family and Work in a New England Industrial Community* (Cambridge, 1982).

51 모든 경제적 요인들과 사회적, 정치적 쟁점들을 통합한 예로 다음이 있다. Jorge Durand and Douglas S. Massey, eds, *Crossing the Border: Research from the Mexican Migration Project* (New York, 2004).

52 Oded Stark and David E. Bloom, "The New Economics of Labor Migration," *American Economic Review* 75 (1985), 173-8; Stark, *The Migration of Labor* (Oxford, 1991); Stark, "Relative Deprivation and Migration: Theory, Evidence, and Policy Implications," in Sergio Diaz-Briquets and Sidney Weintraub, eds, *Determinants of Emigration from Mexico, Central America, and the Caribbean* (Boulder, CO, 1991),121-44; Stark, J. Edward Taylor, and Shlomo Yitzhaki, "Remittances and Inequality," *Economic Journal* 101 (1986), 1163-78.

53 Michael J. Piore, *Birds of Passage: Migrant Labor in Industrial Societies* (New York, 1979); Walter Licht, "Labor Economics and the Labor Historian," *International Labor and Working Class History* 21 (1982): 52-62; Edna Bonacich, "A Theory of Ethnic Antagonism: The Split Labor Market," *American Sociological Review* 37 (1972), 547-59; John B. Christiansen, "The Split Labor Market Theory and Filipino Exclusion: 1927-1934," *Phylon* 40 (1979), 66-74; Toni Pieren kemper and Richard Tilly, *Historische Arbeitsmarktforschung: Entstehung und Probleme der Vermarktung von Arbeitskraft* (Gottingen, 1982).

54 Richard C. Edwards, Michael Reich, and David M. Gordon, eds, *Labor Market Segmentation* (Lexington, MA, 1975).

55 Herbert G. Gutman, *Work, Culture, and Society in Industrializing America* (New York, 1976); June Nash and Maria P. Fernandez-Kelly, eds, *Women, Men and the International Division of Labor* (Albany, NY, 1983); Sun-Hee Lee, *Why People Intend to Move: Individual and Community-level Factors of Out-Migration in the Philippines* (Boulder, CO, 1985); Nigel Harris, *New Untouchables: Immigration and the New World Worker* (New York, 1995); Alan B. Simmons, ed., *International Migration, Refugee Flows and Human Rights in North America: The Impact of Free Trade and Restructuring* (New York, 1996).

56 인종, 인종화, 백인성 연구, 서발턴 연구에 관해서는 5장 1)을 참조하라.

57 앞서 언급된 혁신적인 학자들의 개인적인 이주 역사는, 그들이 출신 민족국가의 단일 문화 프레임을 떠났음을 보여준다. 다른 담론 연구 및 탈식민주의 연구 이론가들인 자크 데리다, 롤랑 바르트, 프란츠 파농, 스튜어트 홀처럼, 부르디외 역시 여러 사회에서 생활하며 종종 프랑스와 다른 식민 지배 사회 혹은 피식민지 사회를 오갔다. 안토니오 그람시와 미하일 바흐친과 같은 학자들은 그들이 태어난 사회에서 다양한 체제를 경험했다. 미셸 푸코와 캐서린 홀 역시 다양한 현실과 이원적 담론을 경험했다.

58 Anthony Giddens, *Central Problems in Social Theory: Action, Structure, and Contradiction in Social Analysis* (Berkeley, CA, 1979), *The Constitution of Society: Outline of the Theory of Structuration* (Berkeley, CA, 1984); Pierre Bourdieu and Loic Wacquant, *An Invitation to Reflexive*

Sociology (Chicago,1992); Bourdieu, *Practical Reason: On the Theory of Action* (Stanford, CA, 1998).

59 경제학자 글렌 로리가 이 개념을 도입했다. Glenn Loury, "A Dynamic Theory of Racial Income Differences," in Phyllis A. Wallace and Anette M. LaMond, eds, *Women, Minorities, and Employment Discrimination* (Lexington, MA, 1977). 부르디외의 저작이 가장 잘 정리하고 있다. Pierre Bourdieu, "The Forms of Capital," in JohnG. Richardson, ed., *Handbook of Theory and Research for the Sociology of Education* (Westport, CT, 1986), 241-58; James S. Coleman, "Social Capital in the Creation of Human Capital," *American Journal of Sociology* 94 (1988), suppl., 95-120; Alejandro Portes, "Social Capital: Its Origins and Applications in Modern Sociology," *Annual Review of Sociology* 24 (1998), 1-14; Robert D. Putnam, "Social Capital: Measurement and Consequences," *Isuma* 2.1 (2001), 41-51.

60 연쇄 이주 개념 아래, 〈딜링햄 위원회 보고서〉(1911-12)의 양적 데이터와 함께 네트워크 개념이 오랫동안 사용되어왔다. 명확한 저술로 Douglass S. Massey and Felipe Garcia Espana, "The Social Process of International Migration," *Science* 237 (1987), 733-8, and Pierre Bourdieu and Loic Wacquant, *An Invitation to Reflexive Sociology* (Chicago, 1992).

61 Henri Lefebvre, *The Production of Space*, trans. Donald Nicolson-Smith (Oxford, 1991).

62 Robin Cohen, *Global Diasporas: An Introduction* (London, 1997); Khachig Tololyan, "Rethinking Diaspora(s): Stateless Power in the Transnational Moment," *Diaspora* 5.1 (1996), 9-36.

63 호미 바바는 뭄바이(인도) 출신의 파르시(조로아스터교 신자)로, 뭄바이와 옥스퍼드에서 공부하였고 현재 미국에서 가르치고 있다. Homi K. Bhabha, *The Location of Culture* (New York, 1994); 아파두라이(Appadurai)의 경로 역시 인도에서 미국으로 향했다. Appadurai, "Global Ethnoscapes: Notes and Queries for a Transnational Anthropology," in Richard Fox, ed., *Recapturing Anthropology: Working in the Present* (Santa Fe, NM, 1991), 191-210; *Modernity at Large: Cultural Dimensions of Globalization* (Minneapolis, 1996); "Grassroots Globalization and the Research Imagination," *Public Culture* 12.1 (2000), 1-19, quote p. 7.

64 Allen F. Roberts, "La 'Geographie processuelle': Un nouveau paradigme pour les aires culturelles," *Lendemains* 31.122/123 (2006), 41-61.

65 Nina Glick Schiller, Linda Basch, and Cristina Blanc-Szanton, eds, *Towards a Transnational Perspective on Migration: Race, Class, Ethnicity and Nationalism Reconsidered* (New York,1992), esp. 1-24; Alejandro Portes, Luis E. Guarnizo, and Patricia Landolt, "The Study of Transnationalism: Pitfalls and Promise of an Emergent Research Field," *Ethnic and Racial Studies* 22 (1999), 217-37; Nancy Foner, "What's So New about Transnationalism? New York Immigrants Today and at the End of the Century," *Diaspora* 6.3 (1997), 354-75, quote p. 371; Kiran K. Patel, *Nach der National fixiertheit: Perspektiven einer transnationalen Geschichte* (Berlin, 2004), esp. 5-7; Steven Vertovec, "Conceiving and Researching Transnationalism," *Ethnic and Racial Studies* 22.2 (1999),

447-62; PeterKivisto, "Theorizing Transnational Immigration: A Critical Review of Current Efforts," *Ethnic and Racial Studies* 24.4 (2001), 549-77, and "Social Spaces, Transnational Immigrant Communities, and the Politics of Incorporation," *Ethnicities* [Bristol] 3.1 (2003), 5-28. 최고의 요약은 Thomas Faist, *The Volume and Dynamics of International Migration and Transnational Social Spaces* (Oxford, 2000).

66 David Thelen, "Of Audiences, Borderlands, and Comparisons: Toward the Internationalization of American History," *Journal of American History* 79 (1992), 432-62, quote p. 436.

67 Benedict Anderson, *Imagined Communities: Reflections on the Origin and Spread of Nationalism* (1983; 3rd edn, London, 1986).

68 Dirk Hoerder, "From Interest-Driven National Discourse to Transcultural Societal Studies," in Hoerder, *From the Study of Canada to Canadian Studies: To Know our Many Selves Changing across Time and Space* (Augsburg, 2005), 316-26.

4. 이주 경로들에 대한 시스템 접근법

1 James H. Jackson, Jr., and Leslie Page Moch, "Migration and the Social History of Modern Europe," *Historical Methods* 22 (1989), 27-36, repr. in Dirk Hoerder and Moch, eds, *European Migrants: Global and Local Perspectives* (Boston, 1996), 52-69.

2 Jan Lucassen, *Migrant Labour in Europe, 1600-1900: The Drift to the North Sea*, trans. Donald A. Bloch (London, 1987); Leslie Page Moch, *Moving Europeans: Migration in Western Europe since 1650* (1992; 2nd edn, Bloomington, IN, 2003); Dirk Hoerder, *Cultures in Contact: World Migrations in the Second Millennium* (Durham, NC, 2002).

3 Pierre Bourdieu, *The Fields of Cultural Production* (New York, 1993); Raymond Williams, *Culture and Society, 1780-1950* (New York, 1958); Arjun Appadurai, *Modernity at Large: Cultural Dimension of Globalization* (Minneapolis, 1996).

4 이주자들의 개성에 관한 심리학적 접근은 먼 "친근한 광야"에 도달하기 위한 "애착 행동" 또는 "스릴"과 같은 성향을 강조했다. 이러한 일반적인 개념은 실증되지는 않았는데, "합리적 선택 이론"은 합리성만큼이나 심리적인 것을 과도하게 강조하는 경향이 있다.

5 Wilbur Zelinsky, "The Hypothesis of the Mobility Transition," *Geographical Review* 61 (1971), 219-49; Ronald Skeldon, *Population Mobility in Developing Countries: A Reinterpretation* (New York, 1990), 109-12. 어떤 사회와 시대에서는 고용이 불안정한 농촌 가정의 일원 또는 농촌에서 이주했던 사람들이 도시의 임노동 이후 귀농을 시도했다.

6 John Torpey, *The Invention of the Passport: Surveillance, Citizenship and the State* (Cambridge, 2000); Jane Caplan and Torpey, eds, *Documenting Individual Identity: The Development of State Practices in the Modern World* (Princeton, NJ, 2001).

7 출생 사회들에 관한 연구의 몇 가지 예: June Mei, "Socioeconomic Origins of Emigration: Guangdong to California, 1850-1882," in Lucie Cheng and Edna Bonacich, eds, *Labor Migration under Capitalism: Asian Workers in the United States before World War II* (Berkeley, CA, 1984), 219-47; Robert C. Ostergren, *A Community Transplanted: The Trans-Atlantic Experience of a Swedish Immigrant Settlement in the Upper Midwest, 1835-1915* (Madison, 1988); Dirk Hoerder et al., eds, *Roots of the Transplanted*, 2 vols. (New York, 1994).

8 Victor W. Turner, "[Christian] Pilgrimages as Social Processes," in Turner, ed., *Dramas, Fields, and Metaphors* (Ithaca, NY, 1974), 166-230. Dale F. Eickelman and James Piscatori, eds, *Muslim Travellers: Pilgrimage, Migration, and the Religious Imagination* (Berkeley, CA, 1990); Susan Naquin and Chun-fang Yu, eds, *Pilgrims and Sacred Sites in China* (Berke-ley, CA, 1992); E. Alan Morinis, *Pilgrimage in Hindu Tradition* (Delhi, 1984).

9 Michael R. Marrus, *The Unwanted: European Refugees in the Twentieth Century* (Oxford, 1985); Mary Jo Leddy, *At the Border Called Hope: Where Refugees are Neighbours* (Toronto, 1998).

10 이사지(Isajiw)의 저작은 최고의 교과서이다. Wsevolod W. Isajiw, *Understanding Diversity: Ethnicity and Race in the Canadian Context* (Toronto, 1999). 많은 면에서 이사지의 분석은 다른 사회들에도 적용될 수 있다.

11 부모들과 함께 혹은 입양되어 들어온 유아들은 예외이다.

12 캐나다의 고도로 발달된 연구에 관한 리뷰는 다음을 참조하라. Yvonne Hebert, "Identity, Diversity, and Education: A Critical Review of the Literature," *Canadian Ethnic Studies* 33.2 (2001), 155-85. 미국은 다음을 참조하라. Alejandro Portes, Patricia Fernandez-Kelly, and William Haller, "Segmented Assimilation on the Ground: The New Second Generation in Early Adulthood," *Ethnic and Racial Studies* 28.6 (2005), 1000-40.

13 Milton M. Gordon, *Assimilation in American Life: The Role of Race, Religion, and National Origins* (New York, 1964). 고든은 대부분의 미국 학자들과 같이 들어오는 이주자들이 동화될 하나의 앵글로색슨 핵심 또는 주류 문화가 존재한다고 여전히 가정했다. 이것에 대해 비판을 가한 것이 다음의 저작이다. Richard Alba and Victor Nee, *Remaking the American Mainstream: Assimilation and Contemporary Immigration* (Cambridge, MA, 2003); 사실 이들도 미국 중심주의자로 미국 밖의 연구를 하나도 인용하지 않았고, 포괄적인 비교 관점을 제공하고 있지도 않다. 다음을 참조하라: Elliott R. Barkan "Race, Religion, and Nationality in American Society: A Model of Ethnicity from Contact to Assimilation," *Journal of American Ethnic History* (Winter 1995), 38-76.

14 Thomas F. Gossett, *Race: The History of an Idea in America* (New York, 1963); John Goldlust and Anthony H. Richmond, "A Multivariate Model of Immigrant Adaptation," *International Migration Review* 8 (1974), 193-225; Fredrik (Frederick) Barth, ed., *Ethnic Groups and Boundaries: The Social Organization of Culture Difference* (Oslo and Boston, 1969), 9-38.

15 David Held, *Democracy and the Global Order: From the Modern State to Cosmopolitan Governance* (Stanford, CA, 1995); 잘 연구된 특정 사회에 대해서는, Yvonne M. Hebert, ed., *Citizenship in Transformation in Canada* (Toronto, 2003); Vic Satzewich and Lloyd L. Wong, eds, *Transnational Communities in Canada: Emergent Identities, Practices, and Issues* (Vancouver, 2006).

16 Veit Bader, "Democratic Institutional Pluralism and Cultural Diversity," pp. 131-67 (quotes pp. 131-2, 156), and Tariq Modood, "Multiculturalism, Secularism, and the State," pp. 168-85 (quote p. 170), in Christiane Harzig and Danielle Juteau, with Irina Schmitt, eds, *The Social Construction of Diversity: Recasting the Master Narrative of Industrial Nations* (New York, 2003). Modood, *Multiculturalism* (Cambridge, 2007)은 영국의 예를 바탕으로 하고 있다.

17 Walter D. Kamphoefner, Wolfgang Helbich, and Ulrike Sommer, eds, *News from the Land of Freedom: German Immigrants Write Home*, trans. Susan Carter Vogel (Ithaca, NY,1991), "Introduction."

18 Victor Roudometof and Paul Kennedy, eds, *Communities across Borders: New Immigrants and Transnational Cultures* (London, 2002), 1-26 quote pp. 2-3.

5. 학문적 도전으로서 이주 일상들

1 Rick Halpern and M. J. Daunton, eds, *Empire and Others: British Encounters with Indigenous Peoples, 1600-1850* (Philadelphia, 1999).

2 Ivan Hannaford, *Race: The History of an Idea in the West* (Baltimore, 1996).

3 Leo Shink, *The Making of the Chinese State: Ethnicity and Expansion on the Ming Borderlands* (New York, 2006).

4 George Frederickson, *White Supremacy: A Comparative Study in American and South African History* (New York, 1981).

5 Erika Lee, *At America's Gates: Chinese Immigration during the Exclusion Era, 1882-1943* (Chapel Hill, NC, 2004).

6 Ruth Benedict, *Race: Science and Politics* (New York, 1959); Gunnar Myrdal, *An American*

Dilemma (New York, 1944).

7   앞서 인용된 프레드릭슨의 작업 외에도 다음을 참조하라. David Roediger, *The Wages of Whiteness: Race and the Making of the American Working Class* (rev. edn, New York, 1999); Ranajit Guha, ed., *Subaltern Studies I: Writings on South Asian History and Society* (New Delhi, 1982).

8   Frank Dikotter, ed., *The Construction of Racial Identity in China and Japan: Historical and Contemporary Perspectives* (London, 1997); France W. Twine, *Racism in a Racial Democracy: The Maintenance of White Supremacy in Brazil* (New Brunswick, NJ, 1998).

9   UN Fund for Population Activities, *State of the World Population 2006: A Passage to Hope - Women and International Migration* (New York, 2006).

10   Barbara Ehrenreich and Arlie Hochschild, eds, *Global Woman: Nannies, Maids, and Sex Workers in the New Economy* (New York, 2006).

11   Nana Oishi, *Women in Motion: Globalization, State Policies, and Labor Migration in Asia* (Stanford, CA, 2005).

12   수단의 "잃어버린 소년들"은 1990년대 말과 2000년대 초반의 예이다. 소말리아의 소녀에 관한 이야기도 있다: Virginia Lee Barnes and Janice Boddy, *Aman: The Story of a Somali Girl* (New York, 1994).

13   Sarah Mahler and Patricia Pessar, "Gendered Geographies of Power: Analyzing Gender across Transnational Spaces," *Identities* 7 (2001), 441–59.

14   Katharine M. Donato, "Understanding U.S. Immigration: Why Some Countries Send Women and Others Send Men," in Donna Gabaccia, ed., *Seeking Common Ground: Female Immigration to the United States* (Westport, CT, 1992), 159–84; Gabaccia, "Women of the Mass Migrations: From Minority to Majority, 1820–1930," in Dirk Hoerder and Leslie Page Moch, eds, *European Migrants: Global and Local Perspectives* (Boston, 1996), 90–111.

15   Martin F. Manalansan, "Queer Intersections: Sexuality and Gender in Migration Studies," *International Migration Review* 40 (2006), 11, 224–49; Eithne Luibheid, *Entry Denied: Controlling Sexuality at the Border* (Minneapolis, 2002).

16   Pierrette Hondagneu-Sotelo and Ernestine Avila, "I'm Here but I'm There: The Meanings of Latina Transnational Motherhood," *Gender & Society* 11.5 (1997), 548–71; Rhacel Salazar Parrenas, *Children of Global Migration: Transnational Families and Gendered Woes* (Stanford, CA, 2005).

17   M. Houston et al., "Female Predominance of Immigration to the U.S.," *International*

Migration Review 18.4 (1984), 908–63.

18   Linda Reeder, *Widows in White: Migration and the Transformation of Rural Italian Women* (Toronto, 2003).

19   Madeline Hsu, *Dreaming of Gold, Dreaming of Home: Transnationalism and Migration between the United States and China, 1882-1943* (Stanford, CA, 2002); J. E. Taylor, "The New Economics of Labour Migration and the Role of Remittances in the Migration Process," *International Migration* 37 (1999), 63–87.

20   Nicole Constable, *Romance on a Global Stage: Pen Pals, Virtual Ethnography, and "Mail Order" Marriages* (Berkeley, CA, 2003).

21   Loretta Baldassar and Donna R. Gabaccia, eds, *Intimacy across Borders: Making Italians in a Mobile World* (New York, 2009).

22   Andreas Fahrmeir, Olivier Faron, and Patrick Weil, *Migration Control in the North Atlantic World: The Evolution of State Practices in Europe and the United States from the French Revolution to the Inter-War Period* (Oxford, 2003).

23   David Cook-Martin, "Soldiers and Wayward Women: Gendered Citizenship, and Migration Policy in Argentina, Italy, and Spain since 1850," *Citizenship Studies* 10.5 (2006), 571–90.

24   Mark Choate, "Sending States' Transnational Interventions in Politics, Culture, and Economics: The Historical Example of Italy," *International Migration Review* 41.3 (2007), 728–68.

25   Mae M. Ngai, "The Strange Career of the Illegal Alien: Immigration Restriction and Deportation Policy in the United States, 1921-1965," *Law and History Review* 21.1 (2003), 69–107.

26   Caroline B. Brettell and James F. Hollifield, *Migration Theory: Talking across Disciplines* (New York, 1900).

6. 21세기 초의 전망들

1   가장 잘 알려진 난민 연구 센터는 토론토의 요크대학교와 옥스퍼드대학교에 있다.

2   United Nations Development Program, Human Development Report [annual] (New York and Oxford, 1990-); Dieter Nohlen and Franz Nuscheler, Handbuch der Dritten Welt, 8 vols. (2nd rev. edn, Hamburg, 1983); Michael P. Todaro (for the International Labour Office), *Internal Migration in Developing Countries: A Review of Theory, Evidence, Methodology and Research Priorities* (Geneva, 1976); UN Economic and Social Commission for Asia and the Pacific, Migration and Urbanization in Asia and the Pacific: Interrelationships with Socio-Economic Development and Evolving Policy Issues (New York, 1992); World Bank, World Development Report 1995: Workers in an Integrating World (Oxford, 1995).

3 불평등에 관한 시각적 재현은 다음을 참조하라: Michael Kidron and Ronald Segal, *The State of the World Atlas* (New York, 1981), and Dan Smith, *Penguin State of the World Atlas* (1986; 7th edn, London, 2003).

4 Robin Cohen, *The New Helots: Migrants in the International Division of Labour* (Aldershot, 1987); Nigel Harris, *New Untouchables: Immigration and the New World Worker* (New York, 1995); B. Singh Bolaria and Rosemary von Elling Bolaria, eds, *International Labour Migrations* (New York, 1997); Donna Gabaccia, "Women of the Mass Migrations: From Minority to Majority, 1820-1930," in Dirk Hoerder and Leslie Page Moch, eds, *European Migrants: Global and Local Perspectives* (Boston, 1996), 90-111.

5 다른 서비스 분야의 이주는 저소득 국가 출신의 여성들이 성 노동을 위해 고소득 국가나 제3세계 관광지로 이동하는 것이 있다. 종종 강제적으로도 일어나는 이러한 이주는 높은 수준의 인신매매와 성 노동을 수반한다.

6 Pierrette Hondagneu-Sotelo, "Affluent Players in the Informal Economy: Employers of Paid Domestic Workers," *International Journal of Sociology and Social Policy* 17.3-4 (1997), 130-58; Sedef Arat-Koc, "From 'Mothers of the Nation' to Migrant Workers," in Abigail B. Bakan and Daiva Stasiulis, eds, *Not One of the Family: Foreign Domestic Workers in Canada* (Toronto, 1997), 53-80; Annie Phizacklea, "Migration and Globalization: A Feminist Perspective," in Khalid Koser and Helma Lutz, eds, *The New Migration in Europe: Social Constructions and Social Realities* (London, 1998); Bridget Anderson, *Doing the Dirty Work? The Global Politics of Domestic Labour* (London, 2000); Grace Chang, *Disposable Domestics: Immigrant Women Workers in the Global Economy* (Cambridge, MA, 2000); Rhacel Salazar Parrenas, *Servants of Globalization: Women, Migration, and Domestic Work* (Stanford, CA, 2001).

7 Norman Myers and Jennifer Kent, *Environmental Exodus: An Emerging Crisis in the Global Arena* (Washington, DC, 1995); Arthur H. Westing, "Population, Desertification, and Migration," *Environmental Conservation* 21 (1994), 110-14; Gerald O'Barney et al., *The Global 2000 Report to the President: Entering the 21st Century*, 2 vols. (Washington, DC, 1980).

8 중요한 초기 연구로 다음과 같은 것이 있다: Lucy Bonnerjea, *Shaming the World: The Needs of Women Refugees* (London, 1985), and Anders B. Johnsson, "The International Protection of Women Refugees: A Summary of Principal Problems and Issues," *International Journal of Refugee*

Law 1.2 (1989), 221-31.

9 Thomas A. Aleinikoff and Douglass B. Klusmeyer, eds, *Citizenship Today: Global Perspectives and Practices* (Washington, DC, 2001), 인용 p. 3; Ruth Lister, *Citizenship: Feminist Perspectives* (London, 1997); John Torpey, *The Invention of the Passport: Surveillance, Citizenship and the State* (Cambridge, 2000).

10 Benedict Anderson, *Imagined Communities: Reflections on the Origin and Spread of Nationalism* (1983; 3rd edn, London, 1986); Eric J. Hobsbawm and Terence Ranger, eds, *The Invention of Tradition* (Cambridge, 1983); Anthony D. Smith, *Myths and Memories of the Nation* (Oxford, 1999); Gerard Noiriel, *Le Creuset français: Histoire de l'immigration XIXe-XXe siècles* (Paris, 1988), trans. Geoffroy de Laforcade as *The French Melting Pot: Immigration, Citizenship, and National Identity* (Minneapolis, 1996). 범유럽적 관점은 다음을 보라. Dirk Hoerder and Inge Blank, "Ethnic and National Consciousness from the Enlightenment to the 1880s," in Hoerder et al., eds, *Roots of the Transplanted*, 2 vols. (Boulder,CO, 1994), 1.37-110.

11 T. H. Marshall, *Class, Citizenship, and Social Development* (1949; Westport, CT, 1976); Tomas Hammar, *Democracy and the Nation-State: Aliens, Denizens, and Citizens in a World of International Migration* (Aldershot, 1990).

12 Yvonne M. Hebert, ed., *Citizenship in Transformation in Canada* (Toronto, 2003), Thomas A. Aleinikoff and Douglass B. Klusmeyer, eds, *Citizenship Today: Global Perspectives and Practices* (Washington, DC, 2001). 로저스 브루베이커(Rogers Brubaker)가 프랑스와 독일에 대해 주장한 것처럼, 시민권 체제가 국가의 민족성을 반영한다는 주장은 제도적 관행과 법적 틀의 수렴을 더 강조하는 것으로 대체되고 있다.

13 또다른 9.11 테러 공격에 대한 대중적 기억은 거의 없다. 1973년 피노체트 장군의 칠레 대통령궁 폭격은 미국 정보기관의 지원을 받았다.

14 Iain Chambers, *Migrancy, Culture, Identity* (London, 1994); James Clifford, "Travelling Cultures," in Lawrence Grossberg, Cary Nelson, and Paula Treichler, eds, *Cultural Studies* (London, 1992); Stuart Hall, "Minimal Selves," in L. Appignanesi, ed., *Identity: The Real Me: Post-Modernism and the Question of Identity* (London, 1987), 44.

15 M. Lee Manning and Leroy G. Baruth, *Multicultural Education of Children and Adolescents* (1991; 3rd edn, Boston, 2000); Yvonne Hebert, "Identity, Diversity, and Education: A Critical Review of the Literature," *Canadian Ethnic Studies* 33.3 (2001), 155-85.

16 Lloyd L. Wong, "Home away from Home: Deterritorialized Identity and State Citizenship Policy," 미출간 학회 발표 the fifteenth biennial conference of the Canadian Studies Association, Toronto, March 2000; Aihwa Ong, "On the Edge of Empires: Flexible Citizenship among Chinese in the Diaspora," *Positions* 1.3 (1993), 745-78; Robin Cohen, *Global Diasporas* (Seattle,

1997), quote p. 175. Saskia Sassen, *Cities in a World Economy* (Thousand Oaks, CA, 2006), and Sassen, ed., *Global Networks, Linked Cities* (New York, 2002).

17 Wsevolod W. Isajiw, "Definitions and Dimensions of Ethnicity: A Theoretical Framework," in *Challenges of Measuring an Ethnic World: Science, Politics and Reality* (Ottawa, 1992), 407-27; Danielle Juteau, "The Production of Ethnicity: Material and Ideal Dimensions," 미출간 학회 발표 the American Sociological Association annual meeting, Cincinnati, August 1991; Dirk Hoerder, "Ethnic Cultures under Multicul-turalism: Retention or Change," in Hans Braun and Wolfgang Klooss, eds, *Multiculturalism in North America and Europe: Social Practices, Literary Visions* (Trier, 1994), 82-102.

18 Verena Stolcke, "Talking Culture: New Boundaries, New Rhetorics of Exclusion in Europe," *Current Anthropology* 36 (1995), 1-24, quote p. 13.

19 여기에 인용되었다. Donald M. Nonini, "Shifting Identities, Positioned Imaginaries: Transnational Traversals and Reversals by Malaysian Chinese," in Aihwa Ong and Nonini, eds, *Ungrounded Empires: The Cultural Politics of Modern Chinese Transnationalism* (London, 1997), 203-27, quote p. 211.

지도 목록

지도 2.1.

"매우 긴 시간"에 걸친 대륙 간 연결 육지 통로(BP 2만 년 전), 농업이 처음으로 발달한 중심 지역들(BP 1만 5000년에서 5000년 사이), 특정 주요 도시들(CE 1000년 이전)에서의 이주.

지도 2.2.

기원전 13세기에서 기원 원년에 걸친 도시 지역 발전과 그 확장.

지도 2.3.

13세기 유라시아-아프리카 세계 체계의 교역 회로들: 교류, 무역, 이주 지역.

지도 2.4.

기원 1600년경의 아프리카 무역과 이주.

지도 2.5.

1830년대부터 1920년대까지의 노예, 계약노동자, 아시아 자유 이주민들의 주요 이주.

역자 후기

이 책은 '폴리티' 출판사의 '역사란 무엇인가?' 총서로 출간된 『이주사란 무엇인가?』를 완역한 것이다. "학제적이고 글로벌한 특성을 강조하는 이주 연구의 과거와 현재를 종합"하고 있는 이주사 연구의 입문서이자 개설서라고 할 수 있는 이 책은 인간 이동의 역사에 관심이 있는 대학생들과 연구자들은 물론이고, 일반 대중들까지 아우르는 폭 넓은 독자층을 대상으로 쓰였다. 역사 속 이주라는 복합적이고 다층적인 현상을 때로는 깊이 있게, 때로는 넓게 조망하고자 하는 모든 이들에게 이 책은 명쾌한 길라잡이가 되고 있다.

이 책은 총 여섯 장으로 구성되어 있다. 1장은 과거의 이주 연구자들이 간과했거나 오해했던 이주 연구의 문제점들을 짚어주고 있고, 2장은 인류의 기원부터 현대까지 이어져온 인간 이동의 역사를 다루고 있다. 3장은 19세기 후반과 20세기 초반 유럽과 미국에서 시작되어 오늘날까지 축적되어온 이주 연구의 혁신적인 이론들과 분석들을 연구사적으로 정리하고 있다. 4장은 고국 사회, 이동 과정, 정착지 사회를 아우르는 이주 경로들을 종합적으로 분석하는 시스템 접근법을 제시하고 있고, 5장은 이주 연구의 중요한 이슈들, 이를테면 인종, 젠더, 트랜스내셔널리즘, 트랜스컬처레이션, 이주민의 행위 주체성, 민족과 국가 등을 중점적으로 다루고 있다. 6장은 젠더와 인종의 권력 구조 속에서 이루어지는 노동 이주와 난민 이동, 중첩적이고 다층적인 시민권, 소속감, 정체성의 문제를 오늘날 이주 연구가 직면한 핵심 과제로 지목하고 있다. 나아가 한층 더 긴밀히 얽혀져 서로 영향을 주고받는 21세기 글로벌 환경 속에서, 이주사가 어떻게 새롭게 사유되고, 재구성될 것인지에 대한 가능성과 전망으로 책이 마무리되고 있다.

한마디로 이 책은 역사 속 이주를 바라보는 다양한 시각들을 담고 있다고 할 수 있다. 새로운 글로벌 이주사 서술을 주도했던 세 명의 연구자들의 경험과 시각이 여기에 잘 녹아져 있다. 디르크 회르더Dirk Hoerder, 크리스티아네 하르치히Christiane Harzig, 도나 가바치아Donna Gabaccia가 그들이다. 원래 이 책은 부부 연구자였던 회르더와 하르치히의 공저로 기획되었다. 하지만 집필 도중에

부인인 하르치히가 세상을 떠나면서, 부부의 동료이자 친구였던 가바치아가 필진으로 합류해 그녀의 빈자리를 메꾸었다. 서두에 이런 점이 간략하게 언급되고 있긴 하지만, 집필 과정이나 역할 분담 혹은 기여 정도에 대한 구체적인 설명은 책 어디에도 없다. 다만 저자명의 글자 크기와 굵기의 차이, 'with'의 사용을 통해 회르더와 하르치가 집필을 주도했고, 가바치아는 완성을 도운 조력자였음을 미루어 짐작할 뿐이다.

브레멘대학의 미국사 분과를 이끌었던 회르더는 '대서양 이주 연구'를 통해 국제적인 명성을 얻은 역사학자이다. 무엇보다 그는 라틴아메리카의 현실과 경험에서 비롯된 트랜스컬처레이션 개념을 역사적 이주 연구에 처음 접목시킨 글로벌 이주사 연구의 선구자로 평가받는다. 그가 본격적으로 이주 연구에 뛰어든 것은 1970년대 말 브레멘대학에 부임하면서부터였다. 브레멘이라는 공간 자체가 지닌 역사적 의미가 중요한 동인이 되었을 것이다. 브레멘주 북쪽에 위치한 브레머하펜은 함부르크와 함께 19세기 수백만 명의 독일인 이주자들을 '아메리카'로 떠나보냈던 출발항이었다. 오늘날 이곳에는 그들의 역사를 기억하고 재현하는 공공 박물관, 독일 해외이민자의 집 Deutsches Auswandererhaus 이 들어서 있다. 이처럼 지역의 역사와 맞닿아 있는 독일인의 아메리카 이주 연구는 그에게 단순한 학문적 관심을 넘어, 지역 학자로서의 책무이기도 했을 것이다. 1980년대 회르더는 브레멘에서 국제적인 '노동 이주 프로젝트'를 출범시키고, 미국과 캐나다 내 비영어권 이주 노동자들이 제작한 언론 자료 등 방대한 1차 사료를 바탕으로 대서양 노동 이주사를 새롭게 쓰며 이주사가로서의 학문적 입지를 굳힐 수 있었다. 여전히 사회사적 관점이 역사 서술의 주된 흐름이 되고 있던 터라, 그 역시 하층민 노동자들의 시각과 경험을 통해 대서양 노동 이주의 역사를 재구성하려고 부단히 노력하던 시기였다. 1990년대에 접어들며 그는 점차 시야를 넓혀, 대서양 노동 이주사에서 글로벌 이주사로 연구의 지평을 확장하였다. 후술하게 될 트랜스컬처레이션 개념이 회르더에게 이러한 전환을 가능케 해준 이론적 도구가 되었다. 이것을 통해 그는 대서양 중심주의 혹은 유럽 중심주의의 한계를 넘어서며, 이주를 통해 일어나는 문화적 상호작용과 혼종의 과정을 세계사와 글로벌 이주사의 틀에서 조망하고자 했다. 그 결과물이 그의 대표작 『문화 접촉: 제2밀레니엄 글로벌 이주 *Cultures in Contact: World Migrations in the Second Millennium*』였다. 여기서 그는 11세기부터 20세기 말까지 종교적 박해, 상업 교류, 노예 무역, 식민 정착, 산업화, 전쟁과 추방, 탈식민과 노동시장의 재편 등에서 비롯된 다양한 역사적 이주 양상들을 글로벌한 시각에서 분석하였다. 무엇보다 그는 이주가 단순한 이동을 넘어 문화적 접촉과 혼종을 불러오며, 세계사의 동역을 형성해왔음을 설득력 있게 논증했다. 그 공로로 그는 2002년 미국 사회과학 역사학회로부터 탁월한 학제적 저작에 수여되는 권위 있는 '알렌 샬린 기념 도서상'을 수상하였다. 브레멘대학에서의 정년퇴임 이후, 그는 애리조나 주립대학으로 자리를 옮겨 글로벌 이주사 연구를 이어갔다. 이주사란 무엇인가는 그의 애리조나 시절 성과물이다. 이후에도 그는 글로벌 이주사 연구 분야에서 주목받는 연구 성과들을 계속 내놓았다. 국내에도 그의 글이 번역되어 소개된 바 있는데, 『하버드 C. H. 베크 세계사: 1870~1945. 하나로 연결되는 세계 *A World Connecting: 1870–1945*』에 수록된 「이주와 소속감」이 바로 그것이다.

브레멘에서 애리조나까지 이어진 크리스티아네 하르치히의 학문적 여정은 남편 회르더와 여러모로 궤를 함께 했다. 그녀는 회르더가 주도했던 브레멘대학의 노동사 프로젝트 팀에 연구원으로 참여하며 처음으로 이주사 연구에 발을 들였고, 이후 여성사와 이주사를 접목한 젠더·이주사 연구를 본격적으로 수행하게 되었다. 1990년 베를린 공과대학에 제출된 박사 논문 「이주민 도시에서 가족, 노동, 여성의 공적 영역: 세기 전환기 시카고의 독일계 미국인 여성들 Familie, Arbeit und Öffentlichkeit von Frauen in der Einwandererstadt: Deutschamerikanerinnen in Chicago um die Jahrhundertwende」은 이러한 학제적 연구의 출발점이었다. 여기서 하르치히는 이주민 여성들의 가족 구조, 주거 환경, 노동 참여, 그리고 공동체 내 공적 역할을 젠더적 시각에서 조명했다. 이후 그녀는 국제적

협업을 통해 독일, 폴란드, 스웨덴, 아일랜드 출신 여성들의 이주와 문화적 동화 과정을 비교 연구했다. 그 결과물이 『농촌 소녀, 도시 여성: 유럽 농촌에서 미국 도시로*Peasant Maids, City Women: From the European Countryside to Urban America*』였다. 그녀의 학문적 관심은 점차 이주 정책과 정치문화로 확장되었는데, 특히 『이주와 정치: 네덜란드, 스웨덴, 캐나다에서의 역사적 기억과 창조적 자원으로서 정치문화*Einwanderung und Politik: Historische Erinnerung und politische Kultur als Gestaltungsressourcen in den Niederlanden, Schweden und Kanada*』에서 그녀는 1960년부터 1990년까지 캐나다, 스웨덴, 네덜란드 세 나라가 다문화 사회로 전환해가는 과정을 비교 분석하며, 독일 이주 정책의 모델로서 이들 사례의 활용 가능성과 한계를 함께 조망했다. 2006년 그녀는 남편을 따라 애리조나주립대학교 이주사 교수로 임용되었고, 그곳에서 연구와 강의를 병행하며 활발한 활동을 이어갔다. 그러나 2년도 채 지나지 않아 암으로 생을 마감하게 되었고, 『이주사란 무엇인가?』 집필과 여성 가사 이주노동자에 대한 차기 연구 프로젝트도 함께 중단되었다. 앞서도 언급했듯이, 중단된 그녀의 집필 부분은 다행히도 같은 젠더·이주사 분야의 연구자 가바치아에 의해 속개되었고, 하르치히가 마지막까지 몰두했던 여성 가사 이주노동자들에 대한 관심은 비록 부분적이고 파편적인 형태이긴 하지만 『이주사란 무엇인가?』 안에 흔적으로 남아 있다.

집필 당시 미네소타대학에서 이주사 교수로 재직중이던 도나 가바치아는 영어로 쓰인 이 책의 유일한 원어민 공저자였다. 뉴욕주의 한 시골 마을에서 이탈리아계(부계)와 독일계(모계) 이민자 가정의 딸로 태어난 그녀는 일찍부터 이탈리아계 이민자들의 주거 환경과 가족 구조에 주목하며 이주를 계급, 젠더, 가사노동의 틀에서 새롭게 해석하고자 했다. 이후 『저편에서: 여성, 젠더, 그리고 미국 내 이민자 삶, 1820-1990 *From the Other Side: Women, Gender, and Immigrant Life in the U.S., 1820–1990*』, 『우리는 우리가 먹는 것: 민족 음식과 미국인의 형성 *We Are What We Eat: Ethnic Food and the Making of Americans*』, 『대외 관계: 글로벌 시각에서 본 미국 이민 *Foreign Relations: Global Perspectives on American Immigration*』, 『젠더와 국제 이주: 노예제시대에서 글로벌시대까지 *Gender and International Migration: From the Slavery Era to the Global Age*』 등에서 가바치아는 이주사를 젠더사, 문화사, 음식사, 그리고 세계사적 맥락과 접목시키며, 이주와 정체성, 가족, 음식문화 간의 관계를 다층적으로 연구해왔다. 2014년 미네소타대학에서 물러난 뒤, 토론토대학으로 자리를 옮긴 그녀는 이주사 연구는 물론이고, 디지털 역사교육과 박물관 등의 공공 역사 분야에서도 활발한 교육 및 연구 활동을 이어갔다.

공저자들의 이러한 학문적 이력은 '변방의 학문'이었던 이주사가 21세기 세계사와 '일국사'의 핵심 분야로 성장해온 과정을 잘 보여준다. 이는 일종의 '캐치업catch-up', 즉 '따라잡기 과정'이라 할 수 있다. 비록 '유체이탈적 화법'일 수 있지만, 공저자들 역시 이주 연구자들의 '이주민 따라잡기'를 언급한다. 한때 연구 대상인 이주민들과 자신들을 철저히 분리해왔던 이주 연구자들이 이제는 이주민들 스스로가 민족국가의 국경과 문화적 경계를 넘나들며 오랜 시간 체화해온 그들의 시각과 경험을 연구에 구체적으로 반영하려는 뒤늦은 "따라잡기 게임"을 벌이고 있다는 것이다. 이주민들에게는 오래전부터 당연시되었던 이주의 복잡하고 다층적인 양상들을 이제야 비로소 학자들이 인식하기 시작했고, 그 성과물이 새로운 이주 연구의 발전으로 이어졌다. 오랫동안 학계의 지배적 인식이었던 '민족적 패러다임'이 바로 이러한 뒤늦은 인식과 따라잡기의 근본 원인임은 두말할 필요가 없다. 이곳, 저곳, 그리고 그 사이 공간을 끊임없이 횡단하며 서로 연결되고 뒤섞이며 만들어지는 새로운 창조의 트랜스내셔널 이주 공간은 하나의 '민족 공간'에 국한된 인식 틀에서는 도저히 파악될 수 없는 것이었다. 공저자들이 과거 이주 연구의 핵심적인 문제점으로 지목했던 들어오는 이주와 나가는 이주의 확연한 이분법이 그 대표적인 인식 틀이다.

이 책은 기존의 이주 연구가 '민족적 패러다임'에 매몰되어 이주현상을 들어오는 것과 나가는 것으로 엄격하게 구분하고, 특별히 '동화'라는 관점에서 들어오는 이주에 주목해온 점을 비판한다. 물론 동화주의적 관점의 이주 연구는 끊임없이 새로운 이민자들이 유입되는 미국과 같은 전통적인 이민 국가들에서 처음 발전했다. 이주 노동자들이나 새로운 뉴커머들의 머묾을 일시적인 현상으로 간주했던 국가들에서는 오랫동안 이주민들의 존재 자체가 부정되거나, 공동체에 대한 위협으로 간주되곤 했다. 이런 곳에서는 '우리 가운데 하나로 여겨졌던' 소위 '동포들'의 나가는 이주가 오히려 주목받았다. 회르더와 하르치히의 초기 연구가 독일인의 아메리카 이주에 집중되었던 것도 바로 이러한 인식의 반영이었다. 한편, 가바치아가 미국 내 이탈리아 디아스포라를 연구한 것도 이러한 분절된 이주 연구의 틀과 깊은 관련이 있었다.

공저자들은 이러한 민족적 패러다임에 매몰된 이주 연구의 문제점들을 차츰 인식하고 변화를 모색하게 된다. 여기에는 1990년대 '트랜스내셔널 전환'으로 불리는 이주 연구의 혁신적 변화가 결정적인 자극이 되었다. 본래 문화인류학에서 출발한 트랜스내셔널리즘은 민족국가의 경계를 넘나드는 인간, 제도, 관계망의 복잡한 연결에 방점을 둔 개념이다. 미국 내 라틴 아메리카 출신 이주민 사례들에 초점을 맞추며 시작되었던 트랜스내셔널 이주 연구는 이주민들이 출발지와 정착지 사이를 오가며 만들어내는 복합적이고 다층적인 관계망과 사회적 공간에 주목했다. 이주민들은 단순히 한 사회에서 다른 사회로 이동하여 동화되거나 정착하는 존재가 아니라, 여러 민족적, 혹은 문화적 공간들을 끊임없이 오가며 다중적인 정체성과 관계망을 구성하는 '트랜스 이주자transmigrants'로 이해되었다. 이러한 관점이 기존의 민족국가 중심적 틀을 넘어, 이주를 보다 유동적이고 상호 연결된 세계사적 현상으로 바라보는 새로운 접근을 가능하게 했다.

물론 이 책의 저자들은 여전히 국가 간 또는 민족 간의 관계에 무게 중심을 둔 트랜스내셔널리즘의 한계를 인식하고 있다. 따라서 그들은 글로벌 이주사를 재구성하는 보다 유연한 이론적 틀로서 트랜스컬처레이션에 주목한다. 이것은 국가라는 고정된 단위에 얽매이지 않고, 다양한 집단과 문화가 서로 교차하고 섞이며 만들어내는 혼종성을 포착할 수 있는 개념이다.

민족적 패러다임의 극복을 위한 이러한 새로운 시각은 역사학 내부에서부터 자생적으로 얻어진 것이라기보다, 문화인류학, 사회학, 지리학 등 다양한 인접 학문에서 제기된 획기적인 이론과 새로운 시각들이 역사학에 유입되면서 촉발된 결과였다. 이것이 어쩌면 앞에서 언급했던 공저자들의 따라잡기일 수 있겠다. 하지만 이러한 인접학문 따라잡기는 일방적이지만은 않다. 비록 역사학의 경계 넘기가 아주 늦어졌지만, 역사학 특유의 장기적 관점은 다른 학문들에서 흔히 보이는 지나친 현재주의의 단점을 상쇄할 수 있기 때문이다. 다양한 학문들이 서로의 경계를 넘나들며 영향을 주고받으며 새로운 학문으로 수렴되는 '트랜스 과정'이 문화에서처럼 여기서도 일어난다는 것이다. 이러한 맥락 속에서 이주사는 "사회과학과 인문학에 기반을 두고 트랜스컬처럴 사회 연구에 광범위하게 초점을 맞추는 학제 간 이주 연구"로 변화해왔고, 그 변화는 지금도 진행중이라고 저자들은 진단한다. 모든 것이 새로운 이주 연구, 트랜스컬처럴 이주 연구로 수렴되고 있는 것이다. 이 책은 크게 두 차원으로 구성되어 있다고 할 수 있다. 트랜스컬처럴 이주 연구로의 지난한 과정을 포착하는 것과 장구한 글로벌 역사 속에서 트랜스 이주자들의 사례들을 확인하는 것이 그것이다.

출발지와 정착지의 경계를 오고가며 양쪽 모두에 영향을 미치며 살아가는 다중적 정체성의 트랜스 이주자들은 분명 긍정적인 의미의 이주민들이다. 그러나 실제 역사 속에서는 거부, 폄하, 혐오, 배제, 차별과 폭력 등이 새로운 뉴커머들이 정착지 사회에서 대면하게 되는 현실이기도 했다. 이른바 '주류 사회'는 이주민들을 사회적 문제로, 열등한 존재로, 공동체에 해가 되는 짐짝 정도로 보곤 했다. 실제 이주민들이 정착지 사회에서 자신의 의사를 적극적으로 개진하고 정치에 참여하는 경우는 매우 드물었다. 대개 그들은 순응적이고, 수동적인 존재로 비춰졌고, 실제 그렇게 행동하는 경우가 많았다. 이 책에서 강조되고 있는 주체적인 행위자로서 이주민을 바라보아야 한다는 주장은 분명 이주민의 시각이 반영된 것이다. 그것은 단순히 이주 연구자들의 이주민 따라 하기만은 아니다. 실제 연구자들과 연구 대상으로서 이주민들이 분리된 경우도 많았지만, 이주 연구의 획기적인 시각들과 개념들은 때때로 다중적인 정체성의 '이방인' 학자들로부터 나온 경우도 적지 않다. 책에서 주장하는 것과는 달리, 실제 연구자들과—스스로 인정하든 인정하지 않든—다중적 정체성을 가진 이주민들이 동일인인 경우도 적지 않다. 모든 이주 연구의 처음이라는 의미에서 줄곧 언급되는 라벤슈타인은 독일에서 태어나고 자라, 영국으로 건너가 정착하여 살았던 지리학자였고, 객관성을 담지한 자유자로서 이방인의 긍정성을 처음 인식했던 게오르크 짐멜은 독일사회의 '세례받은' 혹은 동화된 유대인으로 잘 알려져 있다. 이주 연구의 본격적인 시작을 알렸던 시카고 사회학파의 로버트 파크 역시도 젊은 시절 베를린에서 유학하며 짐멜의 영향을 받아, 서로 다른 문화 사이를 오가며 긍정적인 매개자로서의 역할을 하는 존재로서의 '경계인' 개념을 이론화했다. 이것은 초기 이주 연구에 국한된 것만이 아니었고, 이 책에서 언급되고 있는 무수히 많은 연구자들이 실제 직간접적으로 이주와 연관된 삶을 살았던 자들이었다. 국제 이주와 국내 이주를 모두 포괄하는 이주가 인간의 역사 속에서 단절적이고 예외적인 사건이 아니라, 정주와 더불어 인간 존재의 본질적 조건 중 하나이기 때문이다. 이 책은 인간 이주의 중심에 행위 주체로서 이주민이 자리한다고 주장한다. 이주사는 "인간의 흐름이나 이주의 물결을 다루기보다는 자신이 가진 능력 안에서 사회적 선택들과 제약들을 교섭하며 인생 계획을 추구해나가는 행위 주체로서의 남성들과 여성들"을 연구하는 학문이라는 것이다.

위의 남성들과 여성들이라는 표현은 책에서 고집스럽게 등장한다. 이것은 오랫동안 견지되었던 남성 중심의 이주 서사에 대한 문제 제기임이 분명하다. 저자들은 여성 역시 이주의 중요한 주체로서 공동체 형성과 문화적 적응에 핵심적 역할을 해왔음을 강조한다. 더 나아가 이 책은 유럽 중심주의와 근대화 패러다임에 갇힌 기존 이주사 인식을 비판하고, 이주를 보다 포괄적이고 다층적인 역사적 현상으로 바라보려 한다.

이 책의 백미는 트랜스컬처럴 연구로 수렴되는 지난 100년간에 일어난 이주에 대한 혁신적인 개념들과 시각들을 잘 정리하고 있다는 것이다. 1920년대 미국 시카고 사회학파의 도시 이주 연구, 인종적 인구학, 폴란드 탈이주지역의 민족지학, 1940년대/50년대 "뿌리 뽑힘" 패러다임, 신고전학파 경제학과 푸시-풀 모델, 1930년대~1950년대 문화적 상호영향에 관한 핵심적 이론들, 현대 이주 유형학, 세계 체제론, 노동시장 이론, 네트워크 이론과 인적자본, 아비투스 연구, 디아스포라 연구와 트랜스내셔널리즘 등이 여기서 다루어지고 있다.

특히 쿠바의 인류학자 페르난도 오르티스가 1940년에 출간한 저서 『쿠바의 대위법: 담배와 설탕』에서 문화 접변을 대체하며 처음 제안한 트랜스컬처레이션 개념은 매우 인상적이다. 그는 트랜스컬처레이션을 단순한 문화의 이전이나 일방적 수용이 아니라, 기존 문화를 일부 버리고, 타 문화를 받아들이며, 두 문화가 상호작용을 통해 새로운 문화를 창조해가는 역동적인 과정으로 정의했다. 컬럼비아대학의 저명한 문화인류학자 브로니슬라브 말리노프스키는 이 개념에 깊이 공감하며 찬사를 보냈고, 오르티스의 저서에 직접 서문을 집필하며 이 이론의 정립과 확산에 큰 기대를 걸었다. 그러나 그가 세상을 떠난 뒤인 1947년, 이 책의 영어판이 미국에서 출간되었음에도 불구하고, 말리노프스키의 기대와는 달리 트랜스컬처레이션 개념은 오랫동안 주류 담론에서 거의 잊혔다. 이 개념이 다시 주목받기 시작한 것은 그로부터 거의 반세기가 지난 뒤였다. 보다 넓은 층의 이주 현실에 대한 인식은 그만큼 더딘 과정을 거쳐야 했다. 현상이 먼저 존재하고, 그것에 대한 인식은 훨씬 나중에 따라온다는 사실―그 간극의 크기와 무게를 새삼 실감하게 되는 대목이다.

모든 문화는 순수하지 않고 혼종적이며, 본질적으로 평등하다고 하는 인식이 촘촘하게 엮여져 서로 영향을 주고받는 글로벌 연결망들 속에서 점점 더 많은 지지자들을 얻고 있다. 그럼에도 여전히 그 힘을 잃지 않은 민족국가적 경계들이 양자택일의 충성심과 소속감을 요구하고 있다. 이런 경우에도 혼종적 정체성을 가진 트랜스 이주자들이 결코 불리하지 않다는 전망을 내놓으며 이 책은 마무리된다. 아마도 대서양 이주나 백인 이주 중심의 서사에서 벗어나려는 의도였는지, 말레이시아와 뉴질랜드 사이를 오가는 화교 가족의 이야기가 소개된다. "두 길 모두를 걸을 수 있는 자가 왜 스스로 한 길을 차단해야 하겠는가?"라는 질문은 든든한 가족의 지원 아래 대학 교육을 받고 이중 국적까지 취득한 이주 가정 자녀들의 밝은 미래를 암시한다. 이것은 멕시코시티와 샌디에이고 사이를 오가는 멕시코계 이주민 자녀들, 그리고 로스앤젤레스와 서울 사이를 오가는 한인 이주민 자녀들에게도 똑같이 적용될 수 있을 것이다. 그러나 이 같은 낙관적인 전망은 이주민들을 얽어매고 있는 위계적이고 인종적인 차별 구조를 간과한다는 비판으로부터 자유롭지 못하다. 또한 이것은 상층부 이주민들에게만 해당되는 제한적인 상황이라는 주장도 나올 수 있다.

어쩌면 이 책의 이러한 과장된 낙관이 이주민들을 문제로만 바라보려는 시각을 교정하고, 보다 균형 잡힌 이해를 지향하려는 과정의 일환으로 해석될 수도 있을 것이다. 문제 또는 규제와 통제의 대상이라는 틀 역시 이주민들을 단일한 집단으로 일반화하는 위험을 내포하고 있다. 이주는 매우 다양하고 복잡한 현상이다. 자발적인 이주도 있고, 비자발적인 이주도 있으며, 일시적 이동과 영구적 정착이 얽혀 있다. 이 책은 그런 복잡하고 다양한 이주의 역사가 '나의 이야기'가 되는 가능성을 열어줄 것이다.

찾아보기

ㄱ

가사 노동 112, 136, 145, 197, 206, 260
가족 경제 23, 34, 152, 156~157, 161, 178, 184, 186, 206, 277
거류민 지위 266
경제 자유주의 152
고고학 42~44, 47, 66, 68, 281
고든, 밀턴 212, 293
국가학 120
국제연맹 249

ㄴ

낙인찍기 78, 100, 125
난민 34, 37, 42, 57, 63~64, 73, 82~84, 88, 91, 98, 100~104, 107, 109~111, 129, 133, 143~144, 146~147, 151~152, 155, 179~180, 186, 190, 194, 198, 200, 203, 235, 244~246, 248~249, 256~257, 260~264, 266, 283, 288, 296
남아프리카공화국 143, 231, 258
내부 이주 260
내전 37, 102, 106, 108, 235, 263
냉전 149, 200
노동시장 81, 83, 109, 135, 145, 151~153, 158~161, 180, 184, 186~187, 191, 205~206, 210, 227, 230, 258, 260, 276~277
노동조합 188, 209
노예 무역 85, 90, 148, 229, 286
노예제 62, 88, 90~93, 146, 148~150, 227
농노 29, 65, 91, 94, 261
농업혁명 49~50

ㄷ

다문화주의 231
다양성 60, 86, 152, 214, 226, 232, 255~256, 266~268, 277~278
대공황 102, 265
대만 30, 111, 258
독립 58, 71, 75~76, 84, 90~91, 100, 104~105, 107, 132, 142, 149, 154~155, 190, 265, 270, 286
독일 33, 37, 68, 89, 96, 99~103, 109, 120, 123~124, 128~130, 133, 143, 152, 160, 170, 180, 202, 204, 229, 246~247, 271, 281, 285, 298
독재 정권 193
동인도 회사 71, 92, 145
동화 27, 61, 76, 99~100, 126~127, 202, 212, 283, 293
디아스포라 30, 33, 67, 71~72, 75, 95, 101, 110~111, 113, 130, 148, 164, 166~168, 216, 218, 239, 242, 244~245, 278

ㄹ

라벤슈타인, 에른스트 123, 234, 312
로마제국 56~57, 63
뤼카션, 레오 153
뤼카션, 얀 153, 177

ㅁ

말레이시아 36, 71, 111, 149, 239, 258, 271, 278
말리노프스키, 브로니슬라브 140, 285
망명 144, 245, 248
매닝, 패트릭 234
멕시코 29, 32, 37, 60~61, 73, 75, 84, 102, 110, 161, 179, 190, 192, 199, 220, 247, 249~250, 258, 270, 284
모두드, 타리크 214, 269, 276
모크, 레슬리 페이지 177
무슬림 64, 67~68, 71, 76, 82, 106, 112, 151, 196, 215, 274, 281
무함마드(예언자) 58
문화 접변 34, 127, 139~140, 164, 167, 202~205, 208~209, 211, 213, 221, 228, 269, 272~273, 276
문화권 29~30, 80, 86, 99, 110, 123, 132, 160, 258, 270
문화적 상호작용 22, 60, 76, 166, 215, 255, 283
물라토 78, 86
민족국가 33, 82, 98~100, 103, 107, 114, 127, 133, 140, 151, 170, 214, 217~218, 220, 226, 239~240, 244~246, 248~251, 265, 271, 276, 290
민족주의 27, 35, 93, 99, 111, 114, 123, 126, 129, 141, 189, 202, 274
민주주의 241

ㅂ

바바, 호미 167, 291
반이민 담론 270
베스푸치, 아메리고 72
벤틀리, 제리 76
벨기에 98, 104, 106, 249
보트 피플 198
본, 랜돌프 138, 170, 285
부르디외, 피에르 135, 178, 290
북미자유무역협정 250
불평등 52, 73, 105, 108, 110, 143, 154~155, 192, 203, 214, 258~259, 296
브라질 29, 84, 86, 90~91, 97, 110, 138~139, 147~148, 170, 234, 258
블랑-잔톤, 크리스티나 169
비용·편익 분석 135
뿌리 뽑힘 35~36, 88, 119, 134, 137, 219

ㅅ

사센, 사스키아 155, 171, 269
사회 운동 218
사회과학 23, 114, 120, 129, 132, 146, 171, 238~239, 271, 283
사회권 265
사회보장 266, 276
사회적 자본 82, 161~164, 182, 192, 194, 207, 213
사회화 33, 130, 160, 162, 180~182, 197, 203, 205, 234, 271
상고르, 레오폴드 101, 141, 286
선교사 36, 58, 71, 141
세계 체제 이론 153
세계시민주의 271
세계화 76, 169, 226, 259
세네갈 85, 101, 108, 141, 169, 273, 286
소로킨, 피티림 128
순례자 59, 196, 201
시스템 접근법 23, 177~179, 186, 202, 215,

220, 286, 292
시카고 사회학파 127
식민주의 101, 104, 142, 149, 190, 231, 290
실크로드 66

ㅇ

아르헨티나 29, 97, 110, 139, 211, 248
아비투스 161~163, 171, 178, 193
아파두라이, 아르준 167, 171, 182, 291~292
아파르트헤이트 108, 112, 143, 200, 231, 263, 282
아편 무역 92
아프리카계 미국인 91, 94, 102, 203~204
아프리카-대서양 노예 88, 90, 147
앤더슨, 베네딕트 265, 282, 292, 297
여권 99, 190, 248, 255, 265
영국 35, 53, 64~65, 68, 71, 81, 83~84,
　　91~93, 95~96, 101, 104, 106~107,
　　120, 123~126, 128~129, 138,
　　140~141, 149~150, 152, 182,
　　190~192, 201, 204, 208, 211, 218,
　　234, 267, 285, 294
오르티스, 페르난도 139~140, 285
오스만제국 36, 64, 69, 81~82, 99, 151, 216,
　　246
오스트레일리아 47~48, 87, 89, 93, 97, 102,
　　　　　　　149, 151, 167, 192, 226,
　　　　　　　231~232, 248, 271~272
웡, 로이드 275
윌리엄스, 레이먼드 178
윌콕스, 월터 130
이동성 27~28, 31, 44, 49, 51~53, 74,
　　79~80, 103, 120, 122, 165, 171,
　　187, 191, 203, 227, 232, 256, 259
이민자 79, 111, 134, 139, 183, 259, 274,
　　281, 284~285, 288
이븐 코르다드베 34
이슬람 43, 58~59, 62, 64, 81~82, 107, 169,
　　196, 216, 270
이식 36

이주 금지 113, 248
인권 90, 148, 214, 220, 249, 264~269
인류학 127~128, 130, 138, 141, 162, 169,
　　212, 225, 255, 260
인적 자본 31, 136, 153, 162, 164, 182, 186,
　　193, 205, 213
인종 23, 28, 32, 90~91, 100~101,
　　105~106, 110~111, 119, 124~129,
　　138~139, 141, 144, 148, 159, 181,
　　190, 195, 203~204, 207~209,
　　212~214, 221, 226~232, 236,
　　245~247, 250, 256~257, 259~260,
　　262~263, 265~266, 272, 274, 283,
　　290
인종 청소 246
인종차별 101, 138, 204, 228, 230~232,
　　263, 272
인터넷 238, 272
일본 22, 37, 47, 54, 79~81, 92, 95~96, 101,
　　103~104, 111, 120, 132, 143, 151,
　　168, 189, 191, 195, 203, 231, 233, 258,
　　261, 270~271, 288

ㅈ

전기적 접근 128
전염병 46, 69
전쟁 46, 52~53, 57, 59~62, 73, 81, 83~84,
　　88, 92, 100, 102~104, 106, 109, 124,
　　133, 143, 151, 228, 235, 244, 261, 267
제3의 공간 167
제노사이드 151, 230
조로아스터교 59, 291
졸버그, 아리스티드 152, 288
중국 28~30, 33, 35~37, 43~44, 47, 49~50,
　　52~54, 56~59, 62, 66~70, 72,
　　75~77, 79~81, 85, 92~96, 100~101,
　　106~107, 109, 111, 113, 120, 122,
　　132, 141, 147, 149, 151, 157, 164, 167,
　　170, 179, 187~189, 192, 197, 199,
　　202, 216, 218, 228, 230~231, 233,

245~248, 258, 270~271, 273, 282, 284, 287~288

ㅊ

차이나타운 28, 133
청교도 83~84, 201
출발 사회 236
칠레 110, 194, 200, 298

ㅋ

카리브해 72~73, 101, 230, 258, 271
칼렌, 호레이스 138
캐나다 29~30, 33, 36, 90, 102, 110~111, 121, 125~126, 129, 138, 140, 151~152, 167, 173, 183, 192, 197, 203, 212, 226, 269, 293
케냐 89, 107, 112, 170
켈리, 플로렌스 125, 128
코헨, 로빈 276
콜럼버스, 크리스토퍼 66, 72, 74
쿠르드족 151
쿠바 91, 95, 98, 138~139
쿨리 28~29, 93, 146~147, 149

ㅌ

테일러, 프레더릭 122
토머스, 윌리엄 127~128, 130
토인비 홀 125
튀르키예 37, 56, 68, 85, 103, 180, 204, 246, 271
트랜스내셔널 가족 208, 227
트랜스내셔널리즘 153, 168~170, 226, 238, 247
트랜스컬처럴 일상 23, 216, 219, 226, 238
트랜스컬처레이션 91, 138~140, 170, 172, 202, 216

ㅍ

파농, 프란츠 290
파시즘 190, 194, 200, 230
파크, 로버트 127~128
파키스탄 107, 246
팔레스타인 52, 58, 102, 281, 288
페니키아 41, 53~54, 56
페렌치, 임레 130~131
페루 61, 73, 75, 79, 93
페르시아 34, 52, 54, 56, 58~59, 63, 67~68, 85, 111~112, 155, 188, 220
푸시-풀 134~135, 211
푸코, 미셸 290
프랑스 66, 68, 80, 83~84, 91, 93, 98, 100~102, 104, 106, 110, 124, 129~130, 140~141, 167~168, 188, 190~191, 208, 215, 219, 229, 258, 264, 280, 282, 286, 290, 298
피오레, 마이클 158
필리핀 32, 75, 98, 111, 149, 161, 171, 179, 188, 193, 233~234, 240, 258

ㅎ

학제 간 연구 23, 44
한국 34, 37, 47, 54, 101, 111, 203, 210, 258, 271
행위 주체성 23, 36, 42, 148, 153, 157, 161~162, 177, 179~180, 186, 202, 272, 275, 281
헝가리 68, 100, 113
홀로코스트 101, 151
홉스봄, 에릭 265
홍콩 30, 111, 180, 188, 198, 201, 258
화교 95, 278
휴스, 에버릿 140
휴스, 헬렌 맥길 140
흑사병 69, 74

이주사란 무엇인가?

초판 1쇄 인쇄 2025년 12월 1일
초판 1쇄 발행 2025년 12월 10일

지은이 크리스티아네 하르치히·디르크 회르더·도나 가바치아
옮긴이 이용일

편집 황도옥 이희연 이고호 | **디자인** 조아름 | **마케팅** 김다정 박재원
브랜딩 함유지 김은솔 박민재 이송이 박다솔 조다현 김하연 이준희
저작권 박지영 형소진 주은수 오서영 조경은 | **모니터** 이원주
제작 강신은 김동욱 이순호 | **제작처** 상지사

펴낸곳 (주)교유당 | **펴낸이** 신정민
출판등록 2019년 5월 24일 제406-2019-000052호

주소 10881 경기도 파주시 회동길 210
문의전화 031.955.8891(마케팅) | 031.955.2680(편집) | 031.955.8855(팩스)
전자우편 gyoyudang@munhak.com

홈페이지 www.gyoyudang.com
인스타그램 @gyoyu_books | **트위터** @gyoyu_books | **페이스북** @gyoyubooks

ISBN 979-11-24128-23-7 93900

- 교유서가는 (주)교유당의 인문 브랜드입니다.
  이 책의 판권은 지은이와 (주)교유당에 있습니다.
  이 책 내용의 전부 또는 일부를 재사용하려면 반드시 양측의 서면 동의를 받아야 합니다.